● 中国农业科学院农业经济与发展研究所研究论丛（第6辑）

中国农村劳动力就业的城乡统筹问题研究

制度变迁、动能转化和疫情冲击

谢玲红　魏国学　著

中国农业科学技术出版社

图书在版编目(CIP)数据

中国农村劳动力就业的城乡统筹问题研究：制度变迁、动能转化和疫情冲击 / 谢玲红，魏国学著. —北京：中国农业科学技术出版社，2021.2
　ISBN 978-7-5116-5195-2

Ⅰ. ①中⋯　Ⅱ. ①谢⋯　②魏⋯　Ⅲ. ①农村劳动力-劳动就业-研究-中国
Ⅳ. ①F323.6

中国版本图书馆 CIP 数据核字 (2021) 第 028341 号

责任编辑	周丽丽
责任校对	李向荣
责任印制	姜义思　王思文

出 版 者	中国农业科学技术出版社 北京市中关村南大街 12 号　邮编：100081
电　　话	(010) 82109194（编辑室）　(010) 82109702（发行部） (010) 82109709（读者服务部）
传　　真	(010) 82109194
网　　址	http://www.castp.cn
经 销 者	各地新华书店
印 刷 者	北京建宏印刷有限公司
开　　本	787 mm×1 092 mm　1/16
印　　张	11.75
字　　数	286 千字
版　　次	2021 年 2 月第 1 版　2021 年 2 月第 1 次印刷
定　　价	48.00 元

※ 版权所有·翻印必究 ※

作者简介

谢玲红，女，生于1983年8月，2012年毕业于北京航空航天大学经济管理学院，获管理学博士学位，现为中国农业科学院农业经济与发展研究所副研究员。主要研究领域为农民就业与收入、农业科技创新。近年来主持及参与国家自然科学基金委、全国哲学社会科学工作办公室、农业农村部、财政部、国家发改委、北京市自然科学基金委、盖茨基金、国务院农业普查办公室等部门委托的研究项目40余项，其中主持自然科学基金青年项目1项，主持省部级课题2项，主持中央级公益性科研院所基本科研业务费项目5项。以第一作者身份在《农业经济问题》《经济评论》《经济学家》《农村经济》《农民日报》《经济要参》《科技进步与对策》《数理统计与管理》等重要刊物发表论文30余篇。主持的省部级课题获三等奖1次，获教育部科技进步二等奖1次（排名4/14）。出版著作3部，其中独著1部，参编2部。

魏国学，男，生于1982年10月，2011年毕业于中国科学院研究生院，获管理学博士学位，现为中国宏观经济研究院社会发展研究所副研究员，主要研究领域为就业、创业创新、城镇化。近年来主持及参与中国宏观经济研究院、国家自然科学基金委、全国哲学社会科学工作办公室等部门委托的研究项目多项。在 *China Economic Review*, *China & World Economy* 等英文刊物上发表SSCI（SCI）论文4篇，在《世界经济》《宏观经济研究》《中国人口科学》《宏观经济管理》《世界经济研究》等中文刊物发表论文多篇。

前　言

农村劳动力就业是推进经济高质量发展的基础性动力,农村劳动力能否适应新形势,能否通过市场机制实现合理配置,能否实现更充分、更高质量就业,涉及农村人口生产方式和生活方式的转变,涉及农业农村的现代化和城镇的社会经济结构变迁,关乎农民生计、社会安定,关系脱贫攻坚成果巩固、乡村振兴和城镇化发展。面对巨大的经济下行压力,稳住了3亿农村劳动力的就业,也就稳住了就业和社会稳定的基本盘;巩固脱贫攻坚成果和解决相对贫困问题,归根结底还得先破解农村劳动力的就业问题;搬迁移民和新进城农村居民能不能待得住,能不能过得好,关键还是在就业。与此同时,在产业层面,无论是建设制造强国,还是发展家政服务、共享经济等新兴服务业,还是推动农业现代化,都得统筹解决好农村劳动力在城乡的就业问题。

然而,当前世界面临百年未有之大变局,我国农村劳动力城乡就业形势更加复杂多变,挑战前所未有。受新冠肺炎疫情冲击,过去10余年的全球经贸格局面临极大不确定性,带动农村劳动力就业的外需动力存在衰减的巨大风险。都市圈和城市群的快速发展,小城镇就业承接功能发挥不足,城市产业新旧动能转换带动就业岗位轮换,乡村产业发展滞后造成就业空间受限,农村劳动力在区域和城乡就业的不平衡不充分问题将更加突出。与此同时,人口加速老龄化,灵活就业日趋流行,农村劳动力的年龄结构、就业意愿显著改变。在上述供需新形势下,既有的结构性矛盾将更加突出。对此,我们不但要准确把握外部环境的深刻变化,要预判农村劳动力就业的规模、结构及风险,更要站在开启现代化新征程的高度,系统提出我国农村劳动力就业的思路对策,为开启第二个百年奋斗目标新征程提供强大支持。

本书主要围绕农村劳动力就业的制度变迁、动能转换和疫情冲击这3条主线展开,全书共8章。首先,探讨制度变迁下的农村劳动力就业问题,具体分析农村劳动力就业管理体制政策演进历程及不同就业政策下农村劳动力城乡就业的重大特征和演变规律。其次,分析城乡产业新旧动能转换对农村劳动力就业的影响。城市方面,分析制造业转型升级、智能化发展对传统劳动密集型岗位的影响程度;农村方面,分析农村三产融合、电商以及"互联网+"零工经济等农村新产业、新业态、新模式对农村就地就近就业带来的新利好。最后,研判城乡融合视野下农村劳动力就业的新形势和新挑战,分析新冠肺炎疫情对农民劳动力城乡就业带来的冲击,研究提出面向2035年的农村劳动力就业城乡统筹思路、目标、任务和政策建议。

我们感谢国家自然科学基金青年项目(72003183)和中央农办、农业农村部乡村振兴专家咨询委员会软科学课题(20190221)对本书的资助。感谢中国农业科学技术出版社为本书的编辑和出版付出的辛勤劳动。

最后，需要说明的是本书难免存在不足之处。在此，我真诚希望得到广大读者的批评指正，更热切希望和大家一起就中国农村劳动力的就业问题进行深入的研究和讨论。

著 者
2020 年 8 月

目 录

第一章 新时代需要统筹农村劳动力的城乡就业 ········· 1
  一、现代化进程中的农村劳动力就业 ······················· 2
  二、文献综述 ··· 9
  三、本书的结构安排 ·· 12

第二章 农村劳动力就业体制政策和供给结构演变 ······ 17
  一、就业管理体制政策演进历程及特点 ···················· 18
  二、农村劳动力供给重大特征和变化趋势 ················· 27

第三章 农村劳动力就地就近就业创业的进展及挑战 ··· 37
  一、乡村就业 ··· 38
  二、农业就业 ··· 40
  三、本地非农就业 ··· 46
  四、就地就近就业新动力——农村创业 ···················· 51
  五、贫困人口就地就近就业 ······································ 67
  六、农村劳动力就地就近就业制约因素 ···················· 70

第四章 农村劳动力外出务工就业动力、结构和特征 ··· 73
  一、外出务工就业动力机制 ······································ 74
  二、外出务工就业现状及特点 ··································· 80
  三、转移就业演变规律及重要转折点 ························ 81
  四、农村劳动力外出务工就业面临的问题 ················· 87

第五章 新时期农村劳动力就业形势和挑战 ··············· 91
  一、农村劳动力就业新形势 ······································ 92
  二、农村劳动力就业新挑战 ······································ 96
  三、农村劳动力总规模和就业结构预测 ···················· 106
  四、农村劳动力就业突出矛盾 ··································· 109

第六章　城乡新产业、新业态、新模式带来的新动力 …………… 115
　一、数字经济催生就业新动能 ………………………………………… 116
　二、城镇部门新增农村劳动力就业主要来源 ………………………… 122
　三、农业农村创造就业岗位的新渠道 ………………………………… 125

第七章　新冠肺炎疫情对农民工就业的冲击 …………………………… 133
　一、现有研究综述 ……………………………………………………… 134
　二、新冠肺炎疫情对农民工就业的影响机制、路径及程度 ………… 136
　三、新冠肺炎疫情对农民工就业增收影响的实证分析 ……………… 141
　四、政策建议及研究展望 ……………………………………………… 145

第八章　面向 2035 年的农村劳动力就业城乡统筹战略 ……………… 151
　一、统筹城乡农村劳动力就业总体思路的"3+1" …………………… 152
　二、统筹城乡农村劳动力就业策略选择 ……………………………… 153
　三、制度创新继续释放就业红利 ……………………………………… 156

附录　研究期间重要评论文章及内参报告 ……………………………… 161
　附录1　新时期农民工就业难点及对策 ……………………………… 162
　附录2　高龄农民工面临的困境与对策 ……………………………… 165
　附录3　"十四五"农村劳动力就业的新形势与应对思路 …………… 167
　附录4　灵活就业保障要跟上 ………………………………………… 171

参考文献 …………………………………………………………………… 173

第一章
新时代需要统筹农村劳动力的城乡就业

一、现代化进程中的农村劳动力就业

（一）统筹城乡农村劳动力就业：现代化进程中的必然

农村劳动力充分、高质量就业，不仅是改善民生的迫切需求，是加快城乡融合、实现全面小康的重要方面，更是实现我国社会主义现代化进程中的一个重大战略问题。农村劳动力就业是推进经济高质量发展的基础性动力，农村劳动力能否适应新形势，能否通过市场机制合理配置，涉及农村人口生产方式和生活方式的转变，涉及农业农村的现代化和城镇的社会经济结构变迁，关乎民生生计、社会安定。统筹城乡经济社会发展，解决好"三农"问题，关键是要统筹好农民的城乡就业问题。

首先，稳住3亿农村劳动力的就业，事关"六稳""六保"，更关乎国家发展和稳定。

全球经济增长乏力，中国经济下行压力巨大，给就业和社会稳定带来巨大考验。中国经济增长率自2010年以后总体呈持续下降态势。2010—2019年，我国GDP增速从10.6%下降到6.1%，9年间共下降了4.5个百分点，下降持续的时长和降幅均为1991年以来的最大值。2019年GDP增长率同比下降0.5个百分点，一年降幅超过了2015—2018年累计0.3个百分点的降幅，我国经济下行的速率在明显加快（图1-1）。更糟糕的是，突如其来的新冠肺炎疫情，使原本萧条的经济更是雪上加霜，全球步入第二次世界大战以来最严重的衰退。各大机构纷纷下调2020年全球经济增长预期。例如，IMF在4月中发布季度的《世界经济展望报告》预测全球经济2020年将萎缩3%；世界银行发布半年度《全球经济展望》预测2020年全球经济将萎缩5.2%；法国政府预计2020年法国经济将萎缩11%[①]。6月，IMF再一次下调经济增长预期，预测经济将萎缩8%，部分发达经济体萎缩甚至高达10%以上。中国也一样难以独善其身，国家统计局数据显示，中国2020年一季度GDP同比下降6.8%，创下历史新低。根据IMF 6月的预测，尽管中国是唯一有望实现正增长的经济大国，但增速也仅为1%。未来经济下行已是不争的事实，对就业带来巨大考验。

经济衰退对就业的影响重点体现在农村劳动力的就业问题上。农村劳动力是中国出口业和低成本劳动密集型行业的主要劳动力来源，农村劳动力由于竞争能力弱、职业转换难度大、抵御风险能力弱，是就业人群中的最弱势群体，受影响首当其冲。2019年末，全国劳动年龄人口为8.96亿人，农村劳动力规模占到了总劳动力资源的近42%，在城市工作的农民工为1.74亿人，占城市总劳动力的1/3。因此，稳住了农村劳动力就业，也就稳住了就业和社会稳定的基本盘。面对经济下行的全球格局及其他不确定性，2020年的中国政府工作报告中，并没有设置GDP增长目标，而是将保就业和民生

---

① 资料来源：秦天弘（2020-06-16）. IMF将进一步下调2020年全球经济增长预期［N/OL］. 经济参考报，［2020-10-15］. https：//www.yicai.com/news/100668706.html。

第一章 新时代需要统筹农村劳动力的城乡就业

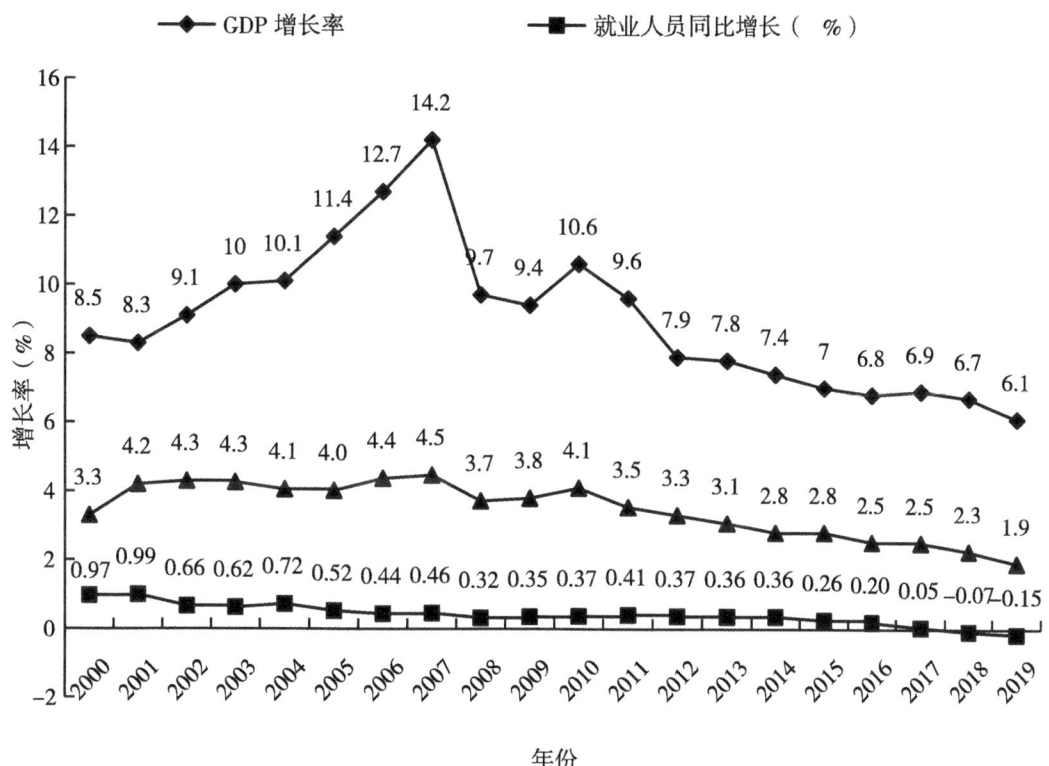

图 1-1 2010—2019 年 GDP 与就业变化情况

放在首位。但事实上,保就业和民生所需的经济增速并不像很多人想的那么低,中国经济增速和就业是非线性关系,GDP 每增长 1 个点,可以拉动约 200 万人就业,但 GDP 每下降 1 个百分点会导致失业增加 300 万~400 万人,这是因为经济增长主要影响资本和技术密集型行业,但衰退影响的则主要是劳动密集型行业[①]。而绝大部分农村劳动力都在劳动密集型行业就业,经济下行造成劳动密集型就业岗位的压缩、就业机会减少,农村劳动力的就业难度增加。未来相当长一段时间内,我国的整体就业形势将依然身处疫情影响之下,经济下行压力依然较大。无论"六稳"还是"六保",农村劳动力就业问题,都事关国家发展和稳定。因此,稳定农村劳动力就业,保农民就业,将是未来经济工作中的重中之重。

其次,农村劳动力的充分高质量就业是巩固脱贫攻坚成果和解决农村相对贫困问题的根本之策。

增加就业是最有效最直接的脱贫方式,通过开发式扶贫,中国在促进城乡富余劳动力和贫困劳动力实现稳定就业方面取得了积极成效。促进贫困人口就业增收,是打赢脱贫攻坚战的重要内容。习近平总书记多次强调一人就业、全家脱贫,增加就业是最有效

---

① 资料来源:刘元春(2020-06-12). 聚焦增长与防风险的双底线思维:中国宏观经济政策的经验[EB/OL]. [2020-8-20]. https://finance.sina.com.cn/hy/hyjz/2020-06-12/doc-iirczymk6711090.shtml。

最直接的脱贫方式,长期坚持不仅可以提升可持续收入增长能力,还可以从根本上提高贫困人口脱贫积极性,有效解决贫困代际传递问题。自 2016 年 12 月人力资源与社会保障部、财政部、国务院扶贫开发领导小组办公室出台《关于切实做好就业扶贫工作的指导意见》以来,各省、自治区纷纷出台就业扶贫工作的意见和通知,通过创新设立扶贫车间、就业驿站、社区工厂、卫星工厂等就业创业新载体,促进贫困人口就地就近就业;通过探索省内劳务协作、重大项目与贫困县结对子等劳务协作新渠道引导贫困人口外出就业;同时,开发助残员、护理员、护林员等各类就业扶贫公益性岗位对贫困人口实行就业托底安置[①],取得了显著成效。据人社部数据统计,2018 年,输出地为贫困劳动力推荐针对性岗位 721.6 万人次,培育劳务品牌 1 263 个,建立驻外工作站 1 088 个,实现贫困劳动力有组织转移 177.6 万人(包括省内转移和省外输出);输入地为贫困劳动力推荐针对性岗位 327 万人次,提供劳务对接 5 802 次,共吸纳 111 万贫困劳动力在本地就业。同时,截至 2019 年 5 月底,已累计帮扶 1 036 万贫困劳动力实现就业,在脱贫攻坚中发挥了重要作用。

2020 年全面脱贫后,长期困扰中国农村的原发性绝对贫困将基本终结,农村贫困进入新阶段,相对贫困将更加突出。脱贫攻坚成果的巩固,农村相对贫困问题的解决,仍然依赖于贫困人口的稳定就业局面。2020 年后扶贫工作关注的重点将是如何帮助徘徊在贫困边缘的人口摆脱贫困,如何巩固脱贫攻坚成果,防止低收入人群返贫。而稳定的就业和生计来源是贫困户实现稳定脱贫的基本前提。因此,不管是决胜 2020 年脱贫攻坚,还是未来解决农村的相对贫困问题,核心还在于确保农村劳动力的就业。

再次,城镇化的推进、乡村振兴的全面实现、强大国内市场的建设等都离不开农村劳动力的城乡就业问题。

在城镇化方面,搬迁移民和新进城农村人口能不能待得住,能不能过得好,核心问题还是在就业。易地搬迁是实现贫困群众跨越式发展的根本途径,截至 2020 年 6 月,中国已经完成 960 多万贫困人口的易地扶贫搬迁,中西部地区还同步搬迁了 500 万非贫困人口。但搬迁后,能否稳得住、并逐步能致富,防止返贫,最关键的是就业。后续扶持政策也应在安置就业方面着力,加大对职业技能培训、创办网店、设立扶贫公益岗位等方面支持,为搬迁移民安居乐业助力。同时,进城农民能否在城镇留得住、有收入,关键看是否能有稳定的就业岗位。大力推动农村剩余劳动力向第二、第三产业和城镇转移就业,有序推进农业转移人口市民化,是我国新型城镇化建设的重要任务,也是实现现代化和"四个全面"战略布局必须统筹妥善解决的重大问题。但是农民进城后失去土地,加上文化水平和职业技能的短板,很容易成为城市的弱势群体,为使农民进城后不变成贫民,关键要解决好就业问题。城市化要以扩大就业、特别是农民的就业为前提,要为农民进城就业创造更多的机会。只有这样,进城农民才能留得住、有收入,城镇化水平才可能扎实地提高,才能防止将农村贫困转变成城市贫困(韩俊,2010)。

乡村振兴方面,人才是乡村振兴的关键。在实施乡村振兴战略的过程中,需要精准

---

① 资料来源:人力资源和社会保障部(2019-07-06). 全面推进就业扶贫工作 坚决打赢脱贫攻坚战 [EB/OL]. [2020-08-15]. http://www.gov.cn/zhengce/2019-07-06/content_ 5406766.htm。

的政策,更需要大批懂农业、爱农村、懂科技的人才队伍,才能够为更好地推动农村经济发展,实现农民富裕注入强大的人才支撑。实现农业现代化、农村产业兴旺,最重要的人才,是农业经营管理人才(农业职业经理人)、新型职业农民、农业科技人才和农村电商人才。同时,相应的政策措施增加农村发展对劳动和资本的吸引力,努力留住青壮年劳动力,更要吸引本土能人和外乡企业家返乡创业。资本、技术、人才和企业进入乡村,乡村产业就地就近吸纳劳动力的能力增强。未来我国农村劳动力在城乡之间如何统筹,是一个重要难题。另外,在外需减弱的情形下,急需构建强大的国内市场,而以高质量就业带动农村居民收入快速增长,是将人口规模真正转化为内需优势的必由之路。而其中有些人才,是要根植于农业农村内部。

最后,在产业方面,无论建设制造强国,还是发展家政服务、共享经济等新兴服务业,都需要高素质的农村劳动力参与。

制造业转型升级需要将农民工变成稳定的高素质产业工人。当前,制造业依然是农民工就业集中度最高的行业,《2019年农民工监测报告》显示,从事制造业的农民工比重为27.4%,总量为7 967万人。目前我国制造业转型升级具有巨大的空间和无穷的潜力,2018年,我国制造业中传统产业占比仍超过80%,高技术制造业增加值仅占规模以上工业增加值的13.9%,这些状况决定了我国必须推动制造业的转型升级,促进制造业高质量发展。而这离不开农村劳动力的参与,并依赖于要将大量从事制造业的农民工转变为稳定的产业工人。尽管当前农民工已经成了产业工人的主体,但离制造业高质量发展所要求的高素质产业工人还有一定差距。农民工就业的稳定性不够使得企业倾向于挖掘农民工当下的"身体红利"而非长远的"技能红利",造成农民工素质难以提升(歆远,2019)。因此,提高农民工就业稳定性是推动我国制造业转型升级,实现制造强国的基础条件。

发展家政服务业和"互联网+"服务业,农村劳动力是主力军。随着城乡居民收入水平不断提高,消费能力不断增强,加之新型城镇化、人口老龄化和全面二孩政策落实等多种因素的综合影响,家政服务需求不断提升。家政服务业作为新兴产业,对促进就业、精准脱贫、保障民生具有重要作用。2018年,我国家政服务业的经营规模达到5 762亿元,同比增长27.9%,从业人员总量已超过3 000万人,其中绝大部分是农村劳动力。同时,我国数字经济规模持续扩大,将成为农村劳动力就业的新动能。中国通信研究院的测算数据显示,2018年我国数字经济总量达到31.3万亿元,占GDP比重超过1/3,达到34.8%,占比同比提升1.9个百分点。数字经济发展对GDP增长的贡献率达到67.9%,贡献率同比提升12.9个百分点。数据经济的蓬勃发展,创造了众多就业新岗位,2018年我国数字经济领域就业岗位为1.91亿个,占当年总就业人数的24.6%,同比增长11.5%,显著高于同期全国总就业规模增速。其中,第三产业劳动力数字化转型成为吸纳就业的主力军,第二产业劳动力数字化转型吸纳就业的潜力巨大(中国数字经济发展与就业白皮书,2019年)。农村劳动力也是数字经济发展的重要受益人群。

(二)统筹城乡农村劳动力就业:任重而道远

当前,全球贸易格局和供应链深刻调整,全球化就业红利消逝风险增加。我国的主要矛盾转变为"人民日益增长的美好生活需要和不平衡不充分的发展之间的矛盾",农村劳动力在区域和城乡就业的不平衡不充分问题将更为突出。城乡二元经济问题突出、城乡要素自由流动尚未建立,城乡基本公共服务均等化任务艰巨,对农村劳动力的就业形成制约。统筹城乡农村劳动力就业,用好、用足我国在全球贸易中多年积累起来的比较优势,延续出口部门对农村劳动力就业的支撑,大力促进中小城市和城镇的农村劳动力就业吸纳能力,挖掘农业农村就业潜力,促进农村劳动力在城乡之间的自由流动,仍是未来较长时间内农村劳动力就业工作的重点和难点。

一是受全球新冠肺炎疫情和国际政治经济地缘关系波动的影响,过去十余年的全球经贸格局面临极大不确定性,带动农村劳动力就业的外需动力存在衰减的巨大风险。

自改革开放尤其是中国加入世贸组织(WTO)以来,外贸出口部门为农村剩余劳动力的就业提供了大量的就业岗位,对农村劳动力就业起着基础性作用。2019年,中国49.9万家外贸企业共带动1.8亿人就业,纺织服装等7大类劳动密集型产品出口占出口总额的19.2%,这些企业中的农村劳动力占比高达80%[①]。然而当下,我国经济发展正面临国际去全球化的挑战,企业正处于高端价值链压制和中低端价值链围追的夹心局面。一方面,全球经济处于格局重构的关键期,全球经济增长乏力,贸易保护主义、单边主义、民粹主义暗流涌动,主要国家劳动力相对成本发生巨大变化,我国外向型制造业发展前景不容乐观,发达国家高端价值链压制与中低收入国家争夺中低端价值链转移同时发生,对我国形成"双向挤压"的严峻挑战。另一方面,疫情因素使原本就较为脆弱的中国外贸形势雪上加霜。突如其来疫情,凸显了全球产业链集中布局带来的安全隐患及"产业碎片化"带来的产业链脆弱性(何平,2020),既有全球化模式面临巨大挑战。中国是全球产业供应网络的重要组成部分,尤其在汽车、电子、药品、服装、塑料等关键产品元器件、原材料及其他中间产品中占据绝对主导地位,其中服装成品和汽车零部件分别占到了全球的60%、80%以上。受疫情影响,全球经济面临历史级罕见衰退。相关国家的命脉产业陷入停滞,各国纷纷将全球产业链"回迁"摆上议程,推动产业链自主,推动"中国制造"的脱钩,将企业迁出中国。例如,2020年4月8日,日本政府决定从本国经济刺激计划中拨出22亿美元用于资助日本企业迁出中国[②];美国官员也公开主张,将回迁美国的企业资本支出100%直接作为费用抵扣,以激励美资企业从中国回迁[③]。疫情导致我国外部需求下降,国际投资与自由贸易受阻,出口制造业供应链替代和松动风险增加(徐飞彪,2020),对我国经济产生不利影响的同时,毫无疑问,将在未来相当长一段时间内影响国内就业环境,大大削弱这些主力产业对农

---

① 资料来源:国务院新闻办公室(2020-01-14). 新闻办就2019年全年进出口情况举行发布会[EB/OL]. [2020-8-20]. http://www.gov.cn/xinwen/2020-01/14/content_ 5468996.htm.

② 资料来源:Isabel Reynolds and Emi Urabe, Japan to Fund Firms to Shift Production Out of China [EB/OL]. [2020-04-08]. https://theloadstar.com/bbg-japan-to-fund-firms-to-shift-production-out-of-china/.

③ 资料来源:Trump adviser Kudlow(2020-04-09). Full immediate expensing would lure U.S. firms back from China, REUTERS [EB/OL]. [2020-08-20]. https://www.kitco.com/news/2020-04-09/fun-ommediqte-expening-would-lure-u-s-firms-back-from-china-Trump-adutser-kudlow-html.

村劳动力的吸纳能力。后疫情时代，重塑和引领新的国际经贸关系，延续出口部门对农村劳动力就业的吸纳功能，不确定性因素更多，面临的挑战和困难更大。

二是农村劳动力在区域和城乡就业的不平衡不充分问题将更加突出。

区域上，一直以来，人口流入的都市圈和城市群是就业最核心的空间载体。长三角、京津冀、珠三角和成渝都市圈的就业人数在2010—2017年间累计增加了2 492万人，而传统老工业基地和中西部地区的就业承载能力仍然有限。党的十九大报告明确了"严控两大，激活两小"的新城镇化发展方针，以北上广深为代表的超大型城市近年来通过调整产业发展目录和规制住房市场等强力措施，压减人口规模和城市就业空间，农村劳动力受影响首当其冲。但作为推进城镇化发展重要承载地的小城镇，当前未能有效发挥就业承接功能，未来到底能吸纳多少从超大城市返回的农村劳动力尚存疑。在城市，制造业部门处于转型阵痛期，普遍无力提高薪资水平，对农村劳动力的吸纳能力进一步下降。快递、外卖、网约车等行业就业灵活，收入高，吸纳了大量农村青年劳动力，但已趋于饱和，甚至逐渐进入下行通道，底薪少、保障弱的问题显现。建筑、装修、基建、物业等传统行业发展乏力，导致大龄农民工难以在城市继续立足。城市亟需家政、托育服务，但这些高薪行业有从业素质门槛，大部分农村劳动力目前难以满足需求。在农村，县域经济活力不足，农业与二三产融合不深，乡村龙头企业不多，经营主体实力不强，返乡创业规模不大，农村就业岗位增长乏力。过去几年快速实施的产业扶贫项目，2020年全面脱贫后，随着财政补贴和税收优惠的逐步撤出，在更加严酷的市场竞争下，再加上政策变动的双重风险，贫困人口尤其是在产业扶贫项目中就业的贫困人口就业面临严峻挑战。农村职业技能培训力量分散，资金使用效率低，难以满足人才培养需求。就业部门长期致力于转移，在吸引人才、支持返乡方面创新不够，就地就近创业就业缺乏带头人。解决超过3亿的农村劳动力就业问题的压力依然较大。

三是城乡转换机制不畅，农村劳动力在城乡间进退两难，仍是最脆弱的就业群体。

进入21世纪以后，城镇化、工业化的不断发展，越来越多的农民工进入城市，成为我国产业工人的主力军。国家政策也更加注重农民工进城权益，城乡融合发展越来越成为国家宏观政策的重心，相较于第一代农民工，第二代农民工的社会保障、劳动条件和工资待遇都已经明显改善。但是，在户籍制度、土地制度、就业体制机制等方面仍存在诸多的门槛，农村劳动力在城乡间进退两难，仍是最脆弱的就业群体。统筹农村劳动力就业的问题，从宏观上来说，实质上是两个核心问题，在农村，我们需要构建怎样的农业农村人才队伍，推进乡村振兴，实现农业、农村的现代化；在城镇，需要建立一个什么样的产业工人队伍，以促进产业升级，推进城镇化和工业化。但当前宏观层面各类决策对农村劳动力城乡配置的目标不够清晰，容易给市场主体造成目标冲突的错觉。微观层面上，城乡就业信息连接不畅、公共服务差距大、农村产权制度改革滞后，严重阻碍劳动力在城乡间的自由流动。第一，农村劳动力就业服务体系制度建设滞后。与农民工就业需求相比，政府对农民工的公共就业服务严重不足。公共就业服务体系在农村基础薄弱，乡镇和村就业服务机构缺失的问题还较为普遍，以城市居民为主要服务对象的就业服务模式又不适应农民工的需求。截至目前，尚未建立精准、完善的农村劳动力就业统计和信息发布制度，更没有农民就业预警机制，就业信息无法连接，更无法共享。

第二，推进农民工市民化的制度性和政策性障碍依然突出。农民工转移不彻底，农民就难以放弃其在农村的权益，就无法实现真正的农业规模化经营。同时，稳定就业的农民工不能在城镇定居，农民工的流动性大，使企业无法也不愿意在农民工培训方面做出努力，企业高质量的产业大军也就无法形成。因此，统筹农村劳动力的城乡就业，不管是在农民工就业服务体系建设、合法权益保护、市民化等方面都还存在不少问题。

（三）开创统筹城乡农村劳动力就业新时代：提前谋划

面对上述问题、挑战及机遇，要站在百年未有大变局的新高度，聚焦农村劳动力就业中的重大战略问题，提前谋划，让统筹城乡农村劳动力就业的战略目标更加清晰，进而围绕目标制定长期政策，开创统筹城乡农村劳动力就业的新时代。在现代化视野下需要重点回答统筹城乡农村劳动力就业中的以下几个重大战略问题。

第一，研判农村劳动力规模和就业结构问题。我们要为多大规模的农村劳动力谋划就业；后疫情时代的全球化格局会对城镇出口部门的就业贡献产生哪些影响；立足于国内供应链和消费品市场的城镇非农部门需要解决多少农村劳动力的就业；推动制造业转型升级、发展家政服务业、保障城市基本生活服务，需要农村向城市转移多少劳动力？更重要的是，基于不同阶段农村劳动力在城乡的配置比例，各级城市政府需要多大的财力才能为他们的家人、子女提供必要的教育、住房等关键性服务，就业、教育、医疗等公共服务又应如何配置。要巩固脱贫成效、要保障粮食安全和加快乡村振兴、促进城乡融合三大战略任务，农村要留多少劳动力；在创业创新和现代农业的带动下，农村能额外提供多少就业岗位。上述问题是国家布局、谋划基础设施、公共服务、产业发展政策等的基础前提和重要依据。如果不能科学预判农村劳动力的就业规模及结构，我们的产业政策、社会政策将有偏离国家战略的风险。因此，回答这些总量和结构性问题，应当居于统筹城乡农村劳动力就业工作的首位。

第二，看清农村劳动力供需面临的新形势与新问题。既有人口政策、就业政策和城乡发展战略下，农村劳动力的供给结构、规模和形态会发生哪些变化；如果国际产业链和价值链重大调整，将给中国外向型部门带来哪些冲击，后疫情时代出口部门能否延续对农村劳动力就业的吸纳功能；技术升级和产业转型，对技能水平偏低的农村劳动力有何影响；在城镇化的深化过程中，我们应该如何权衡产业智能化发展和接续劳动密集型产业；国内原有的劳动密集型产业继续向中高端转型，可预期的投资刺激计划，数字经济在一线生产部门和生活性服务业的渗透率更高，会带来哪些新的利好；作为就地就近就业创业重中之重的县域经济和涉农产业的就业动能如何。供需新形势下，农村劳动力就业的矛盾会发生哪些新的变化。看清上述新形势，摸准新问题，是布局、谋划就业思路对策的重要前提。

第三，促进农村劳动力更充分更高质量就业的思路对策。面对新形势、新问题，应该以怎样的战略思路为引领，布置哪些新任务，配套哪些新项目，出台哪些新政策，实现农村劳动力就业的城乡统筹发展。具体来讲，延续出口部门对农村劳动力就业的支撑，应该怎样重塑和引领新的国际经贸关系，用好、用足我国在全球贸易中多年积累起来的比较优势；面对百年一遇的疫情，应该如何进一步释放强大国内市场带动农村劳动力就业作用;应该如何统筹乡村振兴、城乡融合和就业优先三大战略,发挥投资刺激计划保就业功能,激发县域经济和涉农产业的就业动能。

二、文献综述

农村劳动力的就业问题就一直是学者们研究的热点。在农村劳动力流动长达40多年的历史长河中,学者们主要从农村劳动力转移就业出发,分析农村劳动力转移就业的理论依据,梳理农村劳动力转移历程,实证分析农村劳动力转移就业的影响因素,这些研究积累了许多影响深远的成果,为促进农村劳动力的转移就业提供了决策参考。这些积淀也为本书的研究提供了坚实的理论基础和丰富的方法。随着中国步入经济发展新阶段,城乡融合、乡村振兴等国家战略的实施推进,产业升级加速推进,尤其是数字经济蓬勃发展,农村劳动力就业的宏观环境、微观基础和就业意愿等正在发生划时代巨变,既有研究出现了一些新趋势。因此,农村劳动力就业的研究需要结合国内外经济发展形势、城乡之间的关系变化以及国家战略变化,在更广阔的视野下继续深入推进。

鉴于从各个视角、不同维度研究农村劳动力就业的文献较多,2011年之前有关此领域的研究文献已经有诸多学者进行了比较完备、详细、系统的综述,因此,本书在此就不赘述。本书在对农村劳动力就业管理体制政策演变进行综述的基础上,重点对新时代以来的农村劳动力供给新形势、农村劳动力就业的城乡需求新变化以及农村劳动力就业城乡统筹面临的新挑战等几个方面展开。其他有关的研究文献,将在具体内容中有所展开。

(一)农村劳动力就业管理体制

农村劳动力就业管理体制和政策随着经济和社会的发展也随之调整优化,相关文献深入分析了农村劳动力就业制度的变迁路径。农村家庭联产承包责任制将农村劳动力从土地上迅速解放出来,允许长途贩运农产品、自带口粮到城镇就业、取消粮票制度等一系列改革放宽了农村劳动力进城的政策限制,自此拉开了中国农村劳动力转移的序幕(张广胜,田洲宇,2018)。农村劳动力转移从"控制盲目流动"下的就地转移阶段,演化到"规范引导"下的外出务工阶段,为工业化提供了丰富的劳动力资源,创造了中国经济增长的奇迹(蔡昉,2018)。21世纪以来,户籍制度改革引领农村劳动力转移政策,"流动、公平和融合"成为政策主线,逐步改善了农村剩余劳动力转移过程中的不合理限制、社会保障缺失、城乡劳动力市场分割等问题(欧阳慧,2010)。迈入新时代,在制造业转型升级、城市化方针调整、乡村振兴启动等背景下,"返乡就业创业"政策的实施,打破了长期以来农村劳动力向发达地区城市单向流动的态势(黄祖辉和胡伟斌,2019),农村劳动力逆向流动悄然兴起,就地就近创业就业成为农村劳动力就业的新常态(王阳,邬琦,2015)。

(二) 农村劳动力供给形势

既有研究表明，受人口老龄化、95后进入劳动力市场、职业技能培训普及等因素的影响，"十四五"农村劳动力结构将明显不同于以往。农村人口和劳动力总量持续下降，2000—2017年农村人口和农村劳动力人口分别减少2.31亿和1.35亿（国家统计局，2018）。农村劳动力平均年龄变大，老年劳动力比重上升，当前农村人口老龄化率达15.4%，比全国平均水平高出2%，并呈现出加深态势（郭远智等，2019）。直接从事农业生产活动的青壮男性劳动力越来越少，农村劳动力女性化趋势明显，农村女性劳动力比重达53%左右（邓义等，2017）。第一代农民工由于年龄、体力、技术等约束逐渐退出城市劳动力市场，回归乡村（江胜蓝，2014），以80后、90后为代表的新生代农民工进入劳动力市场，高流动性和短工化现象突出，劳动参与率大幅下降（陈锡文，2009）。同时，农村劳动力的文化素质、信息化和智能化能力的提升带动生产效率提高，2016年农业生产经营人员中有48.4%的人员拥有初中学历（国家统计局，2018）。

(三) 农村劳动力的城乡需求

随着区域发展格局、产业结构和外贸结构的快速调整，农村外出劳动力的增速开始放缓，大量文献研究了农村劳动力的迁移趋势和影响因素，相关结论对本书具有较强的借鉴意义。当前，农村劳动力"外转"就业存在速度减慢和需求减弱的典型特征，流动人口规模已经步入下降轨道，2017年流动人口规模比2015年减少了253万人（国家卫生健康委员会，2018），农民工增速回落明显，年度平均增速由2007—2012年的3.6%下降到2012—2017年的1.0%，2018年比2017年回落了1.1个百分点（国家统计局，2019）。国际贸易形势的快速变化、出口导向型产业的布局调整、劳动密集型制造业的转型升级，对农民工就业造成了前所未有的冲击（黄祖辉和胡伟斌，2019），沿海发达地区劳动力成本快速上升，企业的自动化、智能化水平不断提高，对中低端产业的就业挤出效应明显，对农村劳动力的需求随之大幅减弱（向晶和钟甫宁，2018）。尽管农业剩余劳动力在持续减少，但2030—2040年仍有1.3亿农村人口需要转移（向晶和钟甫宁，2019），由于经济发达地区吸收农村劳动力的空间不断收窄（王阳和邬琦，2015），农村劳动力"外转"就业压力不减。

农村劳动力就业不再局限于传统农业，新技术、新产业、新业态在农村产生了越来越多的就业岗位，一些研究认为农村就业承载力会进一步提高。随着劳动密集型产业向内地和县域转移，农村劳动力就地就近就业的机会增多（尹诗和尹清杰，2013），休闲农业、乡村旅游、农村电商等新产业新业态快速发展，农村劳动力就地就近就业的前景广阔（韩俊，2017）。2017年全国休闲农业和乡村旅游从业人数高达900万人，且绝大部分从业者都是农民（农业农村部，2018），全国农村网店985.6万家，带动就业人数超过2 800万人（商务部，2018）。在"双创"带动下，农民工和大学生返乡创业热情高涨，2017年返乡创业人员已达700万人，返乡农民工占到68%，返乡创业的就业带动效应显现，281个试点地区返乡创业带动就业人数达549.4万人（农业农村部，

2017)。贫困地区通过扶贫车间、扶贫基地、扶贫驿站、公益性岗位等形式，拓宽了贫困劳动力就地就近就业渠道（元林君，2018）。

（四）农村劳动力的城乡配置

农村3亿劳动力如何在城乡之间配置，是农村劳动力就业的关键问题，已有文献从不同角度进行了研究。2017年我国农村劳动力数量为3.9亿人，以保障农业生产稳定所需1.78亿~2.28亿名劳动力的最低规模，当前我国还有1.62亿~2.12亿名的劳动力需要实现转移就业（向晶，钟甫宁，2019）。以推动农村工业化发展实现农村人口向非农经济转移（于立等，2003）和通过充分发挥城市集聚效应吸收农村劳动力转移就业（陆铭，2010），是农村劳动力转移的两大渠道，但农村转移劳动力在城乡之间如何分配的学术探讨则非常少。虽然农村发展对农村人口的拉力增强，但农村工业空间集聚进程缓慢（陆杰华等，2013），农业产业经营主体发展不足（任敬华，2018），农业产业链水平不高（胡鞍钢等，2001），服务业市场缺乏（冀名峰和李琳，2019）等问题制约了离土不离乡的非农化转移空间。控制城市发展规模对农村户籍人口形成外推作用，户籍制度仍在发挥阻碍转移劳动力在城市稳定定居和就业的功能，社会保障和基本公共服务缺乏削弱了户籍城镇化对农村转移劳动力的吸引力（侯亚杰，2017）。

（五）农村劳动力的就业挑战

除了配置城乡配置问题，农村劳动力就业的结构性矛盾也要引起未来研究重视。我国乡村振兴正面临着农业生产领域一线劳动力、乡村基层农技人员和经济管理人员严重短缺与未来"断代"问题（蒋和平等，2019）。农民工综合素质和职业技能难以满足现代化企业需要，招工难、用工荒的结构性问题持续存在（孙灵，2016）。就业质量不高，再加上融入关键公共服务（尤其是住房、子女教育）和各项社会权利的缺失，很多农民工在40岁以后就有较强的返乡意愿（孙中伟和刘林平，2018）。一些农村青少年升学意愿下降，长期来看会导致人力资本积累的整体损失及他们应对就业市场风险能力的缺乏（蔡昉，2017）。工商资本下乡，在促进农业规模化和现代化经营的同时，对广大小农户实行硬挤出，对农村劳动力需求减少，农民变成既没有办法转移就业又无地可种的无业农民的风险加大（韩俊，2019）。部分贫困农户由于缺乏工作技能、岗位信息等因素，外出转移就业面临困难（蔡昉，2017）。

（六）简要评述

综上所述，学术界对农村劳动力就业的供需结构和管理体制等问题开展了卓有成效的研究，但是没有直接回应统筹城乡劳动力就业的重大战略问题。过去五年，我国农村劳动力的年龄结构、就业意愿和技能素质已经发生了重大转变，传统劳动密集型正在经历快速转型，各级各类城市对农村劳动力的吸纳能力快速分化，农村劳动力向城市转移的动力正在经历结构性转变。与此同时，劳动密集型产业开始向中西部的县域转移，农村一二三产融合发展程度不断提升，农村就业岗位供给形势已不同于以往。既有研究未能深度研究上述重大形势转变，没有明确、详细的解答农村劳动力在城乡之间如何配置这一重大命题，也未能提出统筹推进农村劳动力外出就业和就地就近创业就业的总体思路和政策建议。基于上述研究现状和农村劳动力就业的新形势，本书将对相关重大问题开展深入研究。

三、本书的结构安排

（一）主要研究内容

本书的主体研究内容主要围绕农村劳动力就业的制度变迁、动能转化、疫情冲击这三大部分展开。

第一，制度变迁与农村劳动力就业问题研究。分析农村劳动力就业管理体制政策演进历程及不同就业政策下农村劳动力就业呈现出的特点和演变规律。首先，总结中国改革开放以来的农村劳动力就业管理体制和政策的演进历程；分析促进农民劳动力就地就近转移就业、引导农村劳动力外出就业、推动城市户籍制度改革、吸引农民工返乡创业就业等重大战略政策的出台背景和实施效果；比较不同时期的五年规划对农村劳动力就业目标、机制和政策的不同要求。然后，总结制度变迁下的农村劳动力就业重大特征和演变规律。具体分析农村劳动力在供给规模、供给结构、供给形态3个层面上的重大特征和变化趋势；立足农村劳动力就业的空间维度，探讨包括农业就业、本地非农就业及农村创业在内的就地就近就业创业进展和挑战，从经济发展、城镇化、全球化、收入差别等角度研究农村劳动力外出转移就业动力机制，分析外出转移就业在规模、区域、环境等方面的现状和特点，明晰转移就业在流向、行业、主体上的演变规律和重要转折点。

第二，城乡产业新旧动能转化对农村劳动力就业影响研究。在对我国新旧动能转换的主要进展、动力源泉、未来形势进行分析的基础上，分别从城乡两个层面，论述城乡产业新旧动能转化给农村劳动力就业带来的新机遇与新挑战。一是分析城镇新旧动能转化对农村劳动力外出转移就业的影响。研究基建、建筑业、制造业等传统行业投资下滑对农村劳动力需求的影响机制；分析制造业转型升级、智能化发展对传统劳动密集型岗位的影响程度；探究数字经济下的"互联网+"服务业发展给农村劳动力就业带来的新机遇。二是分析农村新产业、新业态、新模式对农村就地就近就业带来的新利好。分析农村三产融合对农村劳动力就业的带动作用，研究农村电商发展尤其是淘宝村对农村非农岗位的增加效应，研判县域"互联网+"零工经济新模式的发展前景。

第三，突发新冠肺炎疫情对农村劳动力城乡就业冲击研究。重点围绕新冠肺炎疫情对农村劳动力就业的影响程度研判、影响机制和对策建议等方面，对疫情发生以来的研究文献进行梳理，分阶段分析疫情对农村劳动力就业的影响机制和路径，并针对现有研究未能研判疫情对农民工就业的具体影响的不足，通过电话访谈、电子问卷调研等方式对疫情对农民工就业增收影响程度进行实证分析，展望下一步疫情对农村劳动力就业影响研究的可能方向和重点内容，从短期和中长期的角度分别提出应对新冠肺炎冲击、稳定农民工就业增收的对策建议。

（二）研究方法与资料来源

1. 研究方法

（1）文献研究法。广泛查阅近年来与本研究有关的各种文献资料，包括专著、学术论文以及各种统计资料，特别是有关农村人口和劳动力结构、农村产业发展、职业技能培训、劳动力流动、城市化、户籍制度改革、区域经济发展等方面的政策文件。由于涉及农村劳动力就业的相关研究都隐含在农村产业发展、城镇化、流动人口等研究之中。资料涉及面广、时间跨度大，还需要对这些材料进行鉴别处理，综合整理，才能为研究所用。

（2）统计分析法。统计分析法贯穿于本书，是本书中使用最多的方法。将对来自国家相关部委的统计数据、国内综合性数据库的相关文献和数据以及课题组的微观调查数据进行统计分析，摸清农村劳动力资源总体状况及在年龄、教育、文化等方面的层次结构；明晰农村劳动力的农业就业、本地非农就业、外出务工就业的重大特点、变化趋势和演变规律。

（3）问卷调查和典型案例分析法。宏观层面的分析可以了解农村劳动力就业的总体情况，但无法反映就业意愿和就业满意度等微观行为。而微观层面的调研有助于理解政策在特定环境下的运行模式，从而与宏观层次的分析相补充。本书中的农业劳动力就业问题，尤其是关于贫困人口就地就近就业方面的资料，均来源于作者近年来对甘肃、新疆等贫困地区的实地调研与案例访谈。尤其对疫情对农民工就业的短期影响开展的电话调查和电子问卷调研，以期获得更加准确和全面的微观层面的信息，为统筹农村劳动力就业提供系统扎实的决策参考。

（4）趋势预测法。为了预测不同情景下农村劳动力就业布局，本书将采用趋势预测法预测就地就近创业就业和转移农村劳动力的规模。基于城镇化率、人口总量、人口结构和不同就业形式之间的关系，以及不同拟设情景下的我国农业生产效率、创业创新水平，对2025年我国农村劳动力的总体规模和转移就业潜力及分布情况进行预测。

2. 资料来源

本课题的研究材料和数据主要来源于相关部委的统计数据、国内外综合性数据库、研究机构发布的研究报告以及课题组的微观调查数据（表1-1）。

表1-1 主要数据及资料来源

数据名称	来源及说明	获取数据内容
栏A：重要数据库		
CEIC数据库	司尔亚司数据信息有限公司	县域投资、产业、劳动力数据

(续表)

数据名称	来源及说明	获取数据内容
农村微观经济数据库	中国农业科学院农业经济与发展研究所	农户外出就业数据
栏 B：重要统计年鉴		
《中国第二次全国农业普查资料汇编》（2006年）、《中国第三次全国农业普查资料汇编》（2016年）	国务院全普办公室、国家统计局	农业劳动力、本地非农就业数据
《中国劳动统计年鉴》	国家统计局、人力资源和社会保障部	就业整体情况、农民职业培训和技能情况
《中国人口和就业统计年鉴》（1990—2019年）	国家统计局	农村人口、乡村就业情况
《中国农业年鉴》（2019年）	中国农业年鉴委员会	主要农产品生产数据
《全国农产品成本收益资料汇编》（2019年）	国家发改委	主要农产品用工量数据
《中国乡镇企业年鉴》（1978—2006年）《中国乡镇企业及农产品加工业年鉴》（2007—2018年）	中国乡镇企业年鉴编辑委员会、中国农产品加工业年鉴编辑委员会	乡镇企业发展及就业情况、农产品加工情况等数据
《中国休闲农业年鉴》（2015—2017年）	农业部农产品加工局	休闲农业中的农民就业数据
《中国城市统计年鉴》（2019年）	国家统计局城市社会经济调查司	主要城市就业人口数据
栏 C：重要报告及规划		
《农民工监测报告》（2008—2019年）	国家统计局	农村劳动力转移就业数据
《中国大众创业万众创新白皮书》（2015—2019年）	国家发改委	农村创业数据
《"十一五"促进就业规划》《"十二五"促进就业规划》《"十三五"促进就业规划》	国家发改委	农村劳动力就业政策资料
《2009—2019年中国淘宝村研究报告》	阿里研究院	淘宝村发展及带动就地就近就业情况
《中国数字经济发展和就业白皮书》（2017—2019年）	中国信息通信研究院	
《中国共享经济发展年度报告》（2018年，2019年）	国家信息中心分享经济研究中心	新经济、新产业、新模式带动农村劳动力就业情况数据
《城市新青年：2018外卖骑手就业研究报告》	美团研究院	

（1）不同地区、产业对农村劳动力的需求数据。农村劳动力的需求数据主要有两个来源，一是农村劳动力就业重点产业的发展情况和岗位创造能力情况，数据主要源自 Wind 数据库、CEIC 数据库、CNKI 数据库、中宏数据库、中经网数据库和国家统计局

网站；二是地级市层面、县域层面和行业层面的劳动力需求数据，数据全部来自佰职就业大数据，以及研究机构发布的研究报告。

（2）农村劳动力就地就近创业就业的宏观数据。农村劳动力就地就近创业的数据主要来自农业农村部和国家工商总局，就业数据主要来自人社部、农业农村部、发展改革委和国家统计局的权威数据，农村劳动力的收入数据主要源自国家统计局。

（3）农村劳动力就业意愿和疫情对农民就业影响的微观数据。农村劳动力的创业就业状况、城乡就业意愿、创业就业的重点项目发展数据等主要来自问卷调查和案例访谈，中国农业科学院农业经济与发展研究所的《中国农村微观经济调查数据库》和本课题组的实地访谈是本组数据的主要来源。

（4）各类研究机构发布的研究分析报告也是本书数据的一个重要来源。如中国信息通信研究院的《中国数字经济发展与就业白皮书》，58与清华大学联合发布的《2019中国县域零工经济调查报告》，阿里研究院《2009—2019年中国淘宝村研究报告》等。

（三）全书结构

本书共八章，具体内容和章节安排如下。

第一章为导论。主要介绍新时代统筹农村劳动力就业的背景、意义及要求，对农村劳动力就业的相关文献进行回顾，评述既有研究的贡献和存在的不足，并简要阐述主要研究内容、研究方法、资料来源和框架结构。

第二章为农村劳动力就业体制政策和供给结构演变。对农村劳动力就业历经的打破流动限制、就地转移为主阶段（1978—1991年），促进就业转移、外出就业高潮阶段（1992—2000年），支持融入城市、权益完善阶段（2001—2010年），同时促进返乡创业和外出就业新阶段（2011年至今）这4个阶段的政策特点和实施效果进行剖析。同时，分析农村劳动力资源在总量、年龄、性别、教育程度等层面上的结构特点以及供给意愿的变化趋势。

第三章为农村劳动力就地就近就业创业的进展及挑战。在对乡村就业整体态势和乡村就业区域、行业、形式特点进行分析的基础上，重点探讨三种不同类型的就地就近就业情况：一是分析农业劳动力特征，测算农业部门劳动力需求；二是回顾乡镇企业对农村非农就业贡献，研究县域经济发展与本地非农就业关系，分析本地非农就业结构变迁；三是对就地就近就业新动力的农村创业的基本情况、效应，典型模式及问题等进行系统研究，深度剖析就地就近就业的制约因素。

第四章为农村劳动力外出转移就业动力、结构和特征。从经济发展、城镇化推进、全球化红利、城乡和区域差别4个维度，阐述农村劳动力外出转移就业的动力机制。总结外出转移就业在规模、区域、环境方面的现状，分析转移就业在流向、行业、主体上的演变规律，找到重要转折点，探讨外出转移就业面临的困境。

第五章为新时期农村劳动力就业形势和挑战。后疫情时代，统筹城乡农村劳动力就业，机遇与挑战共存。分析乡村振兴、城乡融合和就业优先三大战略统筹推进、"一带一路"深入推进、东部沿海产业转移等为农村劳动力就业带来的新利好，分析全球化就业红利消逝、城镇产业新旧动能转化、全面脱贫后政策变动等给农村劳动力就业带来的新挑战。预测未来五年农村劳动力供给潜力,预测未来五年农村劳动力农业就业、非农就业、外出转移就业、就地就近就业的规模结构。分析未来农村劳动力就业的突出矛盾。

第六章为城乡新产业、新业态、新模式带来的新动力。数字技术兴起下数字经济蓬勃发展,对就业产业、业态和模式带来深远影响。分析中国数字经济发展的总体状况,研究数字经济对农村劳动力就业的影响机制;预判城镇部门家政服务业和"互联网+"生活服务业为代表的新兴服务业在吸纳农村劳动力就业方面的前景与趋势;分析农村电商新产业、三产融合新业态、县域"互联网+"零工经济新模式带动农村劳动力就地就近就业的新前景;分析数字经济下农村劳动力就业在制度保障、社会保障等方面面临的新问题。

第七章为新冠肺炎疫情对农民工就业的冲击。重点围绕新冠肺炎疫情对农村劳动力就业影响程度研判、影响机制和对策建议等对疫情发生以来的应急研究文献进行梳理。针对现有研究未能研判疫情对农民工就业的具体影响,缺少对疫情发展、经济增长不同情境下的中长期影响预判,缺乏对后疫情时代农民工就业重大战略问题的关注和探讨等不足,实证分析疫情对农民工就业的短期影响,预判疫情对农村劳动力就业的可能长期影响,提出疫情对农村劳动力就业影响研究的未来可能方向和重点研究内容。

第八章为面向2035年的农村劳动力就业城乡统筹战略。根据农村劳动力就业的新背景、新要求、新机遇、新挑战,提出新战略。新思路的"3+1":延续全球化就业红利,稳住城镇劳动力转移就业渠道,挖掘农业农村内部就地就近就业潜力,确保就业困难群体的充分就业;底线思维新策略:减轻出口企业压力,稳住外贸就业渠道;提高技能水平、优化就业环境,促进新兴服务业就业;推动乡村产业提质增效,增加就业机会;大力支持返乡创业,带动就业;制度创新释放就业新红利:完善城乡一体化就业体制、创新农民工市民化制度、深化农业现代化关键领域改革。

第二章
农村劳动力就业体制政策和供给结构演变

一、就业管理体制政策演进历程及特点

改革开放以来，中国的农村劳动力就业体制政策围绕稳定就业、融入城市、乡村振兴等国家战略不断调整优化。在打破限制阶段（20世纪80年代末至21世纪初），城市的粮票制度被取消，农村居民被许可长途贩运农产品、自带口粮到城镇就业，自此拉开了农村劳动力向城市非农部门转移就业的序幕。但此时工业部门尚无法提供充裕的就业岗位，不仅难以满足农村劳动力的就业需求，还会对城镇居民的就业产生竞争，1991年以前的政策主线是控制盲目流动，1992—2000年则集中规范引导促进转移就业。在兼顾就业和融合阶段（21世纪前10年），中国加入WTO以后，沿海出口型制造业部门迅速崛起，农村剩余劳动力的转移速度达到历史峰值，欠发达地区将引导劳动力转移作为富民政策的重点，但是户籍制度以及附着其上的公共服务权利，严重削弱了农村劳动力在流入地的福利，并且引发了日益严峻的社会问题，"流动、公平和融合"成为政策的落脚点，户籍制度改革引领了本阶段的政策变迁。在统筹外出就业和就地就近创业阶段（2011年至今），城镇化和工业化的速度逐渐放缓，城市劳动密集型产业的国际竞争优势不断缩小，农村劳动力转移速度随之减缓。与此同时，经历了多年的产权制度改革、农业生产技术进步和农村新业态培育，农业农村的发展潜力得到了快速提升，乡村振兴亟须返乡创业就业的支撑，就地就近创业就业在体制政策中的地位快速提高。具体来说，改革开放以来的农村劳动力就业管理体制和政策可以分为4个阶段，并呈现出如下的特点。

（一）打破流动限制，就地转移为主阶段（1978—1991年）

在该阶段，农民流动限制政策松动，但控制盲目流动仍是政策主线。乡镇企业蓬勃发展，农村劳动力开始快速就地就近转移，拉开了农村劳动力市场化改革大幕。

1. 从严格控制到"允许流动"到"控制盲目流动"

严格控制农村人口流入城市的政策（1978—1983年）。改革开放前，政府对农村劳动力进城一直采取严格限制的政策，城乡户籍制度、二元社会体制成为阻挡农村劳动力向城市和工商业流动的一道藩篱。改革开放初，随着人民公社制度解体，包产到户、家庭联产承包责任制的推广，农民生产积极性和劳动生产力不断提高，农业劳动力逐步从土地束缚中解放出来，形成了农村劳动力在农村内部相对自由转移的条件。为了吸收消化大量的农村富余劳动力，在20世纪60年代初因国内经济困难被取消的社队企业，开始恢复与发展，成为农村经济新的增长点。但是从中国国民经济整体来看，当时的农村改革不过是对中国以往计划经济体制的"部分修改"，城乡之间的制度隔绝结构基本上没有改变，尤其是城市就业制度改革尚未触及，国务院于1981年发出了《关于严格控制农村劳动力迁向城市和农业人口转为非农业人口的通知》，农村剩余劳动力向城市迁移继续受到严格控制。

放宽农村劳动力进城限制的政策（1984—1988年）。20世纪80年代中期，政府开始放松农村劳动力进城政策限制。中共中央《关于1984年农村工作的通知》指出应允许并鼓励"农民自理口粮进城务工经商",标志着农民向城市迁徙的严格限制政策开始松动,成为农村人口流动政策的转折点。准许有经营能力和技术专长的农民自带口粮落户集镇、实行居民身份证制度方便农村人口流动和自由择业、国有企业"合同工""临时工"、部分建筑业用工对农民开放,以及粮食的市场化和住宅的商品化等一系列限制政策的放宽,为农民外出就业提供了最基本的生活条件,有力地促进了大量农村劳动力的转移就业。与此同时,中央政府频频发文,大力推动乡镇企业发展,1978—1988年乡镇企业在全国各地迅速崛起并迎来了第一个发展高峰期,在转移农村劳动力非农就业方面发挥了重要作用。

控制农村劳动力盲目流动的政策(1989—1991年)。国家加强对农村劳动力盲目流动的管理。前一时期实行的允许与鼓励政策引发了大规模的农村劳动力跨地区流动,使得城市在交通运输、社会治安、劳动力市场管理等方面的不适应问题凸显出来。同时,经济结构调整过程中国有企业改革导致了大量下岗、失业职工的出现,城市就业压力激增。就此,国家加强了对农村劳动力盲目流动的管理,先后出台了《国务院关于做好劳动就业工作的通知》《关于"农转非"政策管理工作分工意见的报告》等政策规定,农村劳动力转移就业热度下降。同时,这一时期,全国各地出现了由于经济问题引发的"压乡办企业,保全民企业"的潮流,乡镇企业生存环境趋于恶化,发展速度有所缓解,新增就业机会也在减少,农村劳动力就地就近转移和流动空间有所缩小。

1978—1991年农村劳动力就业管理代表性政策见表2-1。

表2-1 1978—1991年农村劳动力就业管理代表性政策

阶段	时间	政策特点	代表性文件	政策效果
打破流动限制,就地转移为主阶段	1978—1983年	控制流动	1981《关于严格控制农村劳动力迁向城市和农业人口转为非农业人口的通知》	农村劳动力向城市迁移继续受到严格控制
	1984—1988年	进城限制放宽,允许流动	1984《关于1984年农村工作的通知》1984《国务院关于农民进镇落户问题的通知》1986《国营企业实行劳动合同制暂行规定》和《国营企业招用工人暂行规定》	鼓励农民自理口粮进城务工经商,标志着农民向城市迁徙的严格限制政策开始松动,是农村人口流动政策的转折点;农民迁移进镇的标准放宽,允许国营企业招收农村劳动力,为农村劳动力转移提供了条件
	1989—1991年	控制盲目流动	1990《国务院关于做好劳动就业工作的通知》1990《关于"农转非"政策管理工作分工意见的报告》	加强了对农村劳动力盲目流动的管理

2. 农村劳动力就业属于大规模转移前的准备阶段

1978—1983年，家庭联产承包责任制将农村劳动力从土地上迅速解放出来，但尚不具备流动就业的政策环境，农村劳动力转移的规模非常有限。当时，中国乡镇企业还处于起步阶段，规模不大，且主要集中在长三角、珠三角，吸引劳动力相当有限。据不完全统计，1981年农村企业的就业人员中，社队集体企业职工人数占到了96%左右，一定程度上限制了广大农民就业的机会，社队企业（中国农村人民公社及其所属生产大队经营的各种社会主义集体所有制企业的统称。农村经济体制改革后，自1983年起改称乡镇企业）并未达到有效促进农业劳动力转化的目的，社队企业职工5年间只增长了14.4%。1981年农村劳动力转移量仅为190万人，1983年上升到535万人。同时，农村就业结构的逆向变动。农业劳动力占农村劳动力的比重趋于上升，由1978年的89.70%上升到1981年的90.7%，而非农业劳动力的比重则呈下降趋势，由10.3%下降到9.3%。

1983—1991年，农村劳动力转移规模总体大幅增长，但呈现出先增后停滞趋势。总体规模1983年的535万人，上升到1992年的1.1亿人，增长了近20倍。其中，1984—1988年，每年转移的农业劳动力都在450万人以上，年均转移率达2.63%以上；1989—1991年，农业劳动力转移进入一个相对停滞时期，农业劳动力转移总量不足300万人，比1983—1988年的任何一年转移量都要少。特别是1989年，农业劳动力出现了唯一的逆向流动。在转移方式上，转入地以地处农村的乡镇企业为主，转移方式以兼业为主。乡镇企业进一步发展，到1991年，乡镇企业数目已经达到1 909万个，就业人员9 614万人，成为农村劳动力就地就业转移的重要蓄水池，就地转移的农村劳动力占转移劳动力总数的60%。同时，第四次人口普查数据显示，1990年迁移人口达到2 315万人，而户籍迁移仅为343万人。这说明当时的转移方式主要是以兼业为主。

（二）促进就业转移，外出就业高潮阶段（1992—2000年）

1. 跨区域流动政策引导农村劳动力有序流动

1992年，邓小平同志"南方谈话"和党的十四大带来了东部沿海地区城市开发及经济建设的高潮，政府对农村劳动力的流动政策逐渐从承认流动、接受流动到鼓励流动变化，并采取措施引导其有序流动。1992年，粮票制度取消，使大规模的人口跨省、跨区域的自由流动成为可能，而1993年十四届三中全会《中共中央关于建立社会主义市场经济体制若干问题的决定》"要鼓励和引导农村剩余劳动力逐步向非农产业转移和在地区间有序流动"的决议则拉开了农村劳动力管理的序幕。在此背景下，国务院及各部委纷纷颁布各项法令、法规及相关配套文件，来提高农村劳动力流动的组织化和有序化程度。1993年起，劳动部开始实施"农村劳动力跨地区流动有序化工程"，主要目标是使主要输入、输出地区间的农村劳动力流动就业实现"有序化"。1994年，国家关于农村劳动力跨地区流动就业的第一个规范化文件《农村劳动力跨省流动就业暂行规定》颁布，开始实施以就业证卡管理为中心的农村劳动力跨地区流动就业制度。随后，《关于加强流动人口管理工作的意见》《暂住证申领办法》《关于"外出人员就业登记卡"发放和管理有关问题的通知》等文件相继出台，成为引导农村剩余劳动力在宏观调控下有序流动的重要依据（表 2-2）。

表 2-2 1992—2000 年农村劳动力就业管理代表性政策

阶段	时间	政策特点	代表性文件	政策效果
促进就业转移，外出就业高潮阶段	1992—2000 年	规范引导促进转移就业	1994 年《农村劳动力跨省流动就业暂行规定》	是农村劳动力跨地区流动就业的第一个规范化文件
			1994 年劳动部颁布《农村劳动力跨省流动就业暂行规定》、1995 年《关于加强流动人口就业证和暂住证制度》	提出要从总量上控制，优先解决城市就业、工种限制等政策
			1997 年劳动部等《关于进一步做好组织农民工有序流动工作的意见》	要加快劳动力市场建设，建立健全劳动力市场规则，建立完善的劳动力市场信息服务系统等
			1998 年《中共中央关于农业和农村工作若干重大问题的决定》	通过"小城镇"发展战略来引导我国农村剩余劳动力的合理有序转移，逐步向加速城镇化建设、建立要素市场和扩大基础设施等多渠道有序转移

2. 城市改革和对外开放高潮，带来外出就业的爆发式增长

城市改革和对外开放高潮带来非国有部门快速增长，并产生了对廉价农村劳动力的强烈需求，中国农村劳动力外出务工进入爆发式增长时期。从 1992 年开始，在乡镇企业就业的劳动力比例有所下降，外出就业取代乡镇企业就业为主的农村非农就业模式，成为中国农村劳动力实现非农就业的主要方式。2000 年全国农村劳动力转移人数为 11 340 万人，其中农村转移劳动力在本乡内就业的比例为 45.9%，在城镇就业的比例为 65.8%。跨省流动就业的农村转移劳动力总量增加，2000 年与 1997 年相比，增加了 1 344 万人，占农村转移劳动力的比例逐年提高，从 1997 年的 17.8%增加到 2000 年的 24.9%。从城镇转移就业的类型看，这期间的农村劳动力倾向于向小城市和小城镇转移，1999 年两地的劳动力转移数占城镇转移总数的 57.9%。与此同时，农村劳动力转移体现出"候鸟式"的流动特征，大多数进城务工的农村劳动力没能携带家庭一起进入城市，成为"两栖"型人口，在农村和城市之间"候鸟式"流动。据统计，1993 年非正式迁移人口规模超过户籍迁移，1999 年占总迁移人口的 2/3，2000 年达到 70%（杨云彦，2003）（表 2-3）。

表 2-3 农村转移劳动力的就业地域分布及各类城镇转移比例及数量

类别		相对数（%）				绝对数（万人）			
年份		2000年	1999年	1998年	1997年	2000年	1999年	1998年	1997年
转移劳动力的就业地域分布	乡内	45.9	48.5	48.3	53.2	5 205	4 903	4 611	4 423
	县内乡外	14.3	15.7	18.0	15.5	1 622	1 582	1 718	1 288
	省内县外	14.8	14.8	14.1	13.4	1 678	1 497	1 346	1 114
	省外	24.9	20.9	19.5	17.8	2 824	2 115	1 862	1 480
	国外	0.1	0.1	0.1	0.1	11.3	10.1	9.5	10.3
	乡外合计	54.1	51.5	51.7	46.8	6 135	5 204	4 936	3 892
转移劳动力的城镇转移情况	省会城市	13.2	11.66	10.99	12.68	1 497	1 179	1 049	1 055
	地级市	14.53	12.97	12.57	12.13	1 648	1 312	1 200	1 009
	县级市	13.54	14.16	14.26	13.00	1 535	1 431	1 361	1 081
	建制镇	24.54	27.32	19.61	15.83	2 783	2 761	1 872	1 316
	合计	65.81	66.11	57.43	53.64	7 463	6 683	5 482	4 461

资料来源：农调队农村住户劳动力抽样调查。

（三）支持融入城市，权益完善阶段（2001—2010年）

1. 以户籍制度改革为引领的政策支持外转劳动力融入城市

进入21世纪，农村劳动力转移政策发生了根本性变化，政策在注重合理引导农村剩余劳动力有序转移的同时，更加重视转移过程中"流动、公平和融合"多目标实现，以保障农民合法权益，为农民进城务工创造良好环境。具体表现在：一是逐步清除了农村剩余劳动力转移过程中的不合理限制、歧视性的法规，为城乡统筹就业赋予了新的含义。这种转变以2000年7月人力资源和社会保障部、国家计划委员会等7家单位联合实施城乡统筹就业试点项目为标志，取消各类对农村劳动力进城务工就业的歧视政策，强调进城农民和城镇居民享有平等的就业地位，确保农民工能够按时、足额得到工资的相关政策得到实施。二是重视农村劳动力转移过程中诸多方面的配套改革。重视农村劳动力流动中涉及的工伤、医疗、养老、子女教育、住房等社会保障问题，加速户籍制度改革，解除农村剩余劳动力向城市转移的深层制度约束。如2001年3月，国务院批转公安部关于推进小城镇户籍管理制度改革意见。这一阶段关于加快农村剩余劳动力转移的政策法规较以往明显增多，农村劳动力的转移和流动正在进入一个崭新的发展时期（表2-4）。

表 2-4　2001—2010 年农村劳动力就业管理代表性政策

阶段	时间	政策特点	代表性文件	政策效果
支持融入城市，权益完善阶段	2001—2010 年	关注"流动、公平和融合"	2000 年《关于进一步开展农村劳动力开发就业试点工作的通知》	农村劳动力就业政策发生根本性变革，提出改革城乡分割体制
			2003 年国务院《关于做好农民进城务工就业管理和服务工作的通知》，劳动和社会保障部《关于农民工使用劳动法律有关问题的复函》	取消对农民进城务工就业的不合理限制，明确将农民工纳入保险范围，流入地政府负责农民工子女受义务教育工作
			2004 年国务院《关于促进农民增加收入若干政策意见》，建设部《关于进一步解决拖欠农民工工资问题的紧急通知》，2005《关于废止农村劳动力跨省流动就业管理暂行规定及有关配套文件的通知》	保障进城就业农民合理权益，进一步清理和取消针对农民进城就业的歧视性规定，要解决拖欠农民工工资问题
			2006 年《国务院关于解决农民工问题的若干意见》、2007 年《关于积极发展现代农业扎实推动社会主义新农村建设的若干意见》	提出做好农民工就业的公共服务工作，健全维护农民工权益保障机制
			2008 年国务院《关于切实加强农业基础建设，进一步促进农业发展农民增收的若干意见》；国务院《2009 年促进农业稳定发展农民持续增收的若干意见》	提出健全农民工社会保障制度，加速户籍制度改革，促进进城农民工融入城市并向市民身份转变

2. 城市化加速推进，外出就业稳定性提升

与上一阶段农民外出务工主要表现为"半城市化"的"劳动力迁移"状态不同，城市化进程的加速，就业政策的转变以及农民工的代际转换，农民外出就业稳定性提升，流动呈现出家庭化、长期化的新迹象。2010 年，外出就业农民工有稳定就业岗位的占到了一半以上，为 57.8%；农民工外出时间延长，2010 年农民工在当前城市务工和停留的时间平均为 5.3 年，其中 40.7% 的人在当前城市 5 年以上，18.0% 的人为 10 年以上（国务院发展研究中心课题组，2011），以常年外出计算的全国农村劳动力的平均转移率水平为 18.10%（国务院发展研究中心，2009）。举家外出明显增加，从以前男劳动力外出"独闯"逐渐演变成夫妻二人同时外出务工以及携子女外出流动的形式，2006 年全国举家外出的劳动力占全部农村劳动力的平均比重为 5.29%（国务院发展研究中心，2007）。与此同时，农民工正在完成代际转换，20 世纪 60—70 年代出生的第一代农民工已步入中年，并逐步退出城市，新生代农民工开始成为农民工的重要组成部分。

(四) 同时促进返乡创业和外出就业新阶段 (2011 年至今)

迈入新时代，在制造业转型升级、城市化方针调整、乡村振兴实施，创业创新的战略地位自 2015 年起更加重要，中国自此开启了就地就近就业创业和外出转移就业并举的新篇章。

1. 统筹推进就地就近创业就业和外出就业的政策

大力支持农民工等主体返乡创业就业，形成了完备的支持农村劳动力就地就近创业就业的政策体系。在农村劳动力就业的城乡位势差距逐渐缩小的背景下，国家高度重视返乡创业，尤其是 2015 年后，先后出台了《关于支持农民工等人员返乡创业的意见》《关于进一步做好新形势下就业创业工作的意见》《关于结合新型城镇化开展支持农民工等人员返乡创业试点工作的通知》等一系列指导性文件，加快了一大批有技术、有资金、有情怀的农民工返乡创业。并重点对发展家庭农场、农村电子商务、农产品加工业、休闲农业等返乡创业的典型形式出台了支持政策，如《关于支持返乡下乡人员创业创新，促进农村一二三产业融合发展的意见》《关于农民工等人员返乡创业培训五年行动计划（2016—2020）的通知》等。

以培训为依托，拓宽农村转移劳动力城市就业渠道和提升就业质量。党的十八大以来中央对城市化战略方针进行了调整，限制大城市发展，加快中小城市发展，鼓励就地就近城镇化与市民化；到 2020 年解决"三个 1 亿人"问题，即促进 1 亿农业转移人口落户城镇，改造 1 亿人居住的城镇棚户区和城中村，引导 1 亿人在中西部地区就近城镇化。这些调整体现了以人为本新型城镇化和加快解决农业转移人口市民化的方针，这些目标的实现，一个重要的方面是为农村转移劳动力创造更多的就业岗位并提升就业质量。为此，人力资源社会保障部关于印发《新生代农民工职业技能提升计划（2019—2022 年）》的通知，以帮助农民工特别是新生代农民工增加受教育培训机会，提高专业技能和胜任岗位能力；国务院办公厅《关于促进家政服务业提质扩容的意见》的颁布将对拓宽农村转移劳动力就业渠道起到重要作用；人力资源社会保障部、教育部印发《关于做好技工院校招生工作的通知》，推进技工院校纳入职业教育统一招生平台，指导技工院校扩大招生规模（表 2-5）。

表 2-5 2011 年至今年农村劳动力就业管理代表性政策

阶段	时间	政策特点	代表性文件	政策效果
返乡创业和外出就业统筹推进阶段	2011 年至今	促进返乡创业政策	2015 年《关于支持农民工等人员返乡创业的意见》《关于结合新型城镇化开展支持农民工等人员返乡创业试点工作的通知》；2016 年《关于支持返乡下乡人员创业创新，促进农村一二三产业融合发展的意见》《关于实施农民工等人员返乡创业培训五年行动计划（2016—2020 年）的通知》	落实完善鼓励创业的用地支持、税费、租金减免和资金补贴等扶持政策，提供良好制度环境，激发农民工等人员返乡创业热情；推进农民工等人员返乡创业培训工作提升农民工等人员创业能力，创造更多就近就业机会

(续表)

阶段	时间	政策特点	代表性文件	政策效果
返乡创业和外出就业统筹推进阶段	2011至今	农民工技能提升政策	中共中央、国务院《新时期产业工人队伍建设改革方案》、2019《新生代农民工职业技能提升计划（2019—2022年）》《关于促进家政服务业提质扩容的意见》	增加新生代农民工受教育培训机会，提高专业技能和胜任岗位能力，拓宽农村劳动力城市转移就业渠道

2. "十二五""十三五"农村劳动力就业规划比较

2012年，国务院发布"十二五"《促进就业规划（2011—2015年）》（国发〔2012〕6号），是十八大以来中国政府专门针对促进就业工作制定的第一个战略性、综合性、基础性规划。2017年，国务院又发布了《"十三五"促进就业规划》（国发〔2017〕10号）。由于出台文件的整体就业形势不同，也就导致了这两个专项规划中对农村劳动力就业的任务目标、机制和政策的不同要求（表2-6）。总体看，"十三五"促就业规划中，农村劳动力就业问题的重要性不断强化，有关农村劳动力就业的目标、内容更加清晰、具体。首先，在农村劳动力就业的发展目标及关注对象上，"十三五"末是脱贫攻坚决胜期，因此"十三五"规划中将农村贫困人口就业摆在了更突出、更加重要的位置，指出到2020年，要通过促进贫困人口就业带动1 000万人脱贫，并提出了促进农村贫困劳动力转移就业的一系列举措。而在"十二五"规划目标中，只提出了转移农业劳动力4 000万人的总体目标。同时，"十三五"就业规划更加注重城乡均等的公共就业创业服务体系的完善。其次，在促进农村劳动力就业的工作内容上，"十三五"规划将推动新兴产业新兴业态培育新的就业增长点、扩大现代农业的就业空间与提升创业带动就业能力置于更加重要位置。强调新动能培育及支持发展共享经济下的新型就业模式，通过促进农业与其他产业的融合发展扩大职业农民就业空间。与此同时，更加注重农民素质的提升与更高质量就业目标的实现。

表2-6 "十二五""十三五"就业规划中关于农村劳动力就业主要内容的比较

项目	"十三五"	"十二五"
发展目标	农民工就业形势基本稳定 促进贫困人口就业，带动1 000万人脱贫 城乡均等的公共就业创业服务体系更加健全	转移农业劳动力4 000万人 覆盖城乡的公共就业和人才服务体系进一步健全
主要内容	大力发展新兴产业新兴业态，不断拓展新兴就业领域，支持发展共享经济下的新型就业模式 加快发展现代农业，扩大职业农民就业空间 将培育新型职业农民纳入国家教育培训发展规划，提高职业农民增收能力，创造更多就业空间 促进农村贫困劳动力转移就业 新型职业农民培育工程	发展家庭服务也促进就业 坚持城乡统筹，建立健全城乡劳动者平等就业制度 推进农业富余劳动力转移就业

资料来源："十二五"《促进就业规划（2011—2015年）》（国发〔2012〕6号），"十三五"《促进就业规划（2016—2020年）》（国发〔2017〕10号）。

3. 就地就近创业就业成为农村劳动力就业新常态

这一阶段，打破了长期以来农村劳动力向发达地区城市单向流动的态势，农村劳动力逆向流动悄然兴起，就地就近创业就业成为农村劳动力就业的新常态。农村劳动力的就地就近转移态势，主要体现为外出农民工的回流和农民工返乡创业就业的如火如荼。据2019年全国农民工监测调查报告，2018年我国农民工总量中，外出农民工17 266万人，比上年增长0.6%；本地农民工11 570万人，比上年增长0.9%，本地农民工增速快于外出农民工增速，本地农民工占总农民工的比重从2011年的37.25%上升到2018年的40.12%，提高了2.87个百分点。在农民工返乡创业方面，自2015年正式启动返乡创业试点工作以来，农民工成为当前返乡创业主力军。2017年，我国返乡创业的农民工已经超过了700万人，比2015年增加了250万人，增幅达到了两位数。2016年和2017年返乡创业群体中农民工分别占到71.0%和71.9%，远高于大学生、退役士兵等群体的占比，具体如图2-1所示。

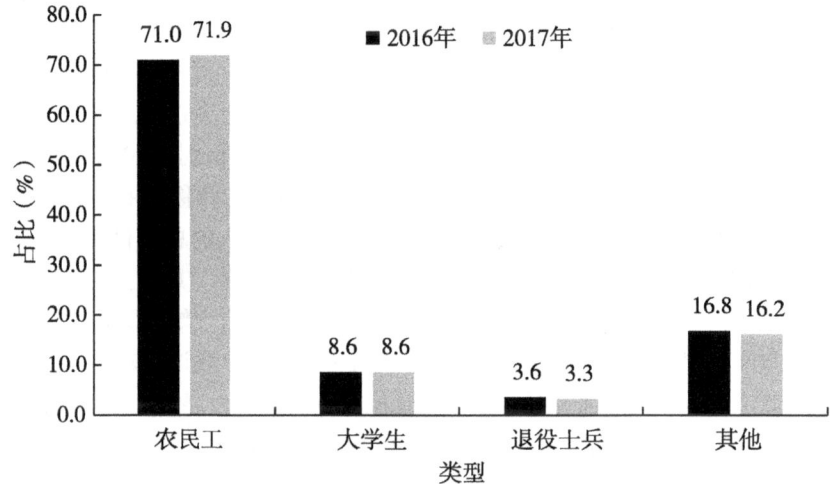

图2-1 不同类型返乡创业群体的占比（2016—2017年）
数据来源：国家发改委内部统计资料。

总之，中国农村劳动力就业管理体制和政策随着改革开放的进程和经济形势的变化而跌宕起伏。20世纪80年代初期，农村家庭联产承包责任制解放了大量农村劳动力，乡镇企业异军突起，大量农村劳动力开始就地就近非农化就业，此时的就业政策主要着眼于放宽农村劳动力就业限制。20世纪90年代，邓小平的南下带来了城市改革和对外开放高潮，大量农民进入城市就业，外出务工取代乡镇企业就地转移，成为中国农村剩余劳动力转移的主要方式，此时就业政策更多地关注农村劳动力流动管理，规范其有序流动；进入21世纪，农村劳动力转移政策发生了根本性变化，从仅着眼农村劳动力流动向更加注重转移过程中的"流动、公平和融合"多目标实现；2011年后，经济增速逐步下行，产业转型升级提到重要议事日程，农村劳动力外出就业数量增幅趋于降低，同时还呈现了农民工逆向流动，此时的就业政策转向支持各类人才返乡下乡创业创新、拓展农村就业空间，增加农村劳动力城市就业渠道、提升就业质量，步入外出就业与就地就近就业创业统筹发展的新阶段。

二、农村劳动力供给重大特征和变化趋势

在人口老龄化、计划生育政策、城镇化进程、生育意愿下降、职业院校对农村户籍学生招生力度加强等多重因素的交互影响下，中国农村劳动力资源总量加速减少。同时，随着共享经济快速发展，新生代农村青年进入劳动力市场，灵活就业逐步成为社会思潮。农村劳动力的供给结构以及供给意愿等方面也在发生着巨大变化。

在分析农村劳动力就业之前，有必要先对农村人口、农村劳动力的概念进行界定。通常所说的农村人口有两个定义，一是农村实际常住人口（指每年居住农村时间在6个月以上者）；二是农村户籍人口。本书的研究对象是依据《中国人口和就业统计年鉴》中人口变动情况抽样调查中的统计方法和口径确定的农村户籍人口。农村劳动力则是指农村户籍人口中15~59岁的人口。

（一）农村劳动力供给规模：存量、增量"双降"

1. 农村人口数量及占总人口比重近年来加速下降

1995—2018年，我国乡村人口共减少了2.8亿人，2018年下降到5.6亿人，年均降幅为1.8%，乡村人口占总人口的比重从70.96%下降到40.4%。其中，2000年后，城镇化的快速推进，加速了农村人口的下降，2000—2017年，乡村人口共减少2.31亿人，年均降幅高达2.01%，其中，"十五""十一五""十二五"期间乡村人口的年均减少量分别为0.126亿人、0.148亿人、0.136亿人，并分别以年均1.61%、2.07%、2.11%的降幅下降，"十三五"仍延续这一趋势，2016年、2017年、2018年这三年共减少乡村人口0.39亿人，年均降幅与2000—2017年平齐。据统计，2012—2017年中国共有8 000多万农业转移人口市民化，按照规划要求，"十三五"期间年均转户1 300万人以上，那么，到"十四五"开局之时，中国农村人口存量将下降到5.3亿人。

2000—2017年乡村人口和乡村劳动力变化情况如图2-2所示。

2. 农村劳动力资源存量持续加速下降

2000年第五次人口普查显示，发现15~59岁乡村劳动力人口为4.97亿人，占总乡村人口的61.54%；2010年第六次人口普查，乡村劳动人口为4.36亿人，乡村劳动人口占乡村总人口的比重有所上升，变为65.05%；相比2000年，2010年农村总人口下降了1.21亿人，其中劳动力人口的下降规模最大，减少了6 072.07万人。进入21世纪以来，随着户籍人口城镇化从2000年的24.7%上升到2018年的43.37%，农村劳动力加速减少，"十五"时期年均减少848.4万人，"十二五"以来，以年均高于1 000万人的数量在递减，其中，2016—2018年，年均减少近1 300万人（表2-7）。

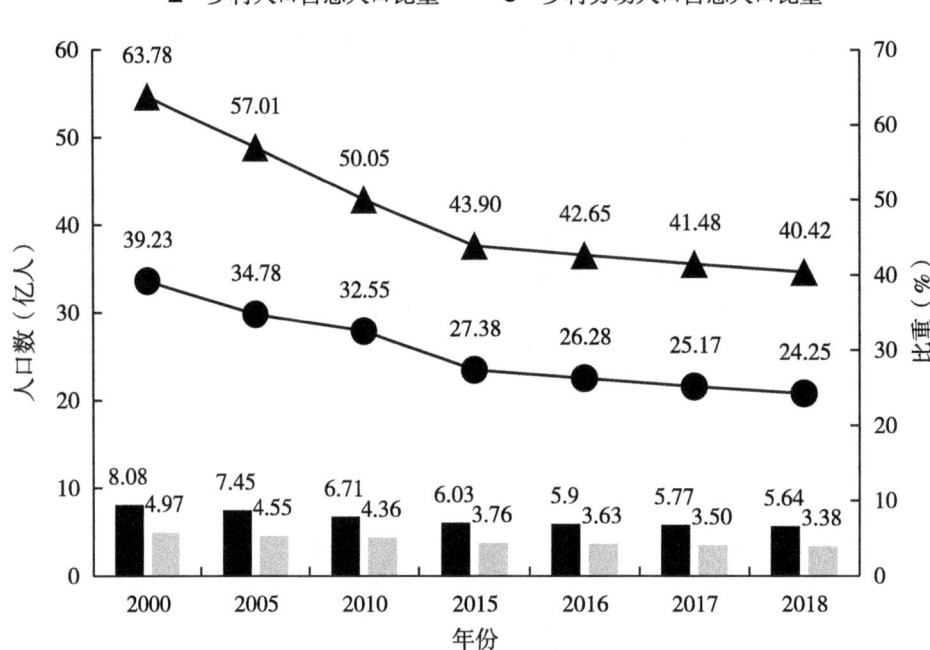

图 2-2　2000—2017 年乡村人口和乡村劳动力变化情况

数据来源：根据《中国人口和就业统计年鉴》（2001—2019 年）中的人口变动情况抽样调查数据中的"全国乡村分年龄、性别的人口数"进行整理、计算而来。

表 2-7　各时期乡村总人口、劳动人口规模变化情况

时期	乡村总人口			乡村劳动力人口		
	减少的人口总数（万人）	年均减少数（万人）	年均降幅（%）	减少人口总数（万人）	年均减少数（万人）	年均降幅（%）
"十五"（2001—2005 年）	6 293	1 258.6	-1.61	4 242.1	848.4	-1.77
"十一五"（2006—2010 年）	7 431	1 486.2	-2.07	1 830.0	366.0	-0.82
"十二五"（2011—2015 年）	6 767	1 353.4	-2.11	6 012.6	1 202.5	-2.92
2016—2018 年	3 945	1 315.0	-2.23	3 791.7	1 263.9	-2.10
合计	24 436	1 353.3	-2.01	15 876.5	920.2	-1.90

数据来源：根据国家统计局人口和就业统计司《中国人口和就业统计年鉴》（2001—2018 年）中的人口变动情况抽样调查数据进行整理、计算而来。

注：（1）此处乡村劳动力人口是指 15~59 岁的劳动年龄人口。（2）乡村劳动人口总数=乡村劳动力人口抽样数/抽样比例。

3. 新增农村劳动人口有限，能形成有效供给的更少

统计局数据显示，2017 年，乡村 7~11 岁人口占乡村总人口的 6.89%，这批青少年在

"十四五"期间将陆续成长为劳动力人口,新增农村劳动力规模约为3 975万人,年均增加795万人,少于"十二五"的年均1 260万人。同时,农民工落户配套政策的完善,对职业教育的高度重视,新成长起来的农村劳动力人口中,随迁进城、上大学、接受职业教育的规模将有大的增长,无法形成劳动力供给,导致供给规模进一步下降。一方面,进城务工人员随迁子女上学规模扩大,到劳动年龄后构成城市劳动人口。2013—2017年,进城务工人员随迁子女从1 277.16万人增长到1 406.63万人,随迁子女相对留守儿童比例从60.1%上升到90.7%,表明越来越多的进城务工人员通过落户的方式获得当地户口,并将孩子户口迁移,不再属于农村劳动人口(图2-3)。另一方面,职业教育对农村户籍学生的招生规模剧增。《2019年国务院政府工作报告》中则明确提出高职院校要实现扩招100万人的目标。从政策口径看,高职院校扩招的"箭头"对准的更多的是农村青少年以及农民工等人群。这一举措,尽管是以"供给端"扩大高技能人才的供给规模弥补人才供需的结构性失衡。但由于这部分人群正好在"十四五"进入劳动力供给市场,但由于接受职业教育,会延迟他们进入劳动力市场的时间。同时,相比农村学生,这批进城读书的青少年将较早适应和融入城市生活,更有可能实现市民化。

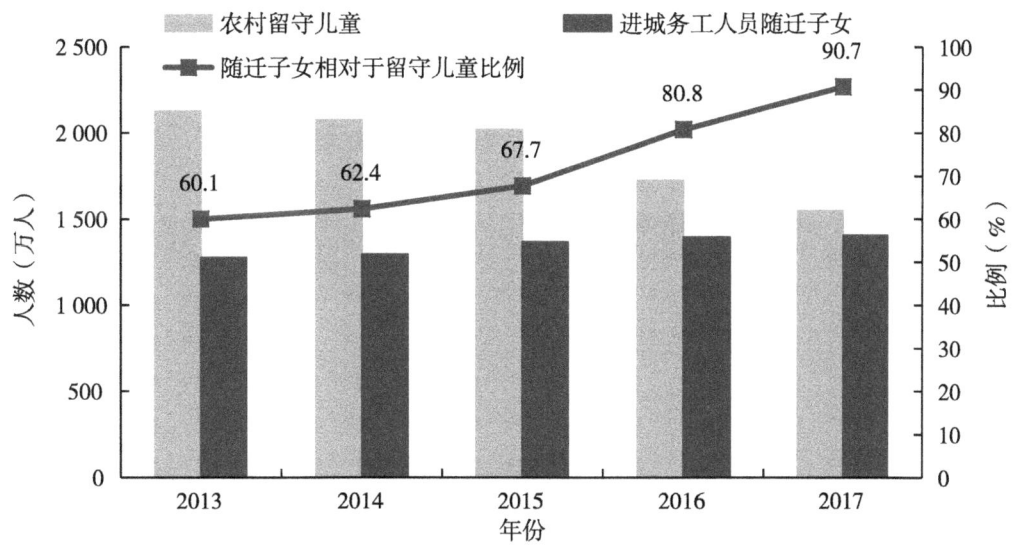

图2-3 2013—2017年进城务工人员随迁子女及农村留守儿童情况

数据来源:教育部网站2013—2017年教育统计数据。随迁子女统计的是义务教育阶段(小学和初中)在校生的数据。

4. 农村劳动力减少是城镇化推进的必然结果

城镇化是农村劳动力资源减少的一个最重要的因素。据统计,2012—2017年我国共有8 000多万农业转移人口市民化,相应地户籍人口城镇化率从35.33%上升到42.35%,2018年达到43.37%。但我国户籍人口城镇化率一直落后于常住人口城镇化率(图2-4)。2014年《国家新型城镇化规划(2014—2020年)》中提出到2020年要实现户籍人口城镇化率达到45%左右,并在《推动1亿非户籍人口在城市落户方案》中提出到2020年实现1亿农业转移人口落户城镇。在此背景下,我国户籍人口城镇化增速加快，2016年、2017年、2018年分别比上一年提高了1.3个百分点、1.15个百分点和1.02个百分点，但2018年户籍人口城镇化率仍然低于常住人口城镇化率16.1个百分点（图2-5）。按照规划要求，到2020年，全国户籍人口城镇化率提高到45%，各地区户籍人口城镇化率与常住人口城镇化率差距比2013年缩小两个百分点以上，我国农村人口将继续下降。

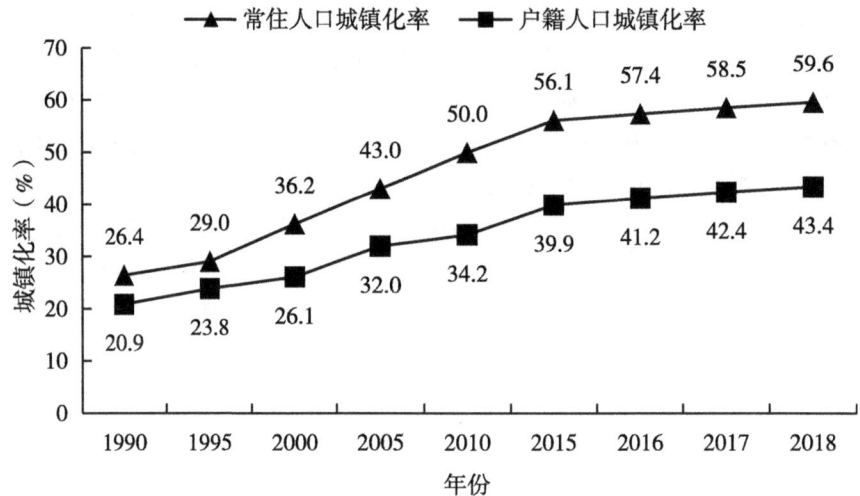

图2-4　户籍人口城镇化率与常驻人口城镇化率变化情况

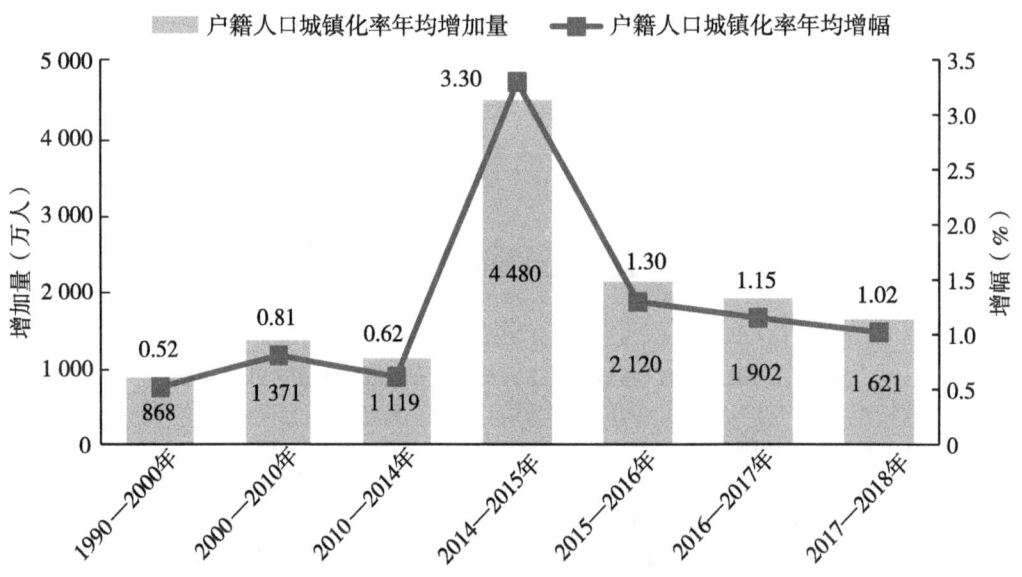

图2-5　户籍人口城镇化率增长情况

数据来源：国家统计局，《国民经济和社会发展统计公报》（2014—2018年）；国家统计局人口和就业统计局，《中国人口和就业统计年鉴》（1991—2013年）。

注：2014年以前户籍人口城镇化率按非农业户籍人口占比统计。

(二) 农村劳动力资源结构:"老龄化""女性化"突出

1. 农村劳动力老龄化日益严重

受农村人均寿命显著提高,尤其是向城镇迁移人口以中青年劳动力为主的影响,农村老龄化日益加深。一是,相比城市,农村人口老龄化程度更高。中国人口老龄化现象严重已成为公认事实。但与城市相比,农村人口老龄化程度更高。2000—2017年,中国农村老龄人口逐年增加,从5 938万人增加到7 622万人,老龄人口增长了28.36%,占总人口的比重则从7.35%上升到13.22%。而同时期,全国老龄化的比率分别为6.96%和11.39%。农村老龄化在加速推进,"十五""十一五""十二五"期间,老龄化率分别提高了1.67个百分点、0.91个百分点、2.11个百分点,"十三五"前两年较"十二五"末相比已经提高了1.18个百分点(图2-6)。二是,青壮年劳动力(指15~44岁)比重下降,带来老人农业和高龄农民工现象。首先,农村青壮年劳动力占比下降。15~24岁、25~34岁,以及35~44岁的人口数量都有不同程度的减少,2017年相比2005年,分别减少了3 376.33万人、1 615.87万人和5 037.18万人,青壮年劳动力共减少了1亿多人;青壮年劳动力占总劳动力的比重由2005年的65.30%下降到2017年55.60%,减少了近10个百分点,而这其中,尤以35~44岁的劳动力比重下降最快,下降了6.68个百分点。其次,农业劳动力和农民工年龄增大。据农业普查数据显示,2016年农业生产经营人员中,55岁及以上人员的比例高达34%。同时,农民工平均年龄从2011年的36岁增加到2018年的40.2岁,50岁以上高龄农民工从2011年的3 614万人增至2018年的6 459万人(其占比从14.5%升至22.4%),50岁以上农民工的年均

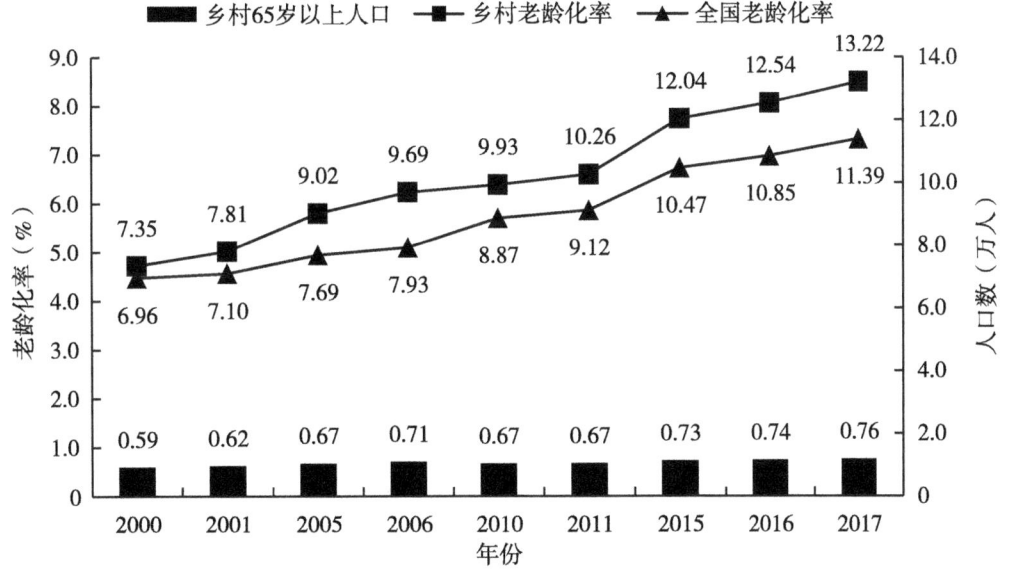

图2-6 2000—2017年农村人口老龄化率变化情况

数据来源:根据《中国人口和就业统计年鉴》(2001—2018年)中的人口变动情况抽样调查数据中的"全国乡村分年龄、性别的人口数"进行整理、计算而来。

增速高达 8.65%（表 2-8、表 2-9）。

表 2-8 2005—2017 年各年龄段劳动人口数量及占劳动总人口的比重变化情况

类别	15~24 岁	25~34 岁	35~44 岁	45~54 岁	55~64 岁
各年龄段劳动人口数量（万人）					
2005 年	10 017.0	9 282.3	12 330.0	9 878.9	6 929.9
2010 年	10 265.3	8 446.1	11 396.8	9 153.3	7 650.5
2015 年	7 369.1	8 320.3	8 252.7	10 113.7	7 463.8
2016 年	6 987.1	8 049.5	7 705.4	10 382.1	7 114.3
2017 年	6 640.8	7 666.4	7 292.5	10 196.6	7 054.3
2017 相比 2005 的增长情况（%）	-33.71	-17.41	-40.85	3.22	1.79
各年龄段劳动人口占比（%）					
2005 年	20.68	19.16	25.45	20.39	14.31
2010 年	21.88	18.00	24.29	19.51	16.31
2015 年	17.75	20.04	19.88	24.36	17.98
2016 年	17.36	20.00	19.15	25.80	17.68
2017 年	17.09	19.73	18.77	26.25	18.16
2017 相比 2005 的增长情况（%）	-3.59	0.57	-6.68	5.85	3.85

数据来源：根据《中国人口和就业统计年鉴》（2001—2018 年）中的人口变动情况抽样调查数据中的"全国乡村分年龄、性别的人口数"进行整理、计算而来。

表 2-9 农民工年龄构成及其变化

年龄构成	2013 年	2014 年	2015 年	2016 年	2017 年	2018 年
16~20 岁（%）	4.7	3.5	3.7	3.3	2.6	2.4
21~30 岁（%）	30.8	30.2	29.2	28.6	27.3	25.2
31~40 岁（%）	22.9	22.8	22.3	22.0	22.5	24.5
41~50 岁（%）	26.4	26.4	26.9	27.0	26.3	25.5
50 岁以上（%）	15.2	17.1	17.9	19.1	21.3	22.4
平均年龄（岁）	35.5	38.3	38.6	39.0	39.7	40.2
农民工规模（万人）	26 894	27 395	27 747	28 171	28 652	28 836
50 岁以上农民工规模（万人）	4 087.89	4 684.55	4 966.71	5 380.66	6 102.88	6 459.26

数据来源：国家统计局《农民工监测调查报告》（2013—2018 年）。

2. 农业劳动力"女性化"趋势明显

农业生产经营人员中女性占有较大比重。第三次全国农业普查显示，2016 年，全国农业生产经营人员 31 422 万人，其中女性 14 927 万人，占比 47.5%，规模农业经营户中的农业生产经营人员（包括本户生产经营人员及雇佣人员）1 289万人，其中女性609万人，占比47.2%；农业经营单位农业生产经营人员1 092万人，其中女性444万人，占比40.6%。且没有明显的地区差异，并呈波动上升趋势。这是因为转移的劳动力以男性为主。以农民工为例，据农民工监测报告统计，近年来，外出农民工中女性占比呈下降趋势，2016年在全部农民工中，男性占65.5%，女性占34.5%。其中，外出农民工中男性占68.3%，女性占31.7%，而到2017年，外出农民工中女性占31.3%，比2016年下降0.4个百分点；2018年，外出农民工中女性农民工为5 317.93万人，外出农民工中女性占30.8%，比2017年又下降0.5个百分点，男性外出农民工是女性的2.25倍。究其原因，非农劳动力市场的发育对女性具有限制和歧视倾向，农村女性劳动力的非农就业机会相对较少，已婚农村妇女为了照顾孩子和老人，与男性相比，更倾向于留守农村从事农业，向城镇的转移明显滞后于男性劳动力，由此催生了农村劳动力"女性化"现象。

3. 农村劳动力素质稳步提升

首先，教育环境的日益完善，农村居民家庭劳动力及农业劳动力的受教育程度均大幅提升。1990年，平均每百个劳动力中，有38.86人是小学教育程度，高达20.73人不识字或识字很少。随着教育环境的日益完善，每百个劳动力中不识字或识字很少的人数在不断下降，拥有初中文化、高中文化、中专文化和大专及大专以上的人数则在增加，到2012年，每百个劳动力中，有53.03人拥有初中文化，26.07人拥有小学文化，大专及大专以上的人数为2.93人（表2-10）。到2018年，乡村6岁及以上人口中，未上过学、小学程度、初中以上文化程度的比例分别为8.17%、34.61%、57.22%，其次，从农业生产经营人员的受教育程度来看，第三次全国农业普查显示，2016年，农业生产经营人员中有48.4%的人员拥有初中学历，其中，规模农业经营户中农业生产经营人员中55.4%的人是初中教育程度，未上过学的比例仅为3.6%（表2-11）。

表2-10　1990—2012年农村居民家庭平均每百劳动力文化状况　　（单位:%）

文化程度	1990年	1995年	2000年	2011年	2012年	2012年占下列各年比例	
						1990年	2011年
不识字或识字很少	20.73	13.47	8.09	5.47	5.30	25.6	96.9
小学程度	38.86	36.62	32.22	26.51	26.07	67.1	98.4
初中程度	32.84	40.10	48.07	52.97	53.03	161.5	100.1
高中程度	6.96	8.61	9.31	9.86	10.01	143.8	101.5
中专程度	0.51	0.96	1.83	2.54	2.66	522.0	104.9
大专及大专以上	0.10	0.24	0.48	2.65	2.93	2 929.6	110.4

数据来源：国家统计局农村社会经济调查司，《中国农村统计年鉴—2017》。

表 2-11　2016 年农业生产经营人员受教育程度构成

受教育程度构成	农业生产经营人员总数	规模农业经营户	农业经营单位
总人数（万人）	31 422	1 289	1 092
未上过学（%）	6.4	3.6	3.5
小学（%）	37.0	30.6	21.8
初中（%）	48.4	55.4	47.0
高中或中专（%）	7.1	8.9	19.6
大专及以上（%）	1.2	1.5	8.0

数据来源：第三次全国农业普查主要数据公报。

其次，农村劳动力培训提升了农村劳动力供给的素质水平。一是农业劳动者的技能水平提升。2016 年第三次农普数据显示，农业生产经营人员中，全国受过农业专业技术培训的比例为 11%，其中，新疆、云南、四川的比例较高，分别高达 39.2% 和 21.7%、18.6%；全国规模农业经营户农业生产经营人员中受到农业专业技术培训的比例为 21%，新疆、云南、贵州分别为 35.5%、32.2%、30.4%，农业经营单位农业生产经营人员受到农业专业技术培训的比例为 29.3%，云南、新疆、宁夏位居前三，分别为 44.4%、41.7%、36.2%。二是农民工受教育程度提高（表 2-12），参加农业、非农业职业技能培训的比例提升。2017 年，有 73% 的农民工接受了各类培训，比 2013 年提高了 1.1 个百分点，其中，9.5% 的农民工接受了农业技能培训，30.6% 的农民工接受了非农职业技能培训，32.9% 的农民工接受了技能培训。三是各类培训机构在农村劳动者培训方面的作用突出。各类培训机构都加强了对农村劳动者的培训，以 2017 年为例，技工院校、就业培训中心、民办职业培训机构培训的农村劳动者分别为 86.83 万人、157.62 万人和 435.01 万人。

表 2-12　农民工受教育程度构成　　　　　　　　　　　　（单位：%）

类别	2013 年	2014 年	2015 年	2016 年	2017 年	2018 年
未上过学	1.2	1.1	1.1	1.0	1.0	1.2
小学	15.4	14.8	14.0	13.2	13.0	15.5
初中	60.6	60.3	59.7	59.2	58.6	55.8
高中	16.1	16.5	16.9	17.0	17.1	16.6
大专及以上	6.7	7.3	8.3	9.4	10.3	10.9

数据来源：国家统计局，农民工监测调查报告（2013—2018 年）。

（三）农村劳动力供给形态："慢就业""短工化""高流动"

1. 灵活就业已成年轻人主流意愿

2018 年农民工监测报告显示，1980 年及以后出生的新生代农民工占全国农民工总量的51.5%,其中:"80后"占50.4%,"90后"占43.2%,"00后"占6.4%,分别比2017年、2014年提高了1.0个百分点和4.5个百分点。有别于低技能、低收入、低诉求为主要特征的老一代农民工,新生代农民工成长的家庭环境、学习背景、就业环境以及外部制度环境等都存在较大的差异,两者在劳动技能水平、价值取向和行为规则上也存在明显不同。他们就业选择不仅看硬件——工资,更看重软件——福利待遇、工厂环境、企业声望乃至发展机会等,对劳动权益有相对较高的主观诉求,对自己的诉求不能满足时敢于说"不"。新生代农民工不会迫于生计,到薪资一般、重复性高、自由度低的正规部门工作,而会更加青睐灵活就业。《农民工"短工化"就业趋势研究报告》显示,被调查者中,有66%的人更换过工作,有25%的人在近7个月内更换工作,50%的人在近1.8年中更换了工作;新生代农民工"短工化"程度呈现出随着年龄的减少"短工化"现象增加的趋势,1981年出生者平均每份工作还要做三年多,而1991年出生的受调查者每份工作平均只持续不到一年(清华大学,2012)。"短工化"渐成年轻人务工新趋势,原来只有季节性较强的行业出现的"短工化",正在向各行业整体蔓延,造成"用工荒"缺口的进一步扩大。

2. 就业新模式带来不稳定性的增加及与劳动制度的冲突加剧

以互联网平台连接供给和消费两端的分享经济或零工经济下的就业模式的蓬勃发展,非正规就业渠道和岗位进一步增加,愈来愈多的新生代农民工主动放弃制造业工作,从事诸如快递小哥、外卖骑手、网约车司机等时间自由、工作灵活的非正规工作。相对于传统就业形态,这种就业模式呈现出"关系灵活化、工作碎片化、工作安排去组织化"的特征,同时具有高度不稳定性,一旦有了此类行业约束和洗牌后,平台的去向和岗位需求就很难说。再加上在社会保障、劳动关系、权益保障、就业服务等重要方面,劳动和社会保障制度优化调整的节奏,滞后于农村青年灵活就业的服务需求,冲突明显加剧。

第三章
农村劳动力就地就近就业创业的进展及挑战

一、乡村就业

按照《中国统计年鉴》中的"主要统计指标解释",乡村从业人员是指乡村人口中劳动年龄在16周岁以上实际参加生产经营活动并取得实物或货币收入的人员,包括劳动年龄内经常参加劳动的人员,也包括超过劳动年龄但经常参加劳动的人员,但不包括户口在家的在外学生、现役军人和丧失劳动能力的人,也不包括待业人员和家务劳动者。很显然,该统计是按照劳动力的家庭所在地口径,而不管是否实际在什么地方和什么产业就业,务农、乡镇企业就业、非农产业经营和外出务工经商的劳动力,都包括在这个数字之内。

(一)乡村就业规模以年均800万人的速度下降

农村劳动力乡村就业人员数量和城镇就业人员数量呈现出此消彼长的关系,且城镇就业人员数量的增加快于乡村就业人员数量的减少。统计显示,乡村就业人员规模及其占全国就业总量的比重持续下降。2000—2017年,乡村就业人员从4.89亿人下降到2017年的3.52亿人,17年间下降了1.38亿人,平均每年减少的乡村就业人员高达809.2万人。乡村就业人员占全国总就业人口的比重从67.9%下降到45.3%(图3-1)。

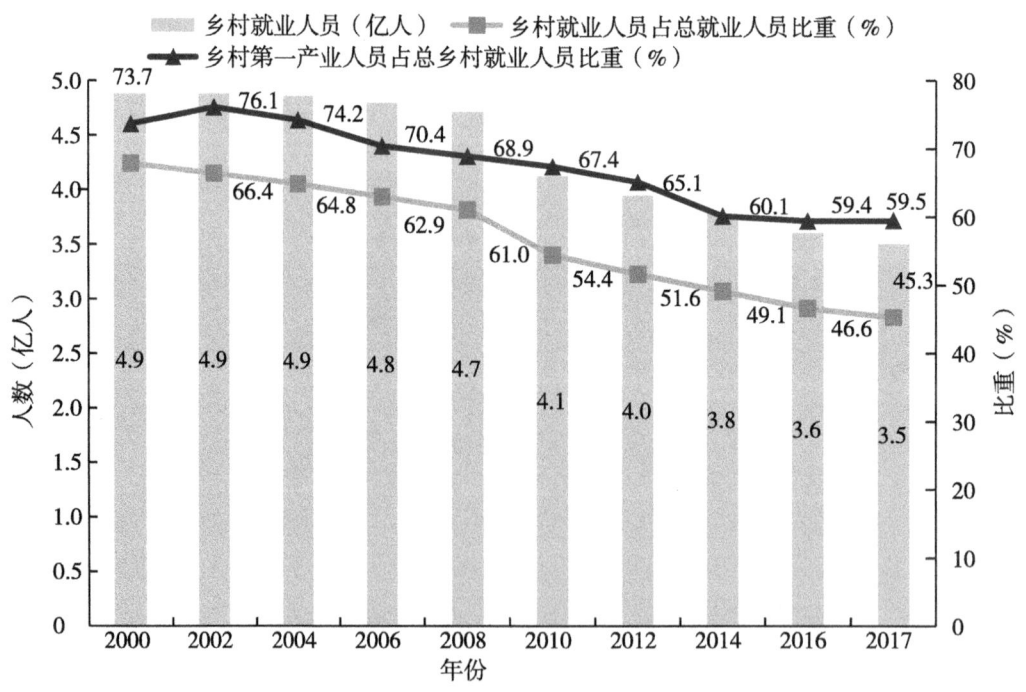

图3-1 2000—2017年乡村就业人口变化趋势

数据来源:国家统计局人口和就业统计司。

(二) 乡村就业的行业、形式特点

1. 行业特点：农业仍是乡村就业第一大部门

乡村就业人员在农业就业的人数呈下降趋势，但仍是乡村就业的主导产业。2015年全国1%的人口抽样调查数据显示，乡村人口就业比例（用乡村就业人口/乡村人口总数）排名前五的分别是吉林、山东、辽宁、黑龙江、云南，乡村人口就业比例分别为64.7%、62.1%、60.8%、60.0%、59.6%，分别比全国平均水平高出5.7个百分点、6.1个百分点、6.9个百分点和10.8个百分点，这些省份基本都是农业大省。从乡村第一产业的就业人数占乡村就业总人数的比重来看，2000年，农村第一产业就业人数为36 043万人，占乡村就业人员总数48 934万人的73.7%，占农村劳动力总数的68.65%，说明乡村就业人数中绝大多数集中在农业产业中，二三产业比重偏低。2010年，乡村第一产业就业人数减少到27 931万人，占乡村就业人员总数的67.4%，占农村劳动力总数的59.54%。2000—2017年，乡村第一产业就业人数年均减少888.18万人，从3.6亿下降到2.09亿共减少了1.51亿人，占乡村就业人员的比重相应从73.7%下降到59.5%，但农业就业仍然在乡村就业当中处于主导地位。

2. 形式特点：私营企业和个体就业规模快速增长

乡村就业结构中各种职业的比例发生了变化。纯农业的或以农业为主的劳动者比例呈下降趋势，本地务工者则呈现一种稳定并上升的趋势，直接从事企业经营与管理者则（含个体工商户）逐年上升。2010年，乡村就业人员中私营企业和个体就业的总规模为5 887万人，占总乡村就业人口的14.21%，到2017年，乡村就业人员中的私营企业和个体就业增长了近1倍，规模增加到11 432万人，占乡村就业人员的比重增加到32.3%，增加了18.09个百分比（表3-1）。

表3-1　2010—2017年乡村就业人员中的私营企业和个体就业情况

年份	乡村就业人员（万人）	私营企业（万人）	个体（万人）	私营企业和个体就业占乡村就业人员比重（%）
2010	41 418	3 347	2 540	14.21
2011	40 506	3 442	2 718	15.21
2012	39 602	3 739	2 986	16.98
2013	38 737	4 279	3 193	19.29
2014	37 943	4 533	3 575	21.37
2015	37 041	5 215	3 882	24.56
2016	36 175	5 914	4 235	28.06
2017	35 178	6 554	4 878	32.30

数据来源：国家统计局人口和就业统计司。

二、农业就业

农业生产经营人员是指在农业经营户或农业经营单位中从事农业生产经营活动累计30天以上的人员数（包括兼业人员）。因此，农业劳动力不仅包括在户籍所在地进行农业生产的人员，也包括外出务农人员。

（一）农业劳动力转移潜力是否耗尽

关于中国的"刘易斯拐点"和农村劳动力转移潜力是否耗尽的问题一直是学界争论的热点，尚未形成统一结论。2004年后以"民工荒"形式出现的劳动力短缺成为一种常态，2010年后15~59岁劳动年龄人口开始转变为负增长，同时，中国经济增长动力从劳动要素驱动转向全要素生产率尤其是科技创新驱动型，中国经济进入了"刘易斯转折区间"。但是中国迎来的"刘易斯拐点"仅表明未来农业劳动力为经济发展提供无限劳动力的供给发展优势的结束（蔡昉，2007；王德文，2005），并不意味着劳动力转移潜力已经耗尽。本部分在借鉴前人研究基础上，将中国放在一个国际比较的视野来考察，通过数据回答中国在向高收入国家迈进当中，是否还存在进一步释放农业劳动力的空间。

1. 中国农业劳动力比重与世界农业发达国家相比仍然偏高

农业技术进步是农村劳动力转移的重要"推力"，尤其是农业劳动节约型技术进步的替代效应释放了更多边际生产贡献为0的农业劳动力（周振等，2016；王晓兵等，2016）。近20年来，中国的农业科技进步率显著提升，2019年达到59.2%，带动了农业生产效率的有效提升，以及农业劳动力数量及比重的不断下降。但与世界发达国家相比，仍有较大差距。农业就业人员数量下降缓慢，农业普查数据显示，农业从业人员规模从2006年的3.42亿人下降到2016年的3.14亿人，10年仅减少了2 800万人，减少了8.7%。我国农业从业人员比重从2000的43.0%下降到了2019年的25.4%，但仍然显著高于世界农业发达国家的比重。如图3-2所示，根据世界银行对世界农业最发达国家的农业从业人员比重的分析中可以看出，除中国外，其他国家的农业就业人员占比都比较低，即便是最高的新西兰农业就业人员占比也只有5.7%。中国2019年的农业从业人员比重是美国的19倍，日本的7.4倍，以色列的27.6倍。

2. 农业劳动力比重继续下降是中国迈向高收入国家行列不容回避的任务且具有紧迫性

农业劳动力比重会随着人均GDP的提高而降低，这是发展经济学的一般规律，即，在经济发展水平提高的同时，农业就业份额下降，从图3-3显示的61个国家和地区人均GDP与农业劳动力比重之间的关系，揭示了这一事实。中国正处于从中等偏上收入国家向高收入国家过渡的重要时期，从国际比较来看，中国的农业就业份额还需进一步下降。图3-3显示了2018年人均GDP超过中国的61个国家，其中，与中国同属于从中等偏上收入向高收入行列过渡（也即2018年人均GDP高于中国但低于12 535美

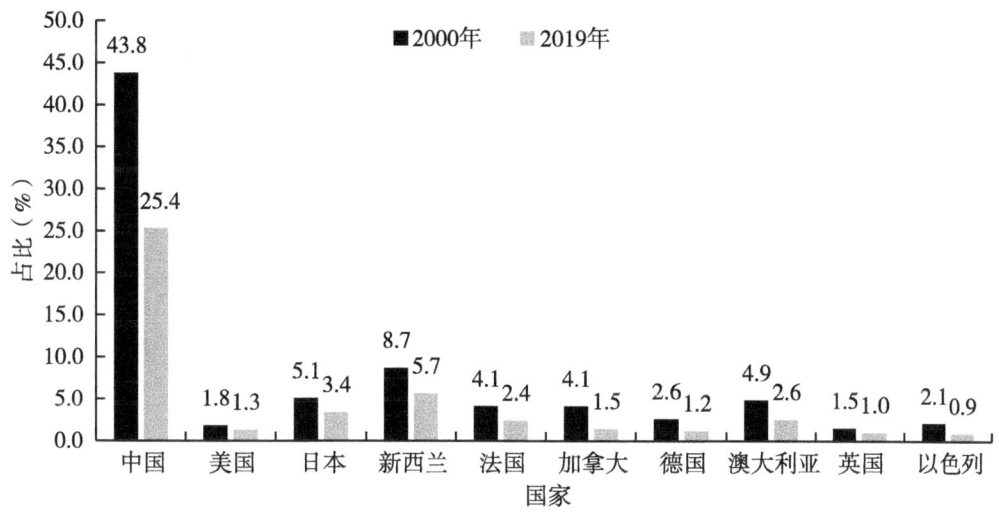

图3-2 2018年世界农业发达的10个国家的农业就业人员占比情况
数据来源：世界银行数据库，https://databank.worldbank.org/data/home.aspx。

元）的国家共有10个。按照人均GDP水平从高到低分别是罗马尼亚、哥斯达黎加、阿根廷、俄罗斯、马来西亚、毛里求斯、圣卢西亚、赤道几内亚、马尔代夫、赤道几内亚、中国。从图中可以看出，除赤道几内亚外，这些国家的农业劳动力比重均显著低于中国，这些国家农业劳动力比重的平均值（除去中国和赤道几内亚）仅为10.2%，阿根廷农业劳动力比重最低，仅为0.09%。也就是说，中国要跨入高收入国家行列的话，农业劳动力的比重至少需要再降低15.2个百分点。如果按照Cai[26]估算的我国农业劳动力比重比显示的25.4%低大约10个百分点，实际只有15.4%来算的话，也仍然比与我国处于相同发展阶段的其他国家的水平要高出5.2个百分点。这也进一步说明，中国农村劳动力转移的潜力并没耗尽。不仅如此，降低农业劳动力比重，是中国在迈向高收入国家行列的过程中不可回避的任务。但当前，中国劳动力转移速度在放缓，国家统计局的调查数据显示，农民工人数的同比增长率自2011年开始下降，从2010年的5.4%下降到了2019年的0.8%，推进农村人口转移任务艰巨（图3-3）。

（二）农业劳动力的"老龄化"、低素质问题突出

1. 农业劳动力的老龄化日益加深

全国农业普查数据显示，2016年，农业生产经营人员中，55岁及以上人员的比重超过了总人数1/3，高于2006年51岁及以上人员占比，为32.5%；2016年，36~54岁分组农业生产经营人员数量最多，占农业生产经营人员的比重为47.3%，而2006年，31~50岁组的农业生产经营人员数量最多，占农业生产经营人员的比重为47.2%，这表明从事农业生产人员的年龄在增大。与此同时，年轻劳动力大部分都外出就业，30岁以下年轻人几乎没人从事农业生产。2016年，35岁及以下农业从业人员比重仅为19.2%。相关调查数据显示，2015年，16~20岁、21~25岁的农村劳动力从事非农行

业的比例分别高达92%和90%，剩下的10%的年轻人可能压根就不工作（张林秀，2019）（图3-4）。

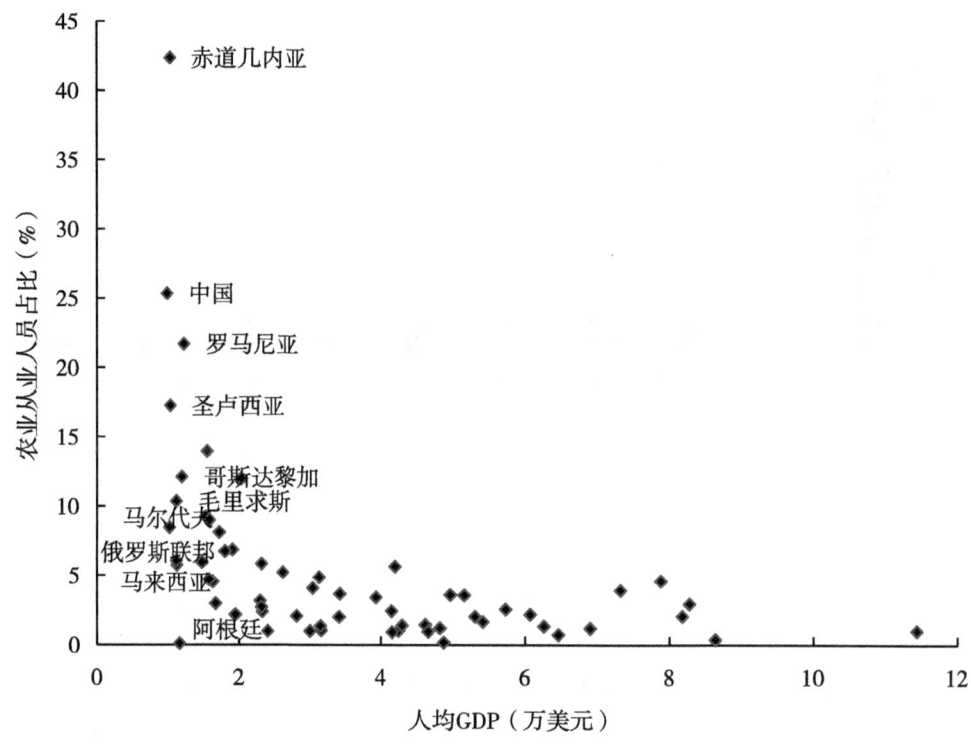

图3-3 经济发展水平与农业劳动力比重

数据来源：世界银行数据库，https://databank.worldbank.org/data/home.aspx。

注：图中只显示了2018年人均GDP超过中国的61个国家和地区的人均GDP与农业劳动力比重之间的关系。同时，对人均GDP高于中国但低于12 535美元（2019年，世界银行将人均GDP 12 535美元定义为中等收入到高收入的分界线）的国家进行了标注。

2. 农业仍是低素质劳动力的"剩水池"

尽管农村劳动力的整体素质提升明显，但农业劳动力受教育水平近十年来并没有显著变化，农业仍旧是低素质农村劳动力的集中地。农业从业人员仍以小学、初中教育水平为主，2016年，两者占农业生产经营人员的比重高达85.4%，而2006年这一比例是86.2%；高中或中专程度的比重为7.1%，比2006年提高3.0个百分点；大专及以上程度的比重为1.2%，比2006年提高1.0个百分点。同时，在农业从业人员就业的行业上，主要以种植业为主，2016年在种植业就业的人数占农业从业人员的比重高达92.9%（图3-5）。

（三）农业剩余劳动力的潜在规模

经过40多年的转移，中国农村劳动力剩余的状况发生了变化。准确地对农业中剩余劳动力或者说可转移劳动力数量进行判断是正确制定未来发展规划的前提。农业还能为非农产业提供多少剩余劳动力，与农业自身发展尤其是农业生产效率密切相关。

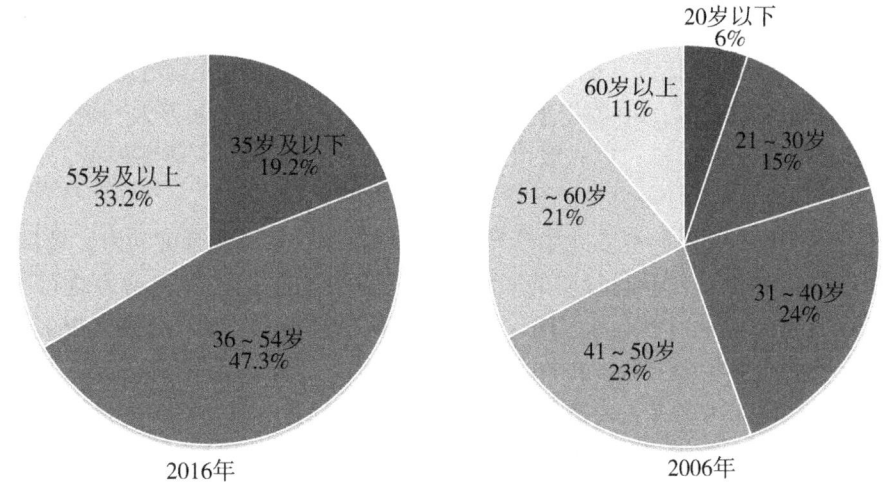

图 3-4 各年龄段农业就业人员占比

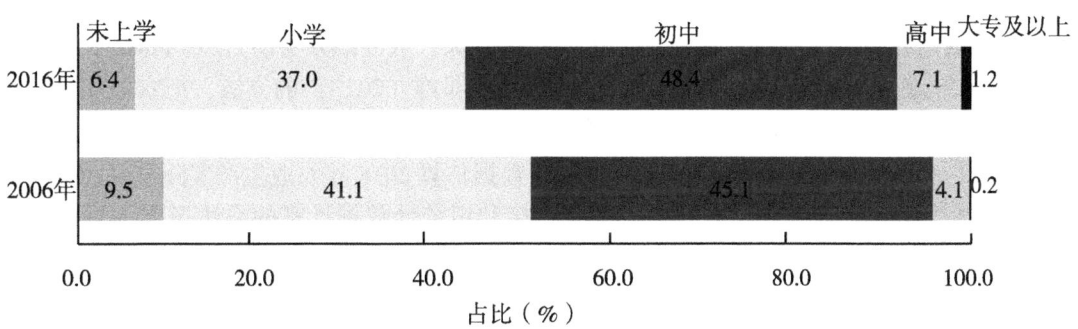

图 3-5 2016 年农业生产经营人员学历构成

资料来源：2006 年第二次农普数据和 2016 年第三次农普数据。

1. 农业剩余劳动力测算研究回顾

中国的农业劳动力超过农业需要量，产生大量剩余劳动力。对于农业生产必要劳动力和剩余劳动力的探讨由来已久，是旷日持久的难题和神话（蔡昉，2007）。我国农业生产的必要劳动力到底为多少，农业剩余劳动力的规模到底有多大？基于不同原理模型、运用不同测算方法，学界得出了不同的结果和结论，这将影响政府相关部门对推进农业转移人口市民化的科学决策与配置管理。

早在 20 世纪 80 年代中期，农村劳动力剩余比例大约为 1/3，总量为 1.5 亿人到 2 亿人的说法就甚为流行。20 世纪 90 年代开始，学术界运用耕地劳动比例法、劳均播种面积推算法、比较劳动力生产率推算法等对农业生产必要劳动力和剩余劳动力的规模进行测算。徐晓华等（2018）利用比较劳动生产率推算法，用农业生产总值占国内生产总值的比例乘以社会劳动力数量来算农业劳动力的需求，得出 1995 年所需的农业劳动力为 1.36 亿人，进而得出剩余劳动力为 2.19 亿人。刘建进（1997）估算的结果是，2000 年农村剩余劳动力比例高达 46.6%，绝对数量超过 1.7 亿人。章铮（2006）认为目前农业劳动生产率水平,农业生产尚需要近1.8亿劳动力,劳动力剩余似乎还有1亿多人。蔡昉(2007)在研究农村剩余劳动力的数量和结构时指出,2004年我国农业剩余劳动力人数达到1.07亿人,剩余比例为23.5%。真正剩余的农村劳动力中50%是40岁及以上的经济活动人口,40岁以下的农村剩余劳动力只有5800万人,剩余比例只是11.7%。Mai和Peng(2012)以一般市场均衡理论为基础建立了动态模型,预测了至2025年中国农业劳动力的剩余将先下降、再平稳缓慢上升的结论。

耕地劳动比例法通过测算农业生产所需人口间接测度农业剩余劳动力,是目前国内普遍运用方法。学者们对不同时期的农业生产所需劳动力和剩余劳动力就行了测算。如:谢培秀(2004)采用9个月、10个月二个档次折算年劳动工日分别为269天和300天,计算出中国农业年必需劳动力数1996年分别为2.19亿人和1.96亿人,2000年分别为2.46亿人和2.21亿人,由此得出中国农村剩余劳动力数量在1.3亿~1.5亿。马晓河等(2007)的研究指出,2006年中国农业生产所需总工日为4 646 116.4万日,折合劳动力1.72亿人,农业剩余劳动力人数为1.47亿人。在马晓河等的研究基础上,盛来运,郑鑫(2013)按照每个农业劳动力提供270个工作日计算,折合2011年我国农业所需劳动力为1.49亿人,农业剩余劳动力为1.17亿人。

2. 我国农业生产所需的必要劳动力为1.18亿人,农业剩余劳动力超8 000万人

本文借鉴马晓河和马建蕾(2007),盛来运和郑鑫(2013)的方法,把农业剩余劳动时间折算成剩余劳动力来进行估算。使用主要农产品的播种面积和每亩(15亩=1公顷,1亩≈667平方米,全书同)用工数量等数据估算2018年农业生产实际需要的劳动力,进而得出农业剩余劳动力规模。这种直接利用统计数据计算的方法逻辑上更为严谨,数据信息得到了最大限度利用,估计结果较为可靠。更为重要的是,由于方法一致,农村劳动力就业充分度的假设相同,还可以依据剩余劳动力的历史转移速度,对农业剩余劳动力彻底完成转移的时间进行预判。

按照2018年主要粮食作物总产量,农村劳动力就业充分度达到全年270天的水平估算,我国主要农产品所需工日如表3-2所示。根据计算结果,折合的农业生产需约1.18亿农业劳动者。其中:种植业约9 546.5万人,种植业用工较多的产业是:蔬菜3 060万人,谷物(稻谷、小麦、玉米)约2 620万人。养殖业约需2 400万人,其中生猪养殖约1 015万人。使用第一产业从业人数减去估算出的农业所需劳动力,得到在目前农业生产力水平下,2018年我国农业剩余劳动力为8 487.7万人。

表3-2 2018年主要农产品生产需要劳动力数量估算

种植业	核算单位	每核算单位用工数量(工日)	生产单位(千亩)	用工量(万人)
稻谷	亩	5.27	452 835	883.87
小麦	亩	4.11	363 990	554.07
玉米	亩	5.05	631 950	1181.98
大豆	亩	2.30	152 790	130.15

(续表)

种植业	核算单位	每核算单位用工数量（工日）	生产单位（千亩）	用工量（万人）
花生	亩	8.15	69 300	209.18
油菜籽	亩	6.42	98 265	233.65
棉花	亩	13.45	50 310	250.62
烤烟	亩	25.99	15 045	144.82
甘蔗	亩	13.25	21 090	103.50
甜菜	亩	8.95	3 240	10.74
茶园	亩	22.28	44 790	369.60
苹果	亩	33.85	38 000	476.41
柑橘	亩	17.07	40 000	1 937.73
蔬菜平均	亩	26.95	306 585	3 060.17
种植业小计				9 546.50

饲养业	核算单位	每核算单位用工数量（工日）	生产单位（万头）	用工量（万人）
生猪	头	3.95	69 382.4	1 015.04
散养肉牛	头	12.85	8 915.3	424.30
散养肉羊	头	5.43	29 713.5	597.57
奶牛	头	39.69	1 269.4	186.60
饲养业小计				2 401.40
合计				11 770.01

资料来源：根据国家统计局《中国统计年鉴—2019》，国家发展和改革委员会价格司《全国农产品成本收益资料汇编（2019）》和李靖等（2010）使用的数据整理计算而来。

注：（1）由于统计数据缺失，2018年茶园所需工日使用2018年的茶园面积和2008年的茶园"每亩用工数量"来计算；（2）2018年柑橘种植面积数据来源于《2018年中国柑橘产业现状报告》，http://www.360doc.com/content/19/0216/11/29955225_815298199.shtml，柑橘每核算单位用工数量根据2018柑和橘这两个主要类别的用工平均值来表示。

3. 预计农业剩余劳动力转移完成至少需要17年，在2035年之后才会逐渐消失

按照当前农业剩余劳动力转移速度，预计农业剩余劳动力至少在2035年之后才会逐渐消失。近年来，农业剩余劳动力持续而大量地向非农产业转移，如表3-3所示，2006—2018年，我国农业剩余劳动力共减少了6 245万人，年均减少520.4万人。照此速度减少的话，当前8 487.7万的农业剩余劳动力完全消失还需要16.3年，也就是说农业劳动力剩余状况会一直持续到2035年。但如果考虑到农业生产率的提高会导致每核算单位用工数量的减少，农业生产必要劳动力还将进一步降低，农业剩余劳动力的转移时间还会进一步延长。

表 3-3　2006 年、2011 年、2018 年农业劳动力剩余情况对比

年份	第一产业就业人员（万人）	农业所需工日（万日）	农业所需劳动力（万人）	农业剩余劳动力（万人）
2006	31 940.6	4 646 116	17 207.8	14 732.8
2011	26 594.2	4 010 393	14 853.3	11 740.9
2018	20 257.7	2 722 977	11 770.0	8 487.7

注：2006 年农业所需劳动力为马晓河和马建蕾（2007）的计算结果；2011 年农业所需劳动力为盛来运和郑鑫（2013）的计算结果。

三、本地非农就业

农村劳动力的非农就业主要由本地非农就业和外出非农就业共同组成。本地非农就业指在户籍所在乡镇地域以内从事非农就业的人。本地非农就业结构历经了几次转变。改革开放初期，乡镇企业的发展为农村劳动力提供了大量的本地非农就业机会，一直到 2000 年之前，本地非农就业增长均快于外出非农就业。随后，户籍制度的放松和城镇发展，外出就业成为农村劳动非农就业的主要形式。2008 年金融危机之后，出口部门的农民工返乡现象增加。尤其是近年来，农村非农就业机会显著增加，城乡区域位势差距不断缩小，农村地区的非农就业变得越来越普遍。

（一）乡镇企业非农就业贡献回顾

1978 年党的十一届三中全会之后，我国乡镇企业异军突起，迅猛发展，多年来，历经了一系列改革与变迁（图 3-6），取得了世人瞩目的伟大成就。曾在国民经济中"三分天下"，即：1998 年乡镇企业实现增加值 22 186 亿元，占国内生产总值的近 1/3，为 27.9%；工业经济"半壁江山"，1998 年乡镇工业企业完成增加值 15 530 亿元，占全国工业增加值的 50%，为 46.3%；财政贡献"五居其一"，1998 年，乡镇企业上交国家税金达 1 583 亿元，占全国税收总额的 1/5 还要多，为 20.4%，为农村经济和县域经济积累了"第一桶金"。与此同时，乡镇企业吸引了大量从家庭联产承包经营责任制的成功实施释放的剩余农村劳动力，发挥了就地就近转移就业的"蓄水池"的作用，乡镇企业累计转移农村富余劳动力 1.64 亿人以上，对农民人均纯收入贡献达 35%（宗锦耀和陈建光，2018），为我国经济社会发展做出的不可磨灭的历史性贡献。

1. 乡镇企业异军突起，就业规模大幅增长（1978—1991 年）

1978—1988 年，乡镇企业在全国各地迅速崛起并迎来了第一个发展高峰期，从业人员大幅增长。大量农村劳动力从土地的束缚中解放出来，迫切需要大力发展非农产业

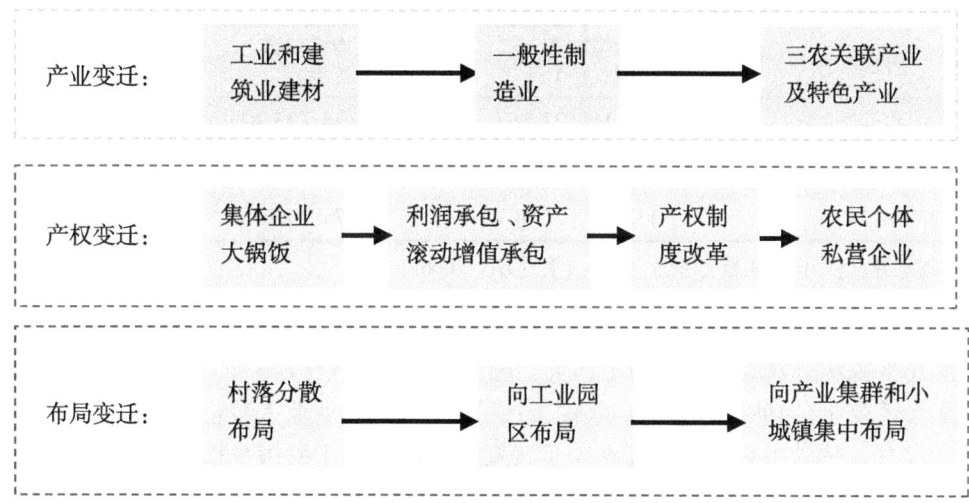

图 3-6 乡镇企业变迁史

予以吸收。在这种情况下,乡镇企业前身的社队企业广泛地兴办起来,到 1983 年共吸收了 3 235 万农村劳动力,比 1978 年增长 14.4%。1984 年中央 4 号文件将社队企业正式改称为乡镇企业,并采取更加积极的扶持政策,乡镇企业由此进入了第一个全面发展高峰期。到 1988 年企业个数达 1 888 万个,从业人数达 9 546 万人,总产值 7 017 亿元,1984—1988 乡镇企业数平均每年增长 52.8%,从业人数平均每年增长 20.8%,年均增加就业 1 084.3 万人,总收入平均每年增长 58.4%。1989—1990 年,乡镇企业进入治理整顿阶段,发展速度减缓,两年减少了近 300 万人,而后 1991 年渡过了难关,就业规模又开始增加(表 3-4)。

表 3-4 1978—1991 年乡镇企业发展及吸纳劳动力情况

年份	企业数(万个)	从业人数(万人)	总产值(亿元)
1978	152.42	2 826.56	495.13
1980	142.46	2 999.67	665.10
1981	133.75	2 969.58	739.65
1982	136.17	3 112.91	849.65
1983	134.64	3 234.64	1 007.87
1984	606.52	5 208.11	1 697.78
1985	1 222.20	6 979.03	2 755.04
1986	1 515.30	7 937.14	3 583.28
1987	1 750.35	8 805.18	4 945.59
1988	1 888.16	9 545.46	7 017.76
1989	1 865.63	9 366.78	8 401.82
1990	1 850.40	9 264.80	9 581.11
1991	1 907.90	9 609.10	11 621.69

(续表)

时期	企业年均增加数 （年均增长率）	就业人员年均增加数 （年均增长率）	总产值年均增加数 （年均增长率）
"六五"	272.11（73.86）	1 002.36（23.82）	503.85（38.92）
"七五"	83.78（5.12）	331.92（3.94）	1 499.46（27.87）
1978—1991年	135.04（21.46）	521.73（9.87）	855.89（27.48）

数据来源：《中国乡镇统计企业年鉴》（甘士明，2006）。

2. 乡镇企业二次创业，转型提升，吸纳就业呈先降后升趋势（1992—2011年）

邓小平视察南方谈话和党的十四大，国务院（1992）19号和（1993）10号文件，带来了乡镇企业在1992—1994年的第二个短暂高峰期，就业人数也相应增加。而这之后，1997年，中共中央、国务院《关于转发农业部〈关于我国乡镇企业情况和今后改革与发展意见的报告〉的通知》《中华人民共和国乡镇企业法》的施行以及亚洲金融危机的爆发，乡镇企业进入调整和"洗牌"阶段，进行个体私营和混合制改革和优胜劣汰，开始趋于平缓发展，1998年乡镇企业个数发展到2004万个，比1995年减少199万个；从业人员为12 537万人，比1995年减少2.5%。直到2003年才超过了1996年的总数。同时，乡镇企业对提高农民生活水平做出了重要贡献，国家统计局抽样调查显示，1998年全国农民人均从乡镇企业获得的收入已达700多元。从2002年开始，在国家城乡关系、工农关系改革的背景下，乡镇企业开始回归农业，乡镇企业进入转型提升阶段，农产品加工比重不断提高，2011年达到32.5%，乡镇企业园区比重提高，从业者素质提高，中专及技校以上文化程度从业者达3 600万人。在乡镇企业就业的农民收入继续增加，在2011年达到2 471元，人均收入的1/3是通过乡镇企业职工工资收入增加而实现（图3-7）。从乡镇企业吸纳的农村劳动力占总劳动力的比例来看，1988年为23.8%，2006年，全国乡镇企业转移农民1.4亿人，占农村劳动力的比例近30%[①]。

3. 乡镇企业创新发展，有望成为农民就地就业增收的新型群体（2012至今）

党的十八大以来，在大众创业万众创新战略引领下，乡镇企业内涵外延不断变化，乡镇企业开始向农村扩展延伸，更加突出与"三农"的结合，创新发展。新时代，乡镇企业发展的外部环境发生了变化，质量兴农战略、农村一、二、三产业融合发展、乡村振兴、特色产业发展等为乡镇企业提供了新的机遇。当前，新型乡镇企业主要由农民个体私营领办，瞄准和锁定农业资源，并扎根农业的前端和后端，活跃二、三产业，在壮大县域经济，促进乡村振兴中发挥着越来越重要的作用。同时，乡镇企业吸纳乡村劳动力的能力依然强劲。通过提供门槛偏低、灵活性相对高的就业岗位，为周期性、摩擦型失业的回乡农村劳动力找到新的出路，大大拓宽了农民就业增收渠道。到2017年底，乡镇企业总产值85万亿元，乡镇企业数量3 200多万个，企业从业人数1.64亿人，其中集体企业350万人，私营企业5 600万人，个体工商户6 300万人。部分乡镇企业优先

---

① 资料来源：李亚杰（2007-01-24）. 全国乡镇企业转移1.4亿农民占农村劳动力近30%[EB/OL]. [2020-8-6]. http：//www.gov.cn/govweb/jrzg/2007-01/24/content_ 506877.htm。

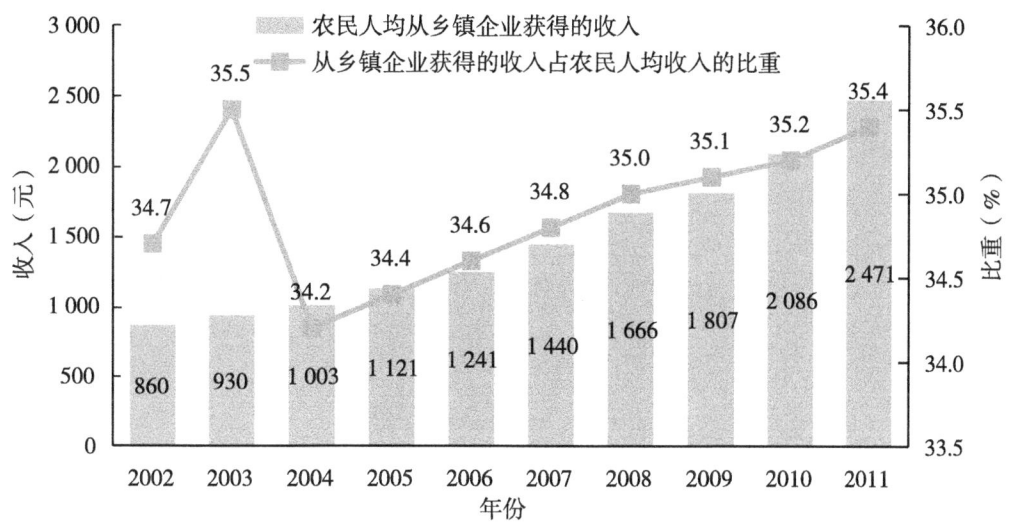

图 3-7　2002—2011 年乡镇企业对农民的增收贡献

资料来源：宗锦耀和陈建光（2018-07-31）．历史不会忘记乡镇企业的重要贡献——为纪念我国改革开放四十周年而作．

安排有就业能力的贫困农户务工，在脱贫攻坚中的表现突出。另外，随着"一带一路"建设的深入推进，越来越多的乡镇企业走出国门。如：红豆集团，就在柬埔寨西南部一片海边荒地上创建了西哈努克港经济特区，现在已有入园企业 125 家，厂房 120 栋，2.1 万人在这里就业，成为"一带一路"上的样板园区[①]。

（二）本地非农就业结构变迁

1. 本地非农就业以务工方式为主，提升缓慢

在乡村从事非农产业的劳动力比重较低。2000—2017 年，乡村非农产业就业人员仅增加了 1 788 万人，2017 年为 1.4 亿人。同时，从 2016 年的农业普查中的农户非农行业从业方式看，主要以务工为主，占到了 76%，雇主、自营、公职、其他从业方式的就业比例分别为 0.9%、11.1%、1.9%、10.0%（图 3-8）。

2. 制造业、建筑业和批发零售业是本地非农就业的主要行业，占比超过了 70%

从具体的行业门类看，以 2015 年 1% 全国 1% 人口抽样调查数据为例，发现：农村劳动力在本地第一位的非农就业行业是制造业，占非农就业的 34.97%；第二位是建筑业，占非农就业的 19.71%；第三位是批发和零售业，占非农业就业的 15.87%；第四位是交通运输、仓储和邮政业，占非农就业的 5.7%；第五位是住宿和餐饮业，占非农就业的 5.66%，这五大行业的非农业就业占比达到了 81.9%。本地非农行业从业呈现一种稳定并上升的趋势，直接从事企业经营与管理者（含个体工商户）逐年上升。乡村从业人员分布较为广泛，但主要在农业、制造业、建筑业、批发和零售业这四大行业

---

① 王泽农、张凤云（2018-12-07）．乡镇企业崛起——"异军突起"逐新路［N］．农民日报．

实现就业,占乡村从业人员的比重分别为 63.51%、12.76%、7.19%、5.79%(图 3-9)。

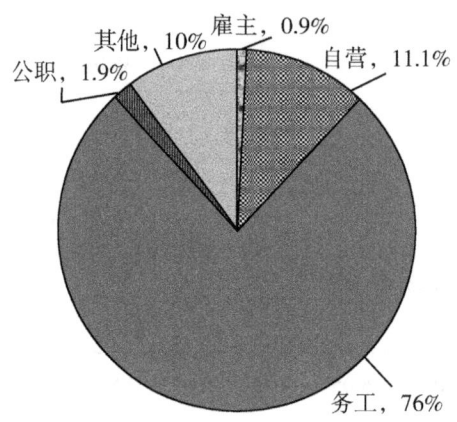

图 3-8　2016 年非农行业不同从业方式人员构成

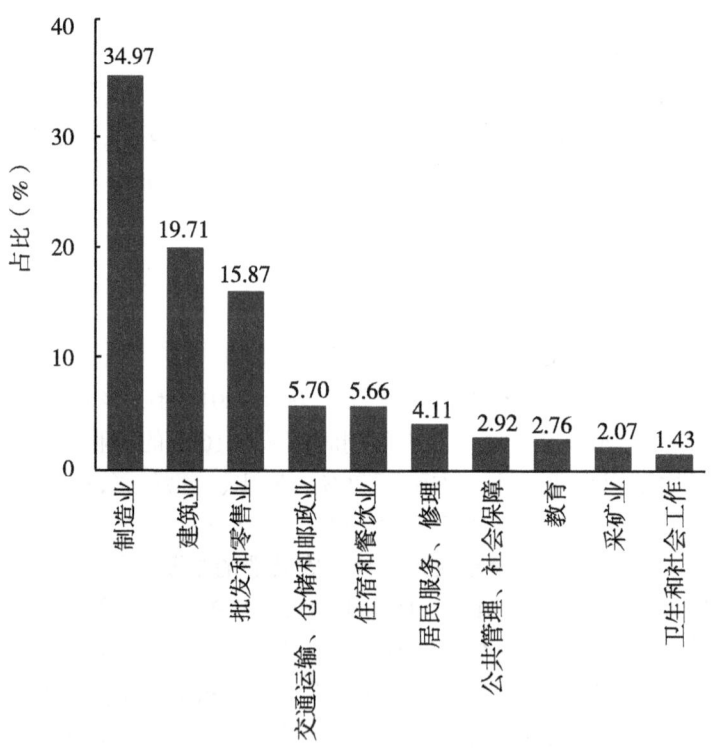

图 3-9　2015 年本地非农就业人员占比排名前 10 的行业

资料来源:根据 2015 年全国 1%人口抽样调研数据计算而来。

注:图中只列示了乡村就业人员数量排名前 10 的行业。

四、就地就近就业新动力——农村创业

(一) 农村创业基本情况

本部分重点分析2015年11月以来("大众创业,万众创新"战略实施以来)农村创业的基本情况及取得的成效。在对国家出台的农村创业创新指导性文件和行动计划进行梳理,总结地方在落实国家政策和行动中的各项举措的基础上,从农村创业平台、农村创业规模和创业领域、农村创业培训与教育、农村创业服务体系建设这几个维度对农村创业的现状及其对农村就业、收入等方面的带动效应进行总结。

1. 农村创业政策支持环境良好

自《国务院关于进一步做好新形势下就业创业工作的意见》(国发〔2015〕23号)、《国务院关于大力推进大众创业万众创新若干政策措施的意见》(国发〔2015〕32号)、《国务院办公厅关于发展众创空间推进大众创新创业的指导意见》(国办发〔2015〕9号)出台后,国家为推动农民创业,国家在2015—2018年,密集出台了一系列政策文件,在明确乡村就业创业的目标任务和保障措施的基础上,从创业环境、信贷力度、资金支持、创业培训等多个方面提出了相应的落实举措(表3-5),支持农民创业的范围和力度越来越大。自2015年农业农村部推动农民创业创新行动计划发布后,各级地方政府也出台了各项落实国家文件的政策及行动。已有辽宁、重庆、内蒙古自治区(以下简称内蒙古)、江苏、河南等12个省(市、自治区)的农业部门制定了针对各省份农村创业创新实际情况的实施意见;此外,包括北京在内的17个省(市、自治区)设立了农村创业创新推进协调机制办公室,以保证农民创业创新的实施。为了吸

表3-5 2015—2018年国家促进农村创业的主要政策文件

时间	文件名称	政策特点
2015年	国务院办公厅《关于支持农民工等人员返乡创业的意见》 国务院办公厅《关于支持返乡下乡人员创业创新促进农村一二三产业融合发展的意见》 农业农村部《实施推进农民创业创新行动计划(2015—2017年)》 农业部办公厅共青团中央办公厅人力资源社会保障部办公厅《关于开展农村青年创业富民行动的通知》 农业部等六部委联合实施《关于实施开发农业农村资源支持农民工等人员返乡创业行动计划》	促进农村创业的顶层设计,并支持发挥农村青年在创业创新中的生力军作用
2016年	人社部公布了该部联合五部门下发的《关于实施农民工等人员返乡创业培训五年行动计划(2016—2020年)的通知》	推进农民工、建档立卡贫困人口、大学生和退役士兵等人员返乡创业培训工作

(续表)

时间	文件名称	政策特点
2017年	农业部、国家发改委、民政部等12部门联合印发《关于促进农村创业创新园区（基地）建设的指导意见》 农业部办公厅与农业发展银行联合印发《关于政策性金融支持农村创业创新的通知》	更好地为广大返乡下乡创业创新人员提供场所和服务； 明确了推进政策性金融支持农村创业创新的若干举措
2018年	农业农村部发出《关于大力实施乡村就业创业促进行动》	明确了乡村就业创业的目标任务和保障措施

引农民、退伍军人、大学生农民回乡创业，各省份均出台了财政、税收、金融担保、社保福利等政策。例如陕西省西安市针对农民创建的创业企业、创业基地，通过采取先建后补、以奖代补等措施，对创业农民进行补贴。同时，针对农民社会保障，与当地村支部合作共建，为下乡的农民创业者提供免费住宿条件；浙江省湖州市为吸引大学生农民返乡创业，给予每人3万元奖励，同时与浙江大学等10所高校农业科研创新平台合作，为技术、人才、科技下乡提供源源不断的输出；山东省规定，符合条件的返乡下乡创业人员，可申请最高10万元的创业担保贷款；符合条件的小微企业，可申请最高不超过300万元的创业担保贷款；河南省将通过开发性金融支持返乡创业，试点地区的返乡创业家庭农场、农民合作社最高可获贷款300万元。

2. 农村创业平台爆发式增长，成效显著

（1）超1 000家农村创业创新园区创立，带动了730万人农民就业创业。全国各类农村创业创新园区、组织纷纷创立，为广大农村创业创新人员提供了发展场所、对接平台及便捷服务。2017年，农业部汇集形成了1 096个依法合规、功能完备、辐射带动能力较强、产业融合发展趋势明显的全国农村创业创新园区（基地）目录（表3-6）。这1 096个园区（基地）年总产值达到13 446.32亿元，农民入园创办企业数超过5.3万家，带动农民就业创业730多万人。

表3-6　2017年各省市自治区农村创业创新园区（基地）数量　　（单位：个）

东部	数量	中部	数量	西部	数量
北京	8	黑龙江	60	内蒙古	50
天津	16	吉林	70	广西	13
河北	68	山西	25	重庆	22
辽宁	21	安徽	26	四川	83
上海	13	江西	19	贵州	63
江苏	78	河南	30	云南	31
浙江	35	湖北	19	西藏	1
福建	14	湖南	80	陕西	56

(续表)

东部	数量	中部	数量	西部	数量
山东	122			甘肃	17
广东	15			青海	4
海南	5			宁夏	8
				新疆	24
合计	395		329		372

资料来源:《农业部公布2017年全国农村创业创新园区(基地)目录》。

(2)"星创天地"助力农业创新创业成果显著。"星创天地"作为农民创业创新的平台之一,一直为农业初创企业提供服务。到2017年年底,科技部分两批共公布了1 106家"星创天地"(表3-7),其中:2016年11月,公布了第一批638家"星创天地",2017年10月,公布了第二批568家"星创天地"。"星创天地"助力农业创新创业成果显著。例如:北京地区"星创天地"已达30多家,其中27家国家级的"星创天地"纳入了国家级科技企业孵化器的管理和服务体系,这些企业共聚集了创业导师180余人,带动就业12万余人,累计培育创业人才3万余人次,孵化企业600家,转化科技成果400余项[1]。2015—2016年,陕西21家"星创天地"通过培养农村创客和孵化科技企业,以创业带动就业,带动建档立卡贫困户2 488户,带动贫困人口就业8 739人,带动农民增收2.2亿元[2]。

表3-7　1 106家国家级"星创天地"分布情况

东部地区			中部地区			西部地区			
	第一批	第二批	合计		第一批	第二批	合计		第一批	第二批	合计
北京	10	17	27	黑龙江	5	19	24	内蒙古	21	20	41
天津	6	10	16	吉林	15	20	35	广西	0	20	20
河北	40	20	60	山西	33	18	51	重庆	10	9	19
辽宁	17	24	41	安徽	40	19	59	四川	51	20	71
上海	6	5	11	江西	21	20	41	贵州	10	17	27
江苏	64	20	84	河南	30	20	50	云南	16	20	36
浙江	15	23	38	湖北	9	20	29	西藏	0	5	5
福建	20	22	42	湖南	26	20	46	陕西	21	20	41

[1] 资料来源:佚名(2017-11-06). 北京新增17家国家级星创天地[EB/OL].[2020-08-15]. http://www.ctoutiao.com/341256.html。

[2] 资料来源:雷魏添(2016-11-23)."星创天地"成为农民增收致富新引擎[N].陕西日报。

(续表)

东部地区				中部地区				西部地区			
	第一批	第二批	合计		第一批	第二批	合计		第一批	第二批	合计
山东	69	39	108					甘肃	33	20	53
广东	20	20	40					青海	11	6	17
海南	1	5	6					宁夏	10	20	30
								新疆	8	30	38
合计	268	205	473		179	156	335		191	207	398

数据来源：根据科技部公布的第一批和第二批"星创天地"名单整理而来。

3. 农村创业规模增加，创业领域不断拓宽

（1）农村创业创新人数保持高速增长。在政策的有力支持下，农民工、大中专毕业生、退役军人、科技人员、企业主、城镇和"海归"等返乡创业人数越来越多，尤其是近年来农民工和大学生返乡创业人数年均增幅保持在两位数左右。据不完全统计，截至 2015 年年底，农民工累计创办 2 505 万个个体工商户，农产品加工企业 40 多万家、休闲农业经营主体 180 万家、农业新型经营主体 250 万家（其中农民合作社 153 万家）[1]。截至 2018 年年低，各类返乡创业人员已达 780 万人，其中农民工返乡创业人数累计已超过 540 万人，约占总数的 70%；创业者以"70 后""80 后"为主，平均年龄 45 岁左右，高中和大中专以上学历的占 40.7%，一般有 5～8 年的打工经历，有一定资金、经验和人脉积累[2]，是返乡创业的生力军。同时，返乡人员中也包括拥有城镇户籍、在城市中生活，但有意愿和能力扎根农村进行创业的专业技术人才、高校学生，其希望能学以致用，在农村打造自己的一片天地。返乡创业人数逐年增加，对解决农村老龄化、空心化等问题均有积极影响，有利于农村结构稳定。当前，创业带动就业的效应日益凸显。平均每名返乡创业者能带动 4 名左右新的就业者。

（2）农村创业领域不断拓宽，创业形式丰富多样。农民创业创新的领域已经从传统的种养产业不断向新品种种养、新技术开发、新模式拓展，创业起点越来越高。据国家统计局等相关部委的调查数据，在现有农村农民创业项目中，82%的返乡下乡双创项目属于农村一二三产业融合发展领域，广泛覆盖特色种养、加工流通、休闲旅游、信息服务、电子商务、工艺制造等特色化、小众类、中高端、高附加值产业，并且融入当地现代农业和特色经济中。农民创业创新领域仍在继续拓宽，并显露出齐头并进、一二三产融合的趋势。与此同时，农民创新的形式也在不断丰富，小到家庭农场、个体种养农

---

[1] 资料来源：简承渊（2016-07-20）.返乡农民工成为创业主力［N/OL］.农民日报［2020-10-10］. http: //test. m. gxfin. com/article/finance/default/default/2016-07-20/3819557. html。

[2] 资料来源：农业农村部新闻办公室（2019-01-10）.返乡下乡创业创新为乡村注入新动能——农业农村部新闻发言人广德福就返乡下乡创业创新情况答记者问［EB/OL］.［2020-10-10］. http: //www. moa. gov. cn/xw/zwdt/201901/t20190110_ 6166442. htm。

户，大到农民专业合作社、农业孵化园区等，89.3%是多人联合创业、合作创业、抱团创业[①]。创业手段不断提升，54.3%的返乡下乡双创主体通过互联网等现代信息技术手段在新产业、新业态、新模式等新动能领域开展创业。

4. 农村创业培训深入开展，创业能力得到提升

一是依托现有各项农民培训工程，培养农民创业创新带头人。截至2017年年底，全国新型职业农民总体规模突破1 500万人，建设了30个农村实用人才培训基地，2015年共培训返乡创业农村实用人才1.83万名，培训农场主4 000人次，培训5 000人次农民网上创业人员，职业技能培训鉴定40万人次，成为农业农村经济发展和农村人才振兴的突出亮点。并从新型职业农民、农村实用人才、技术能手、大学生村官等群体中培养10 000名农民创业创新带头人。

二是返乡下乡人员创业创新培训和创业型农民培训积极推进。农业部组织返乡下乡人员创业创新培训，把返乡农民工纳入培训计划，每年培训100万人。如：安徽省实施返乡下乡创业创新主体培育工程，每年开展返乡下乡创业培训和创业辅导10万人次；截至2018年年底，四川省举办了四期返乡下乡创业提升培训，达州市积极开展返乡下乡创业培训专项行动，培训2 047人次，培训后创业成功率近70%，组织创业专家开展指导服务150人次；黑龙江省每年投入2 500万元培训创业型农民1万人次。

5. 农村创业服务体系得到优化

（1）开展了一系列促进农村创业的行动。例如，由国家劳动和社会保障部发起、专门为进城农民工提供就业服务的"春风行动"。截至2018年年底，已经连续14年开展春风行动。2018年的活动主题是"促进转移就业，支持返乡创业，助力增收脱贫"，服务对象是有就业创业意愿的农村劳动力、农村建档立卡贫困劳动力和有用工需求的用人单位。通过组织政策宣讲、开设专场招聘、加强服务、培训、维权等方式，帮助农村劳动力转移就业和返乡下乡创业，各地各部门将统筹各方资源，汇集各方力量，着力促进农村劳动力就业创业，努力满足企业和劳动者需求。多地开展"农创客"行动，旨在发掘一批有知识、有活力、有创业精神的农业创客即，让"创客"思维点亮现代农业。

（2）农村创业基础设施和创业服务体系进一步健全完善。一是农村创业信息服务和互联网基础设施进一步完善。加大人力财力投入，推进县乡基层就业和社会保障服务平台、中小企业公共服务平台、农村基层综合公共服务平台、农村社区公共服务综合信息平台的建设，使得农村基层公共服务的重要基础设施得到优化和加强。支持电信企业加大互联网和移动互联网建设投入，改善县乡互联网服务，加快提速降费，建设高速畅通、覆盖城乡、质优价廉、服务便捷的宽带网络基础设施和服务体系。深化和扩大电子商务进农村综合示范县工作，推动信息入户，引导和鼓励电子商务交易平台渠道下沉，带动返乡人员依托其平台和经营网络创业。加大了交通物流等基础设施投入，支持乡镇政府、农村集体经济组织与社会资本合作共建智能电子商务物流仓储基地，健全县、

---

① 农业农村部农产品加工局（2018-07-24）．在推进农村双创助力乡村振兴座谈会上的讲话[EB/OL]．[2020-10-10] http：//www.moa.gov.cn/ztzl/scw/scdtnc/201807/t20180724_6154600.htm．

乡、村三级农村物流基础设施网络，鼓励物流企业完善物流下乡体系，提升冷链物流配送能力，畅通农产品进城与工业品下乡的双向流通渠道。二是农村创业服务体系得到加强。建立农村创业创新孵化和技术支撑科技服务体系。组织专家和农技人员深入农村，了解返乡创业过程中的技术需求和产业难题，加强技术指导和跟踪服务，帮助返乡创业者解决企业开办、经营、发展过程中遇到的能力不足、经验不足、资源不足等难题。完善农民工等人员返乡创业公共服务，组织开展专项活动，依托基层就业和社会保障服务平台，做好返乡人员创业服务、社保关系转移接续等工作，探索完善返乡创业人员社会兜底保障机制，降低创业风险，提升农村社区支持返乡创业和吸纳就业的能力。改善返乡创业市场中介服务。运用政府向社会力量购买服务的机制，调动教育培训机构、创业服务企业、电子商务平台、行业协会、群团组织等社会各方参与积极性。

（二）农村就业创业主体发展状况

从微观层面对农村就业创业的主体发展情况进行分析，主要包括农民合作社、农业龙头企业、家庭农场。

1. 农民专业合作社

农民专业合作社新登记数量增加。自 2007 年《中华人民共和国农民专业合作社法》颁布以来，新登记农民专业合作社增长迅猛，2009 年增速达到 73.95%，之后增幅迅速回落，2012 年开始回升，2013 年增速超过 68%，形成一波新的增长高潮，2014 年增幅下降。2015 年首次出现负增长，当年全国新登记农民专业合作社 24.88 万户，比 2014 年减少了近 6 万户，同比下降 19.61%，2016 年又有所回升，达到 29.6 万户，同比增长 19%（图 3-10）。

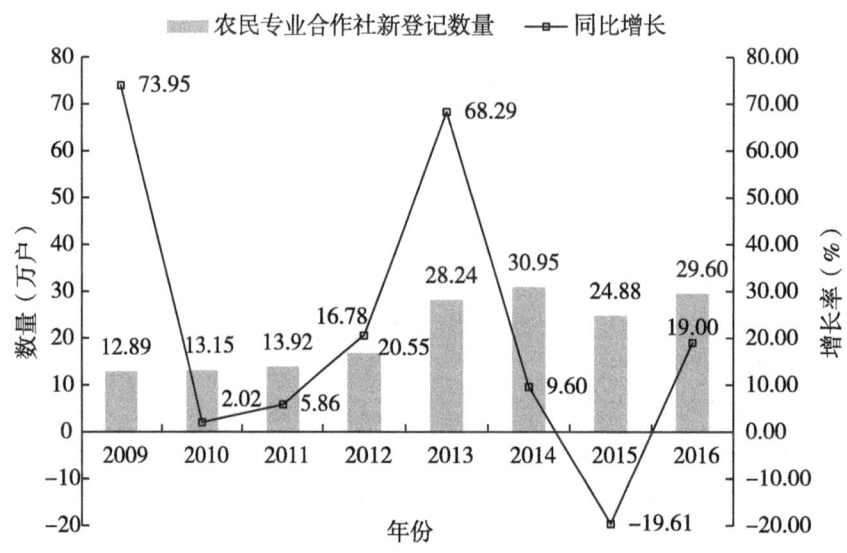

图 3-10 2009—2016 年农民专业合作社新登记情况

实有农民专业合作社各项指标持续增长，但增速都有所回落。截至 2016 年年底，全国实有农民专业合作社179.4万户,比2015年年底增长17.6%,增长速度比2015年下降1.21个百分点;出资总额4.1亿元,比2015年年底增长19.8%,增长速度比2015年减少了5.47个百分点;户均出资额228.6万元,同比增长2.23%;成员总数4 485.9万个,同比增长7.8%,增长速度比2015年下降3.24个百分点(表3-8)。

表3-8 2015—2016年实有农民专业合作社数量及增速

项目	2015年		2016年	
	数量	同比增长(%)	数量	同比增长(%)
户数(万户)	153.10	18.81	179.40	17.60
出资总额(亿元)	3.42	25.27	4.10	19.80
成员总数(万个)	4 159.50	11.04	4 485.90	7.80

数据来源:(国家发展和改革委员会,2016;2017)。

2. 农业产业化龙头企业

据农业部统计,截至2016年年底,我国农业产业化龙头企业达13.03万个,同期增长了1.27%。农业产业化龙头企业年销售收入约为9.73万亿元,增长了5.91%,比规模以上工业企业主营业务收入增速高1%;大中型企业增速加快,销售收入1亿元以上的农业产业化龙头企业数量同比增长了4.54%;农业产业化龙头企业固定资产约为42 300亿元,增长了3.94%。

从地区分布来看,国家重点农业产业化龙头企业主要分布在东南沿海地区和传统农业大省。农业部第一次至第七次监测合格农业产业化国家重点龙头企业分别为151个、235个、210个、333个、362个、1 191个和1 131个,其中第七次的1 131个的分布如表3-9。从表中可以看出,国家重点农业产业化龙头企业主要分布在东部沿海地区和传统农业大省,个数大于等于45的省份主要集中在东部地区,有6个,而中部和西部地区都只有一个;经济发达省份的江苏、浙江、广东、福建等省份,分别为55个、52个、51个和48个;传统农业大省的农业产业化龙头企业也较多,其中,山东共计85个,位居首位,四川为58个,河南为55个。这些地区的农业产业化龙头企业对产业发展带动作用明显,对周边地区经济辐射力强(表3-9)。

表3-9 农业部第七次监测合格的1 131个农业产业化国家重点龙头企业分布情况

东部	数量	中部	数量	西部	数量
北京	38	黑龙江	42	内蒙古	34
天津	15	吉林	36	广西	27
河北	44	山西	29	重庆	31
辽宁	45	安徽	42	四川	58
上海	19	江西	37	贵州	25

(续表)

东部	数量	中部	数量	西部	数量
江苏	55	河南	55	云南	24
浙江	52	湖北	41	西藏	8
福建	48	湖南	39	陕西	33
山东	85			甘肃	26
广东	51			青海	17
海南	14			宁夏	17
				新疆	44
合计	466		321		344

注：个数大于等于 45 的用红色表示，36~45 的用黄色表示，25~36 的用橙色表示，<25 的用绿色表示。

3. 家庭农场

2013 年中央一号文件提出发展家庭农场的政策后，我国家庭农场快速发展，2013 年、2014 年、2015 年经农业部认定的家庭农场分别为 7.23 万个、13.9 万个、和 34.3 万个，截至目前，数量已超过 87.7 万个。2014 年和 2015 年农业部对全国（未统计西藏自治区）家庭农场的专项调查的数据显示家庭农场在农民合作社组建运营、发展订单农业，带动小规模农户改进生产技术、降低成本等方面发挥了核心作用。家庭农场数量与规模的区域差异较大。从经营数量来看，安徽、江苏、湖北 3 省位居前三，其中安徽最多，数量达到 3.52 万个；江苏第二，家庭农场数为 3.01 万；湖北第三，数量为 2.90 万个；这 3 省的家庭农场数近 10 万个，占全国家庭农场的 30%。

家庭农场的年销售产值高，但净利润低。由于家庭农场实现了土地规模经营，提高了土地生产率，增加了经济效益。根据农业农村部统计，2015 年，家庭农场的年销售农产品总值为 1 260 亿，平均每个家庭农场的产值达到 36.8 万元，较 2014 年增加了 17.57%。其中，北京、云南、江苏、浙江、安徽、福建等地的家庭农场的年均产值较高，超出了全国平均水平。大部分家庭农场的年产值集中在 10 万~50 万和 10 万以下，分别占比 44.2% 和 33.3%（表 3-10）。

表 3-10 家庭农场的经营类型所占比例及变动情况 （单位:%）

年份	种植业	畜牧业	渔业	种养结合	其他
2014 年	61.24	23.16	4.75	7.82	3.04
2015 年	61.90	19.26	5.90	8.96	3.97
变化比例	0.66	-3.9	1.15	1.14	0.93

资料来源：(农业部农村经济体制和经营管理司，中国社会科学院农村发展所，2017；2018)。

(三) 农村创业带动就业效应

1. 返乡创业带动就业

返乡创业,成为继乡镇企业崛起、城镇化和农民工进城之后我国农民的又一伟大创造,为农业农村发展带来有生力量。一是返乡创业方兴未艾。国家发展改革委已会同有关部门分三批(第一批90个,第二批116个,第三批135个)在全国组织了341个县市区开展了支持农民工等人员返乡创业的试点工作。截至2019年6月,341个试点地区返乡创业人员达到近200万,在试点地区带动下,全国返乡创业人员已超过800万人。二是创业带动就业效应持续显现。截至2019年6月,341个返乡创业试点地区带动就业人数超过700万人,全国返乡创业带动的就业人数达到3 000万人左右(图3-11)。与此同时,返乡创业带动就业人数呈持续增长态势。从返乡创业市场主体的产业分布带动就业人数来看,2017年281个试点地区返乡创业总人数为150.6万人,返乡

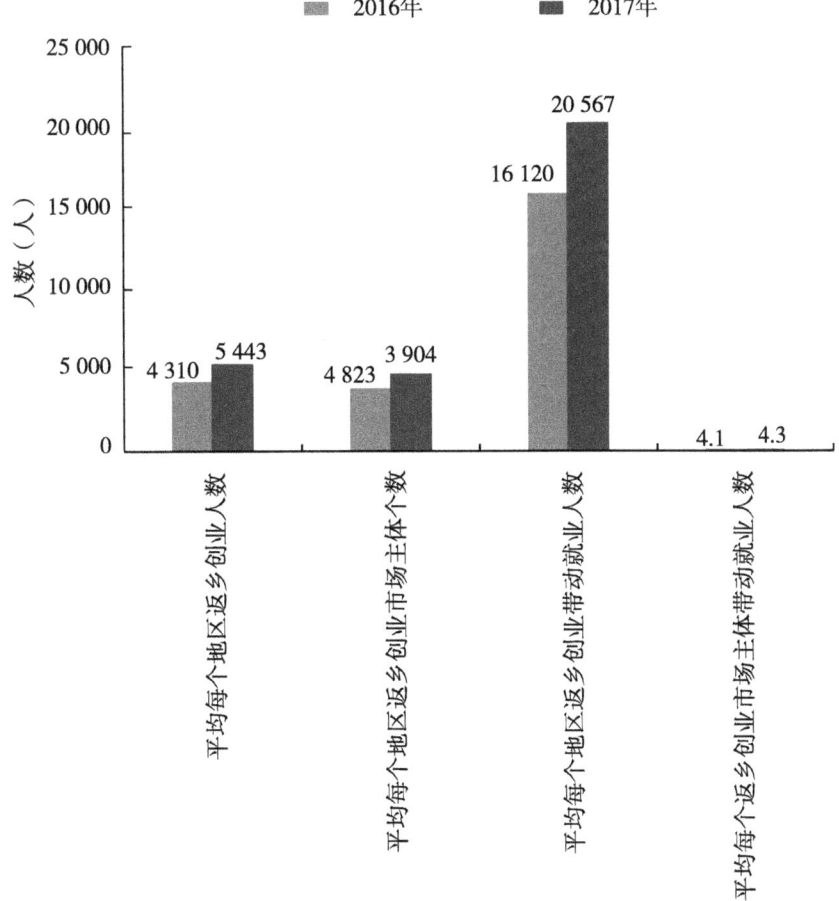

图3-11 2016—2017年各返乡创业就业指标变化情况

数据来源:国家发展和改革委员会内部资料。

创业带动就业人数达到549.4万人,返乡创业总人数较2016年的119.4万人增加了31.2万人,返乡创业带动就业人数较2016年的437.5万人提升了111.9万人。2017年与2016年比,281个试点地区平均每个地区返乡创业带动就业人数增长27.6%、平均每个创业市场主体带动就业增长3.1%。2016年和2017年,平均每个地区返乡创业带动就业人数分别为1.61万人和2.06万人;第一批和第二批创业试点的创业带动就业平均增速分别为0.6和0.7,明显高于第三批次的0.3。因此,随着试点工作的进一步推进,返乡创业带动就业的效应将进一步增强(图3-12)。

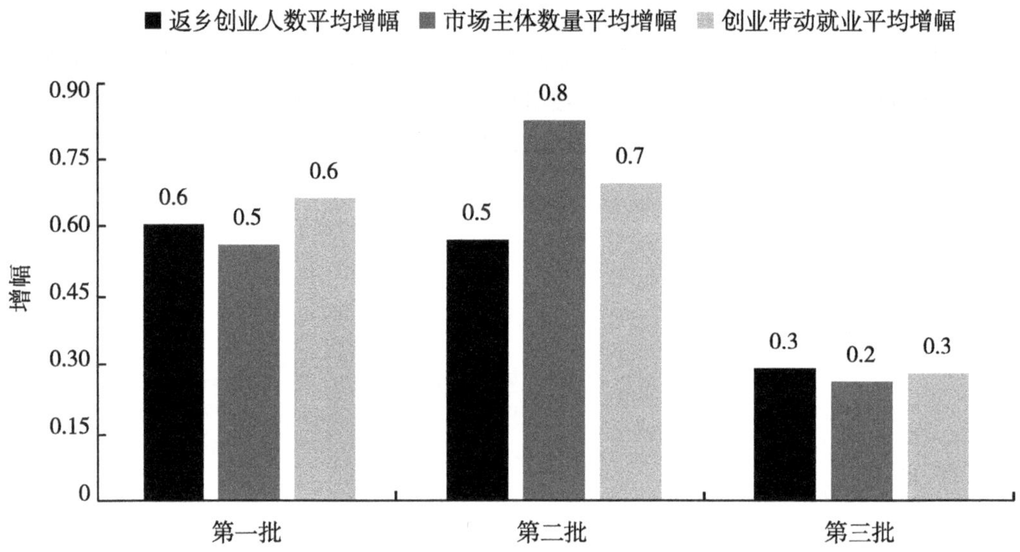

图3-12 2016—2017年不同批次试点地区创业带动就业平均增幅

数据来源:国家发展和改革委员会内部资料。

2. 新型经营主体带动就业情况

新型经营主体为当地农村居民提供了较为可观的就业岗位。阮荣平等(2017)基于2014年对全国2 615家新型农业经营主体的调查数据的研究发现,提供了就业机会的新型主体共2 291家,占有效样本的81%,平均每个新型主体雇用了46.18人,并据此推算,全国新型主体大约可为农村居民提供10 572.44万个就业岗位,满足了23%的农村劳动力就业需求。而且在合作社、家庭农场和龙头企业这三类新型经营主体中,向农村居民提供就业机会比例最高、就业机会质量也较好的都是龙头企业。

(四)农村创业政策绩效评估框架设想

农村就业创业政策涵盖多项领域,政策内容本身错综复杂,各项领域之间联系紧密,这为选取能够准确衡量政策绩效的有效指标增添了难度。因此,在以政策目标的核心的基础上,需要选取一套多层次的指标体系,以保证指标体系构建过程中的合理性、准确性、有效性。

1. 评价指标体系构建

本项目以政策"宣传—执行—成效—反馈"4个环节为逻辑主线，着重思考农村就业创业政策的落实力度如何？这些创业政策取得的成效如何？农村创业群体对这些创业政策和相关政府服务是否满意？通过对这几个问题的合理解答，初步构建出农民就业创业政策绩效评价指标体系（表3-11）。该指标体系框架主要由政策落实力度、政策实施成效、政策反映回馈这3个一级指标组成，其中，政策落实评价是为了测得就业创业政策从宣传到执行过程中取得的成效；政策实施成效可以从其经济成效和社会成效方面来评价；政策回应评价是以创业者对政策的接受度和满意度为测评标准，体现政策绩效评价过程中价值取向的重要程度。当然，创业者在享受政策的过程中，其对政策的理解和认可在一定程度上会受相关服务机构及其工作人员的影响，因此，对政策服务的满意程度也应当纳入政策绩效评价指标体系框架中。

表3-11 农村创业政策绩效评价指标体系

一级指标	二级指标	三级指标
政策落实力度	政策宣传力度	政策知晓度
		获取便利度
	政策执行力度	政策利用度
		利用难易度
政策实施成效	经济成效	创业规模
		创业成功率
		创业企业平均利润额
	社会成效	创业意愿
		创业氛围
		创业企业平均从业人员
政策反映回馈	政策满意度	信贷扶持
		创业培训
		税费减免
		用地优惠
		简化工商登记手续
		创业信息支持
		创业项目支持
		门槛降低
		信息咨询
	服务满意度	工作人员服务态度
		服务机构行政效率

2. 问卷设置（表 3-12）

表 3-12 农村创业政策绩效评价问卷设置

代码	问题	选项	答案
1. 政策落实力度			
1	您对农村就业创业政策的了解程度如何？	A. 不知道；B. 听说但不了解；C. 了解一些；D. 了解大部分；E. 很熟悉	
2	您觉得通过现有途径获取农民工创业政策信息方便吗？	A. 不方便；B. 不太方便；C. 一般；D. 比较方便；E. 很方便	
3	您希望通过何种途径了解与您相关的创业政策？（可选多项并按重要程度排序）	A. 广播；B. 电视；C. 报纸杂志；D. 镇村干部宣传；E. 互联网；F. 告示、传单；G. 其他	
4	您享受过哪些创业政策？（可选多项）	A. 创业培训；B. 税费减免；C. 信贷扶持；D. 开通绿色通道；E. 信息咨询；F. 项目支持；G. 用地优惠；H. 降低创业门槛；I. 其他；J. 从未享受过任何政策	
5	您觉得相关创业政策实际利用起来难易程度如何？	A. 难；B. 比较难；C. 一般；D. 比较容易；E. 容易	
2. 政策实施成效			
6	您是否创办过企业？	A. 是；B. 否	
7	如果创办过，现在是否实现盈利？	A. 是；B. 否	
8	您创业选择的行业是	A. 住宿餐饮业；B. 批发零售业；C. 种植业；D. 养殖业；E. 建筑施工业；G. 纺织服装业；H. 电子电器业；I. 其他	
9			
10	您创办的企业或店铺目前的经营状况如何？	A. 企业总资产；B. 企业年均利润；C. 上缴税收；D. 企业从业人员	
11			
12			
13	您觉得相关创业政策对农民工群体创业意愿的影响如何？	A. 几乎没有影响；B. 影响较小；C. 一般；D. 影响较大；E. 影响很大	
14	觉得现在周边的创业氛围如何？	A. 很差；B. 比较差；C. 一般；D. 良好；E. 很好	
15	您觉得目前农民工创业面临的突出困难是？（可选多项并按重要程度排序）	A. 资金问题；B. 技术问题；C. 市场信息问题；D. 项目扶持力度；E. 经营管理能力与经验；F. 企业负担太重；G. 交通不便；H. 其他	
3. 政策反映回馈			
16	创业培训政策（如免费提供创业培训或技能培训等）	A. 不满意；B. 满意度较低；C. 一般；D. 比较满意；E. 很满意	

(续表)

代码	问题	选项	答案
17	税费减免政策（如对在创业孵化基地创业的，自创办之日起，一年内减半缴纳房租费和水电费，三年内免缴物管费、卫生费等）	A. 不满意；B. 满意度较低；C. 一般；D. 比较满意；E. 很满意	
18	信贷扶持政策（如贷款贴息，贷款担保，加大小额贷款支持力度等）	A. 不满意；B. 满意度较低；C. 一般；D. 比较满意；E. 很满意	
19	绿色通道政策（如简化立项、审批和办证手续，公布各项行政审批、核准、备案事项和办事指南，推行联合审批、一站式服务等）	A. 不满意；B. 满意度较低；C. 一般；D. 比较满意；E. 很满意	
20	信息咨询政策（如搭建信息平台，补贴中介机构等）	A. 不满意；B. 满意度较低；C. 一般；D. 比较满意；E. 很满意	
21	项目支持政策（如鼓励和引导创业者进入优先和重点发展的科技型、资源综合利用型、劳动密集型、农副产品加工型等产业或行业）	A. 不满意；B. 满意度较低；C. 一般；D. 比较满意；E. 很满意	
22	用地优惠政策（如政府设立创业孵化基地并优惠提供给创业者，或者帮助从事农业开发的创业者协调土地流转等）	A. 不满意；B. 满意度较低；C. 一般；D. 比较满意；E. 很满意	
23	降低创业门槛政策（如在工商登记方面降低创业门槛、降低职工参保门槛等）	A. 不满意；B. 满意度较低；C. 一般；D. 比较满意；E. 很满意	
24	您对创业过程中相关政府工作人员的服务态度是否满意	A. 不满意；B. 满意度较低；C. 一般；D. 比较满意；E. 很满意	
25	您对创业过程中相关政府服务机构的工作效率是否满意	A. 不满意；B. 满意度较低；C. 一般；D. 比较满意；E. 很满意	

（五）农村创业问题诊断

近年来，尽管农村创业规模年均以两位数增长。但目前，我国的农村就业创业却尚在起步阶段，还存在如下几大困境。

1. 农村创业基础设施和服务体系落后

农村尤其是经济欠发达地区的农村，创业的配套设施相对不健全，路、水、电、通信、网络等基础设施落后，是很多农村创业者面临着"最后一百米"没打通的障碍。创业服务不便捷，农民创业创新企业需要办理很多文件，要辗转多个部门，加之农民对行政流程不理解，大大影响了其创业积极性。

一是农村电子商务发展和物流基础设施落后，制约新型农民的网上创业。农村网络不发达，在网络速率、技术维护、网络安装、农村互联网普及率、农民上网设备、互联网涉农信息以及农村网络相关教育等方面都存在巨大差距。农村仍有5万多个行政村没有通宽带，拥有计算机的农民家庭比例不足30%，农村互联网普及率只有27.5%，还有70%以上的农民没有互联网①。这些问题将会导致农民信息获取与意见表达渠道闭塞，无法满足农民生产生活对农业信息的需要。同时农村物流的"最后一公里"问题较为突出，是农村电子商务发展最大的阻碍之一。许多电子商务及物流企业在这些偏远地区建立的物流服务中心网点，虽然目前我国乡镇快递覆盖率已达80%，但从现状来看基本止步于乡镇，快递下乡到村一级基本未实现。与成熟的城市物流市场相比，目前农村电子商务市场仍然面临道路、仓储、保管、运输、通信、网络等基础设施不完善瓶颈制约。农村物流网络节点不健全、布局不合理、资源不集约、功能不完善，已成为制约我国农业现代化建设的薄弱环节。据统计，2016年仅有25.1%的村有电子商务配送站点，其中农村电子商务配送站点、菜鸟驿站等物流配送站点只有1/4，覆盖率很低②。农村电子商务物流成本过高，我国农产品流通成本一般占总成本的40%左右，其中鲜活产品及果蔬产品占60%以上，而国外发达国家物流成本一般控制在10%左右③。除此之外，大部分农产品保质期短、需要低温保存，运输途中需要采用特殊的包装材料和包装技术。这些问题如果不能解决的话，将会长期制约新型农民的网上创业。

二是农村就业创业信息化等服务平台建设滞后，影响着农民就业创业的效率和效果。当前，农民就业创业信息需求与信息化平台不完善之间还存在着矛盾。基层政府未建立或对接完善的信息化平台，农民创业者在创业过程中难以及时掌握市场需求、把握就业创业动向，导致信息渠道不畅通，直接影响着农民就业创业的效率和效果。一方面，农民创业缺乏信息获取渠道。农民在创业前，乡镇政府缺乏为农民创业者提供创业信息服务，农民创业者对当地实际发展情况和市场需求现状无法做到真实、准确的把握。只是主观上选择自己熟悉的领域进行创业，容易导致创业与当地的发展状况和思路脱节的情况。另一方面，乡镇政府也缺乏信息收集渠道。乡镇政府对农民创业情况的信息的收集和分析处理方面也存在欠缺和不足。农民创业者开展创业活动，形式和内容都比较分散，没有一定的规律性，小本经营、分散经营的情况居多，乡镇政府搜集信息的难度增加，农民创业者也不会主动把发展情况及时传递到乡镇政府，此外缺乏相关农民创业调查、统计和分析的中介机构，导致农民创业的实际情况和现实需求等无法及时反馈到乡镇政府。同时，由于乡镇政府工作人员缺乏、相关专业人才更少等客观存在的原因，乡镇政府也无法针对农民创业问题及时了解到相关农民创业扶持政策的执行效果，

---

① 资料来源：中政智库（2018-07-04）．"互联网+农业"并不是乡村振兴的万金油［EB/OL］．[2020-8-15]．http：//view.inews.qq.com/a/20180704B0ORHX00。

② 资料来源：电子商务研究中心，《2017中国农村电商发展报告》，2018-06-01。

③ 中国产业研究报告网（2018-09-19）．2018—2024年中国农产品流通行业深度调研与投资前景预测报告［EB/OL］．[2020-8-15]．http：//www.chinairr.org。

导致政策的调整滞后于现实的要求。

2. 农村创业的"软环境"有待优化

创业软环境是指农民所在地区出台的相关政策对创业产生正面的促进作用的各种因素的综合。近年来,中央及地方政府出台了一系列扶持农民创业的政策,出发点是期望提升农民创业的积极性。但在政策实施过程中出现了错位现象,部分乡镇的工商行政管理、税务、土地管理、劳动保障部门不仅不能提供高效服务,反而出现了"吃拿卡要"的不良行为,致使农民创业者产生额外开支。地方政府对引进的大企业和大项目非常重视,对农民创业者的小项目不够重视,在创业培训、创业项目推广等方面不作为。此外,在农村地区,创业服务等于纸上谈兵,流于形式,由于农民自身素质偏低、获取信息手段不足,加之政策宣传不到位,导致返乡创业农民信息获取不足。此外,办事难依旧是农民返乡创业需要面临的问题,在创业审批过程中程序复杂、烦琐,要求苛刻,许多农民创业者不得不放弃创业的想法。在企业运营过程中,政府的服务更是不到位,能提供服务的往往是营利性的培训公司,由于农民创业者本身的辨识能力欠缺,上当受骗的案例屡见不鲜。如此种种现象反映了当前部分农村的产业软环境有待优化。

3. 农民创业面临"融资难、融资贵"困境

农民工创业的基础资金很有限,而抵押物却非常少,这些问题往往会始终伴随着农民工创业的过程。尽管中央一直出台政策措施解决'融资难、融资贵',但力度较弱,据统计,真正从政府或金融机构获得贷款的农民工只占极少数,贷款额度也相当有限,半数贷款在 2 万元以下,72.3% 的贷款在 5 万元以下,贷款超过 10 万元的只占 15.5%(刘溢海和王琳,2017)。这一现实使得部分农民工的创业梦想或已创立企业的规模扩张计划夭折。导致这种情况的主要原因如下。

一是金融机构和政府对农民创业融资的支持力度不够。农村创业人员信用相对比较低、担保相对比较难,抵质押物不充足,农民创业贷款的主要渠道是农村信用社,融资渠道单一;除村级融资担保基金贷款和小吃创业卡的办理程序相对简单外,其他类型的贷款存在利息高、要求高、审批程序烦琐的情况。金融机构要求农民工须有公务员做担保或用房产抵押才可贷款,使得担保相对比较难。这是因为大多数农民工缺乏必要的社会关系,其亲友中可能没有公务员,也就无法通过此途径取得贷款;同时,由于农民工固有的传统思想,觉得房子是最后的保障,大多不愿意拿房子冒险。随着经济趋缓,银行对机器设备等不愿提供抵押贷款,实际操作过程中种种困难进一步加剧了农民贷款的难度。大部分创业农民工只得向身边亲友借贷资金,但是这一途径获得的资金量大多较少。同时,当地政府仍存在轻视农民工创办的小企业现象,"只看重招商引资来的大企业。有些地方政府喜欢给予大企业很多优惠政策,而对于农民工创办的小企业则不闻不问。"福建沙县等地区试点的村级融资担保基金和小吃创业卡能够在一定程度上缓解融资难问题,但融资担保惠及面小、融资额度小主要针对创业规模小的农民创业者。对于规模大、资金需求大的项目,此类贷款则发挥不了太大的作用。

二是农村创业贷款体系的建设不足。现阶段的贷款体系并没有切实的发挥创业引导功能,对于新创办企业以及创业体系的增幅贡献还有待提高。农村金融体系还需进一步改革,首先,当前缺乏以县域为整体的贷款平台。在现阶段的农村创业贷款体系中不同银行各自为政，存在一定的政府贷款担保中心与银行脱节等问题，一方面使得政策缺乏了整体效应；另一方面也使得贷款担保中心与银行存在一定的政策脱离，缺乏市场指导性意见与创业引导功效。其次，缺少必要的专业软硬件支持。在创业贷款办理的过程中是以小额担保服务中心为主体来进行的。由于缺乏必要的专业知识与数据来源，对于具体的引导创业资金的使用与项目整合等领域缺乏必要的实践经验，这样不仅限制了资金的发放与回流，也在一定程度上降低了资金的使用效能。

4. 农村就业创业者自身素质偏低，就业创业培训体系有待完善

由于返乡创业农民工文化程度普遍不高，虽可能在城市中从事过与创业项目有关的相关工作，但缺乏现代管理，也没有接受过系统的创业培训，这往往导致他们回到乡村，也从事技术含量较低、同质性较强的创业项目，或者"眼高手低"最终导致创业的失败。

创业者缺乏所需的管理能力和经验。农民由于受到生活环境与价值观的特定影响，"小富即安、求稳怕险"等小农思想在一定程度上阻碍了农民创业活动的开展，同时也影响了创业企业的再发展。当前，农村创业者整体文化程度不高，多是初高中学历，对农民工创新创业能力、创业后的管理水平存在一定的限制。创业需要工商注册、税务登记、日常经营管理、市场营销、融资以及信息获取、资源整合等诸多方面的知识和能力，返乡创业者在城市务工期间，能力上虽然得到一定的锻炼和提升，但其在工作经历中，多是扮演一线操作工人的角色，主要是被管理，自身严重缺乏管理经验。在相应知识储备和管理经验不足的情况下仓促创业不仅难以取得初期成功，而且在日常运营与市场竞争中也处于不利地位，使得创业企业缺乏长期生存与发展的内在条件。大多数农民创业者将经营的行业集中在建筑装修、特种养殖、商品零售、加工服务等技术含量较低的劳动密集产业，往往靠廉价劳动力获取微薄的利润，更要受制于环境的约束，一旦经济危机出现或某个市场衰退，所创企业往往在一夜之间破产消失。这也充分说明了培养农民创业者创新能力的重要性，只有这样才能提升农民的创业层次和创业成果。

农村对专业的创业培训支持力度不够。由于失地农民及返乡农民工普遍存在着文化层次较低、就业创业能力欠缺的问题，各级政府对农民创业培训出台了一系列的激励措施。但目前农村就业创业培训问题重重，一方面，培训覆盖面有限，农村创业培训往往流于形式，培训内容缺乏针对性和实用性。虽然基层政府已经开始注重对农民进行培训，但由于受到基层政府财政水平以及培训资源的限制，乡镇政府开展农民创业培训必须要通过上级的培训资源开展，培训内容缺乏强有力的针对性，举办的培训班和接受培训的农民覆盖面相对有限。另一方面，培训方式单一，培训收效甚微。随着社会发展的多元化，新技术、新领域不断涌现，农民创业也必然会产生大量的多元化需求。而目前，对于农民的培训方式相对单一，主要采用集中授课、视频授课的方式，缺少受培训的农民与创业成功人士的经验分享、交流和互动，无法对现实存在的问题进行有针对性的解决。有些技能培训还脱离实际，存在盲目性。部分营利性培训机构实际上是利用补贴政策进行走过场式的所谓培训，加上创业培训的内容过于理论化，与创业项目的结合度不高，农民失去了参与创业培训的积极性。这种培训形式难以满足初创企业对技术型、管理型、市场型人才的迫切需求。有些创业培训讲师由于自身缺少创业经验或根本不了解农民的创业项目，在课堂上只能空讲理论，难以吸引农民创业者参与。虽然政府投入了相关培训经费，但由于培训体系的不完善，导致许多农民并未真正掌握或者根本没学到相应技能，未能充分发挥培训在推动农民创业中的作用。

五、贫困人口就地就近就业

近年来，随着精准扶贫工作机制的提出，在政策引领下，不同类型主体、不同形式扶贫工作的开展，为贫困人口提供了大量的就业岗位。本部分重点对促进贫困人口就地就近就业的带动主体之一的扶贫龙头企业和主要带动形式之一的产业扶贫的情况进行分析。

（一）带动主体——以扶贫龙头企业为例

省级扶贫龙头企业是带动贫困人口就地就近就业的最重要的主体，他们充分发挥当地区域和企业自身优势，针对贫困群众不同情况，因地制宜、因人施策，采取多种帮扶方式，带动贫困户就业增收，巩固提升脱贫攻坚的成果显著。本部分以扶贫龙头企业为例，对龙头企业通过带动贫困人口就业实现的减贫成效进行分析。本部分资料主要来源于国务院扶贫办，通过对新疆、河南、黑龙江、山西、广西壮族自治区（以下简称"广西"）、青海、山东、湖北、辽宁、重庆、江西、甘肃、陕西13省（区）扶贫龙头企业的工作进展情况材料进行整理、汇总而来。

1. 带动贫困户数量方面

13省（区）3 004家扶贫龙头企业长期稳定带动贫困户76.82万户，平均每家企业带动贫困户552.5户；从各省带动贫困户的数量看，新疆、甘肃、山西、河南、山西龙头企业带动贫困户的总数都超过了10万户，分别为58万户、34.8万户、13.9万户、13.5万户、12.0万户；从扶贫龙头企业的带贫能力来看，新疆、河南、黑龙江龙头企业带贫能力较强，平均每家企业带动的贫困户均超过1 000户，分别为3 203.6户/家，1 759.4户/家，1 313.4户/家（图3-13），其中，新疆扶贫龙头企业带动5 000户以上企业就有9家，占全部扶贫龙头企业的4.97%（表3-13）。

2. 在吸纳贫困户就业方面

13省（区）3 004家扶贫龙头企业共吸纳26.47万人就业，平均每家企业吸纳的贫困户就业人数为145.9人；从各省吸纳贫困户就业的数量来看，甘肃、新疆龙头企业吸纳的贫困户就业总人数超过10万人，分别为13.5万人和12万人，而黑龙江最低，仅为847人；从扶贫龙头企业为贫困户解决就业的能力来看，各省相差较大，新疆最高，每家企业解决了745个贫户人口的就业问题，是最低省份辽宁的21.9倍（表3-13和图3-14）。

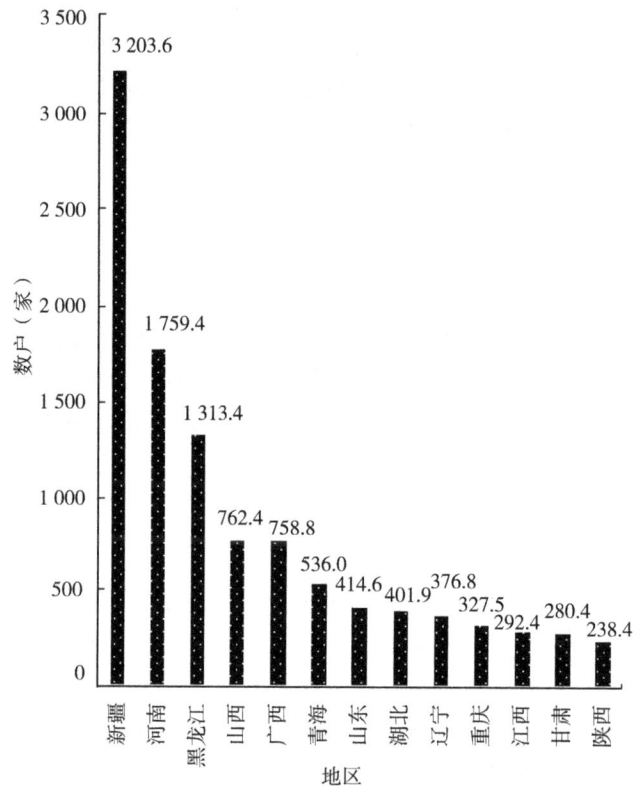

图 3-13 各省平均每家扶贫龙头企业长期稳定带动的贫困户数
数据来源：根据各省扶贫龙头企业情况整理、计算得来。

表 3-13 新疆扶贫龙头企业带动贫困户和吸纳贫困户就业的分布情况

带动贫困户数量区间（户）	企业数（家）	占总扶贫龙头企业比重（%）	吸纳贫困户就业数量区间（人）	企业数（家）	占总扶贫龙头企业比重（%）
>5 000	9	4.97	>100	64	35.36
1 000~5 000	10	5.52	50~100	32	17.68
100~1 000	83	45.86	50	77	42.54
<100	79	43.65	无	8	4.42

数据来源：根据《新疆扶贫龙头企业相关情况的报告》资料整理、计算得来。

3. 在促进贫困户增收方面

扶贫龙头企业在贫困村或贫困人口相对集中地区建立生产基地发展特色产业，采取土地流转、委托种植养殖回收、就业务工、入股分红等多种手段辐射带动周边的贫困人口，增加收入。从各省整体增收情况看，新疆增收效果显著，2018年181家扶贫龙头企业带动贫困户年均增收2 859.86元；山东省、山西省省级龙头企业截至目前带动周边的贫困人口实现年人均增收分别为2 004元和2 100元。从具体龙头企业带动贫困户增收

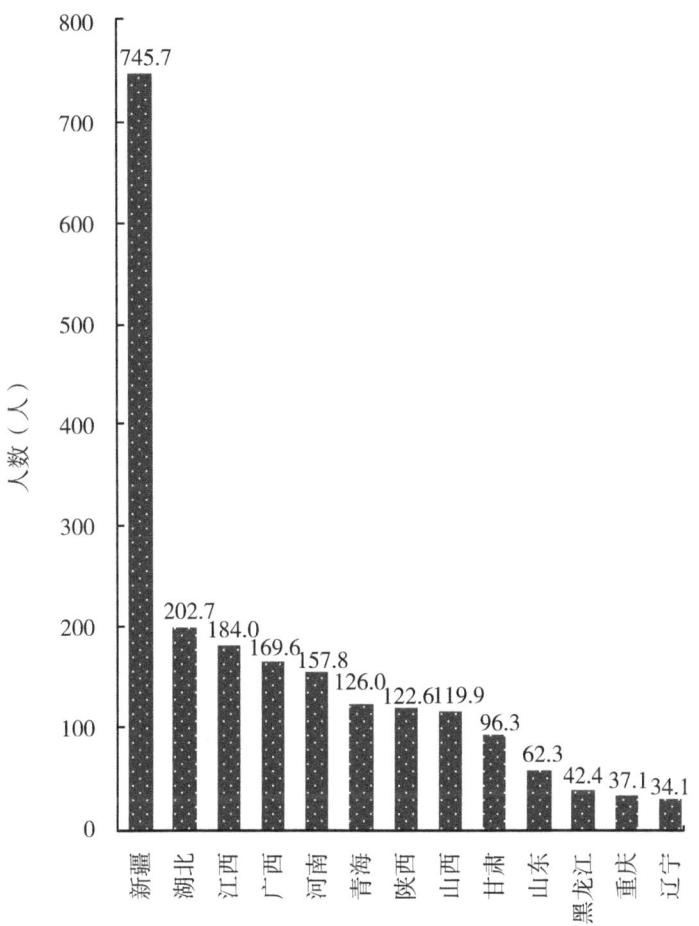

图 3-14　各省平均每家扶贫龙头企业吸纳的贫困户就业人数
数据来源：根据各省扶贫龙头企业情况整理、计算得来。

来看，山东耕辰农业科技开发有限公司推行"贫困户用工优先""贫困户租地种植优先""贫困户公益岗位就业优先"，与周边20多个村的贫困户签订土地流转和委托种植回收协议，带动贫困人口人均增收5 000元；重庆长寿区顶尖食品公司面向覆盖内贫困户免费发放榨菜种子，统一回收加工榨菜，带动80余户贫困户年均增收2 600多元。综上可以看出，扶贫龙头企业在带动贫困户、稳定就业和增收方面成效显著。

（二）带动形式——以对口支援产业援疆为例

对口支援产业帮扶是增强受援地造血功能和自我发展能力的根本举措，随着产业援疆的推进，产业帮扶将产业带动就业目标摆在了对口援疆工作的首要位置。2013年第4次、2015年第5次、2017年第6次、2019年第7次全国对口支援新疆工作会议，以及2014年召开的第2次新疆工作座谈会，都强调了要把产业带动就业作为对口援疆的优先目标。本部分以作者所在的财政金融创新与农村发展团队在2019年9月与天津市合作交流办一同赴天津对口支援和田地区的策勒、于田、民丰三县（以下简称"东三县"）的调研为例，对对口支援产业帮扶带动贫困人口就地就近就业的成效、经验及模式等进行分析。

1. 探索贫困人口就近就业新模式

就业是民生之本，扩大就业的根本在于产业发展。因此，天津产业援助始终把产业促进就业作为脱贫攻坚的重要抓手，实施"百厂万人"工程，探索就近就业新模式。（1）援建工业园区，引企入园，推进园区集中就业。目前，天津共投入26 229.51万元建成3个工业园区，建成工业化标准化厂房约21.5万平方米；引进劳动密集型企业和特色农产品加工业企业入园落户，带动就业，2017年和2018年分别引进企业34家和44家，共解决11 500人就业。（2）推动建立卫星工厂和扶贫车间，实现家门口就业。天津累计投入4 006万元用于支持建设车间、购置设备和劳动用工培训，对于吸纳贫困户稳定就业3个月以上的乡镇、村级扶贫车间，根据不同档次给予补贴。由此推动了策勒县、于田县建成并运营卫星工厂和扶贫车间112个，带动就业7 664人，现已具备万人就业规模。同时，天津援建3所职业学校，培训5 000余名专业技能学生提高就业能力。

2. 促进工业产业聚集带动就业效应初显

天津以产业园区建设为依托，吸引内地产业向东山县转移并向园区集中，实现集聚发展，目前已初显成效。第一，投资完善园区基础设施建设，增强园区对企业的吸引能力。2018年天津市安排援疆资金8 250万元，支持推动建成策勒县小微企业创业园1.5万平方米，策勒县天津纺织工业园三期10万平方米，于田县小微企业孵化园二期4.3万平方米，于田县库尔班·吐鲁木纺织服装产业园4.2万平方米以及民丰工业园1.5万平方米标准厂房及水、电、路、绿化等配套基础设施建设，增强了对企业的吸力。第二，助力承接沿海地区产业转移，部分产业渐显集聚效应。依托和田劳动力丰富、电价便宜以及棉花主产区优势，天津引进的新塔西纳纺织公司目前已形成集种植、加工、纺纱为一体的产业链条；天津援建的于田鞋业产业园已有5家专业制鞋企业入园，就业人员达2 500多人，产业集群初具雏形。未来，以和田地区打造"丝路鞋都"为契机，将进一步推动鞋产业向规模化、集约化、全产业链化方向发展。

六、农村劳动力就地就近就业制约因素

（一）县域经济发展活力不足

县域经济是城市经济与农村经济的结合点，是我国国民经济发展的重要组成部分和战略基石，更是农村劳动力就业的战略后方，对保持我国经济稳定发展、提升发展质量、促进新型城镇化建设具有重要战略意义（李建伟和赵峥，2015）。但在经济新常态条件下，我国县域经济发展面临诸多困境，县域经济活力不足，对农村劳动力就业的吸纳功能未能充分发挥。主要体现在以下几个方面。

一是乡镇企业壮大县域经济的作用面临现实困境。改革开放后的20世纪80年代，以乡镇企业为代表的农村工业部门的发展，在推动农民非农化、提高农民收入水平上做出了很大贡献。然而，由于农村企业分散，绝大部分散落在农村，80%的个体和私营企业分布在自然村，7%的企业在自治村，12%在乡镇（陆杰华等，2013）。这种空间格局在农村人口非农化上提供了就近便利，但是也正是这种"遍地开花"式的分布状况，制约了农村工业朝集约方式的发展，无法产生规模经济，使得农村工业企业在高度竞争的工业品市场上没有竞争优势（钟宁桦，2011）。农村工业空间集聚进程缓慢，导致县域人口积聚水平不高。尽管当前乡镇企业积极创新转型，向农村延伸，但缺乏相应的产业基础，使其在壮大县域经济方面的作用仍发挥不足。

二是县域经济结构转型压力较大，产业带动就业的空间受限。东部地区一些主要依赖传统出口产品的县域经济，在全球市场低迷引发的外需紧缩压力下，已失去原有的活力，而中西部的很多依靠传统种植业和养殖业的县域经济，受自然和市场双重因素影响，生产波动性和风险性较大。同时，相当部分县域产业发展同质化较为严重，而且很多产业链条短、科技含量低、附加值不高、能源消耗较大。而在新兴增长点的培育方面，基础较差，进展相对缓慢，未来县域经济发展的可持续性受到挑战，县域经济发展活力还有待进一步激活。

三是县域新型城镇化发展滞后，无法吸引要素集聚。我国大中城市人口密度高，规模较大，而县城及中心镇普遍规模偏小，聚集和吸纳人口、产业的能力相对不足。现实中，我国很多县域城镇功能不健全，城镇化质量不高，教育、医疗、科研资源特别是优质资源缺乏，缺乏足够的承载力，很难吸引人才、资本等高端要素集聚，还往往容易导致大量人口外流，而要素聚集程度不高又导致各项社会事业、基础设施和公共设施投资成本高、使用效率低，使得城镇的集聚效应更难发挥，容易形成城镇化滞后的累积因果循环，无法为农村劳动力供给充足的本地非农就业岗位。

（二）农业现代化水平较低

农业是农村劳动力的第一就业空间，发挥着农村劳动力就业的缓冲功能。尽管我国农业生产效率不断提高、规模化经营以及机械化、智能化推进，但我国农业生产部门生产效率仍然偏低，与发达国家的差距依然很大。低效率意味着就业不充分和收入水平不高，也就很难吸引到优质劳动力，继而又反过来影响农业生产的现代化水平提高。

农业产业经营主体发展不足，农业现代化水平较为落后，解决农村劳动力就业容量有限。我国出台了一系列鼓励农民合作社、家庭农场、农业化龙头企业等新型农村经营主体发展的政策措施。但是，农民协会、专业合作社或农业龙头企业等经营主体发展的效果仍不是很理想，解决农村劳动力就业容量有限。根据作者2019年对甘肃省岷县中药材产业的调查发现，尽管岷县中药材合作社突军异起，共963家，但大多只是充当收购商角色，开展终端销售的少；线上销售模式兴起，总体处于起步阶段，营销水平低，电商产品品种少，中药材及其产品电商平台销售额占总交易额不到5%的比例。中药材企业目前普遍面临的问题是，规模小，研发投入低，市场份额低；中成药制造能力弱，对当地中药材需求不大，无法有效发挥产业发展带动就业的作用。

农业产业链水平不高，缺乏吸纳农村人口的动力。虽然土地流转推动了农业规模经营，但农产品深加工、农产品物流以及农业生产技术服务等农业产业链各环节发展不足，导致农户通过农业生产获取的产品附加值较低。农民个体承担农业经营风险且经济回报低于外出务工，农民就地转业的可能性不高。而且，农业自身产业链的发展不足，未能有效创造就业岗位吸纳农村人口就地转移（胡鞍钢等，2001）。仍以作者2019年对甘肃岷县的中药材产业为例，加工以产地初加工为主，精深加工率低于20%；合作社和个体加工贩运大户是主要的加工主体，加工量接近加工总量的50%；加工企业能力有限，超过70%的企业年加工在100吨以下；加工的现代化水平不高，个体户和合作社加工粗放、设备单一且很多处于闲置状态，饮片加工企业无正规库房、烘干房、化验检测设备的屡见不鲜，加工机械适应性差；大健康产品开发少，附加值低。对大健康产品的培育不足，中医药旅游产品尚处于一片空白，资源优势难以转化为产业优势带动农民就业。

（三）乡村非农产业发展不足

经济下行压力下，投资下滑，给农村传统非农产业发展带来影响。目前，全国经济下行趋势无法逆转，GDP增速进一步下降，2019年GDP增长速度仅为6.1%，创下自1992年开始以来新低。经济下行，全国企业经营困难，投资减少，未来势必会对农村非农产业的发展带来影响，尤其是作为农村就近就业的主渠道的建筑业、制造业发展的下滑，将较大程度上压缩离土不离乡的非农就业岗位。

二三产业及民营经济欠发达，农村劳动力没有多元化的非农领域可以就业。尽管近几年一些农业县开展招商引资工作，工业规模急剧扩张，但是科技含量高、市场潜力大、可形成产业链、能对"工业强县"起支撑作用的项目储备不足。同时，乡村过于分散，人口密度过低，服务业发育不快，层次较低。随着劳动力和人口大量迁移以及收入水平大幅度提高，特别是人口老龄化和生活质量的不断提高，农村服务市场的潜在需求很大，但分散的居住环境和低下的人口密度导致农村服务业缺乏规模经济、成本过高，无法实现其发展潜力，电信、金融保险、房地产、旅游、中介、后勤社会化等新兴服务业也发展滞后，也制约着农村产业发展带动就业的能力。

第四章
农村劳动力外出务工就业动力、结构和特征

一、外出务工就业动力机制

(一) 经济发展与外出转移就业

外出农民工就业不足和就业质量不高是当前外出转移就业方面存在的主要问题,而经济发展是解决上述问题最核心的手段。一般而言,经济复苏和繁荣将增加对劳动力的需求、改善就业并增加劳动者报酬;反之,经济衰退将减少劳动力需求,而劳动力需求的减少会使农民工就业形势变得更加严峻。如图 4-1 所示,外出农民工的增长速度和 GDP 的增速是保持一致的,GDP 增长快的时候,外出农民工的增长速度也高,如 2010 年,GDP 增速达到最高为 10.5%,外出农民工的增速也达到峰值,为 5.5%,新进城农民工增加了 802 万;反之亦然,2015—2019 年,GDP 增速下降,平均增长 6.7%,外出农民工的平均增速也相应降到 0.71%,新进城农民工年均仅增加 135.25 万人。

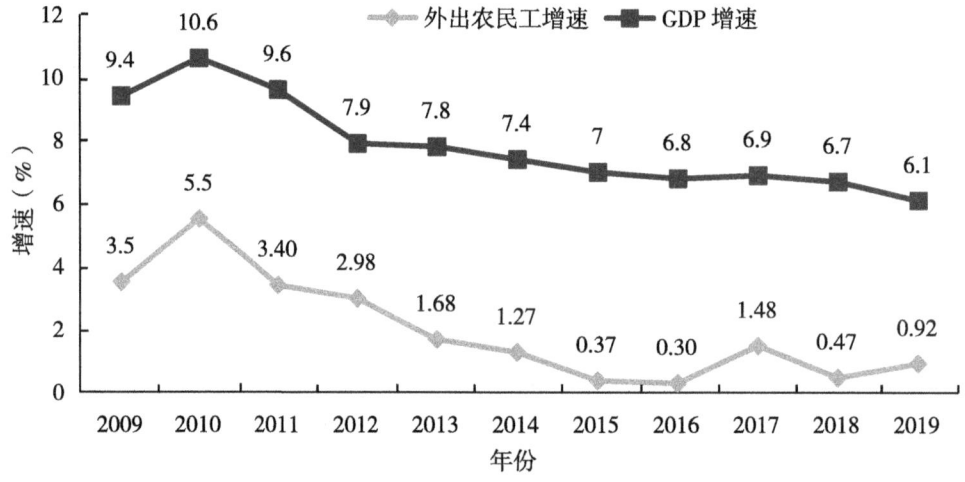

图 4-1 外出农民工增速与 GDP 增速之间的关系

数据来源:国家统计局,《农民工监测报告》(2009—2019 年),《中国统计年鉴》(2009—2019 年)。

从 GDP 增长速度与外出农民工增速的关系中可以得出,农村劳动力外出转移就业能否得到解决或在多大程度上得到解决,与经济发展周期密切相关。因此,要解决农村劳动力的外出就业问题,必须努力把握经济周期规律,充分利用经济增长时机。未来,尽管农村劳动力总量减少,外出转移就业规模压力总体下降,但由于我国经济增长处于下行通道,如何科学制定和有效运用宏观经济政策保持国民经济较快增长速度,使整个经济处于平稳快速运行,而又不出现大的起落,是必要的。这也是在一个较长时期内解决农民工就业问题的有效推动器。

（二）城镇化与外出转移就业

一方面，城镇化的过程也是推进农业人口逐步转移的过程，对农民外出就业起着积极的促进作用。城镇化与工业化、农业现代化相互推进，增强了城镇的要素集聚功能，加快形成特色产业和产业集群。人口向城镇聚集，使得交通运输、商贸餐饮、文化教育、休闲娱乐等方面的需求较快增长，又能创造出更多的就业岗位。同时，城镇化加快了公共服务改善，长期困扰农民工的子女教育、医疗、住房等后顾之忧问题正逐步得到解决，农民进城就业保障水平提升，外出转移就业意愿会得到增强。

另一方面，促进农民工在城镇稳定就业是提升城镇化质量的重要任务。农民进城，如果没有与城镇化相适应的稳定就业，即便通过户籍制度改革将他们留在了城市，也可能会因为失业而形成城市中的"贫民窟"。这显然与城镇化发展的目的相违背。有序推进农业人口转移，促进农民在城镇稳定就业，是积极稳妥推进城镇化面临的最大挑战之一，也是提高城镇化质量一项长期性、战略性的重要任务。反之，农民稳定就业能提升城镇化发展水平。对农民流出地而言，可以有效缓解农村人多地少的紧张状态，有利于土地的集约化专业化经营，进而释放更多剩余劳动力，源源不断地为城镇化建设提供人力资源。对农民流入地而言，既为企业提供了劳动力，增强了市场活力，又扩大了消费需求，促进当地政府更大力度地改善居民生活环境。

（三）全球化与外出转移就业

进入 21 世纪，全球化迅猛发展，尤其是 2003 年我国正式加入 WTO，我国对外贸易进入快速增长时期。以劳动密集型制造业为代表的加工贸易的发展促使大量农村劳动人口向城市转移，使中国的农民得以分享外贸红利，成为全球化过程中重要的参与力量和受益者，全球化就业红利一直延续至今。中国的全球化就业红利与全球经济发展、贸易环境息息相关，大致可以分为以下 3 个阶段。

第一，2000—2008 年，是我国对外贸易发展的黄金时期，带来了出口部门尤其是加工贸易企业对农村剩余劳动力需求的井喷。一大批劳动密集型企业充分利用我国劳动力资源丰富与城乡户籍二元制所造成的低廉劳动力成本优势，抓住全球化发展下，美、欧等发达经济体将低附加值、劳动密集、资源消耗型产业向发展中国家转移的历史机遇，大力发展外向型经济，带动了就业和出口的大幅度增长（邵敏和武鹏，2019），尤其是加工贸易产业的高速发展。我国加工贸易占总出口的比重从 1981—1985 年的 8.91% 上升到 2000—2008 年的 53.5%，加工贸易出口额年均增量从 5.46 亿美元增加到 671.83 亿美元（表 4-1）。加工贸易的迅猛发展，为大量农村闲置劳动力创造了就业岗位，也为我国培养大批熟练技术工人和适应国际化竞争的技术、管理人才，缓解了国内就业压力。就加工贸易大省广东而言，加工贸易就业人员达到 1 300 万人，占工业就业人口 30%（刘德学等，2006）。

表 4-1　各时期中国加工贸易出口额及增速的变化情况

时间	加工贸易出口额年均增加量（亿美元）	加工贸易出口占总出口的比重（%）	加工贸易出口额年均增速（%）
1981—1985 年	5.46	8.91	30.85
1986—1999 年	81.34	42.99	26.65
2000—2008 年	671.83	53.5	21.99
2009—2016 年	183.53	40.97	2.87
2017—2019 年	382.75	32.79	5.04

数据来源：根据国家统计局贸易外经统计司的《2019 中国贸易外经统计年鉴》中的数据进行整理计算而来。

第二，2009—2016 年，受国际金融危机影响，对外贸易进入低速增长时期，出口部门吸纳的农民工稳中有降。受金融危机影响，对外贸易遭受沉重打击，而带动就业作用明显，且吸纳的工人以农村劳动力为主的劳动密集型外向型企业受外需萎缩的影响更加突出，如：纺织服装、家具、鞋类、塑料制品、箱包、玩具等传统劳动密集型产品占比从 2002 年的 22.7%降到了 2012 年的 8.7%。由此造成大量外贸企业倒闭、停产或减产裁员，农民工失业返乡现象突出。据农业部 2009 年年初组织的抽样调查，在 1.3 亿离乡外出打工的农民工中，大约有 2 000 万农民工因失去工作或不能找到工作而返乡，占外出就业农民工总数的 15.3%（陈锡文，2009）。加工贸易出口额年均增速在金融危机爆发后达到历史最低，2008 年仅为 2.87%，吸纳的农民工有所下降。2012 年全国加工贸易直接就业人数为 3 000 万人，带动的上下游行业就业人员约为 1 000 万人，合计吸纳和带动就业有 4 000 万人左右（金三林，2015），约占非农就业总量的 7%。有学者测算，"十二五"期间，出口增长速度每下降 1~2 个百分点，转移劳动力每年减少约 20 万~40 万人（李善同等，2013）。同时，加工贸易企业的劳动生产率总体上处于上升阶段，出口部门吸纳的农村劳动人口稳中有降。

第三，2017 年至今，外贸出现进口强于出口的历史性转变，农民分享的外贸就业红利也随之下降。尽管"一带一路"倡议推进下，加工贸易有所回升，但贸易保护主义的崛起、中美贸易战的愈演愈烈、劳动力成本优势的逐渐丧失，中国外贸出现进口强于出口的历史性转变，全球化就业红利随之下降。由于中国出口产业大部分仍属于典型的劳动密集型或低技术型的产品结构，东南沿海出口导向的经济增长模式必须依赖农民工在地区之间的流动来维持，外向型出口部门仍是农村劳动力就业的重要渠道。据统计，2019 年，中国有进出口实绩企业达到了 49.9 万家[①]，带动的外贸就业人数仍高达 1.8 亿人，而且在加工制造企业中高达 80%左右的工人来自农村。但值得注意的是，2018 年开始，高技术制造，中国面临美国围堵；传统外向型制造业，又面临被东南亚国家追赶和要素成本全面上升的挤压；加上当下疫情蔓延带来的全球产业链断裂危险，

[①] 资料来源：中国网（2020-01-14）.新闻办就 2019 年全年进出口情况举行发布会［EB/OL］.［2020-8-15］. http：//www.gov.cn/xinwen/2020-01/14/content_ 5468996.htm.

中国外向型出口制造业可以说是遭遇了三面夹击情形,在出口制造业就业的农民工的就业形势,骤然变得更为严峻。如何应对"去中国化",延续全球化的就业红利,是未来需要着力关注并予以解决的问题。

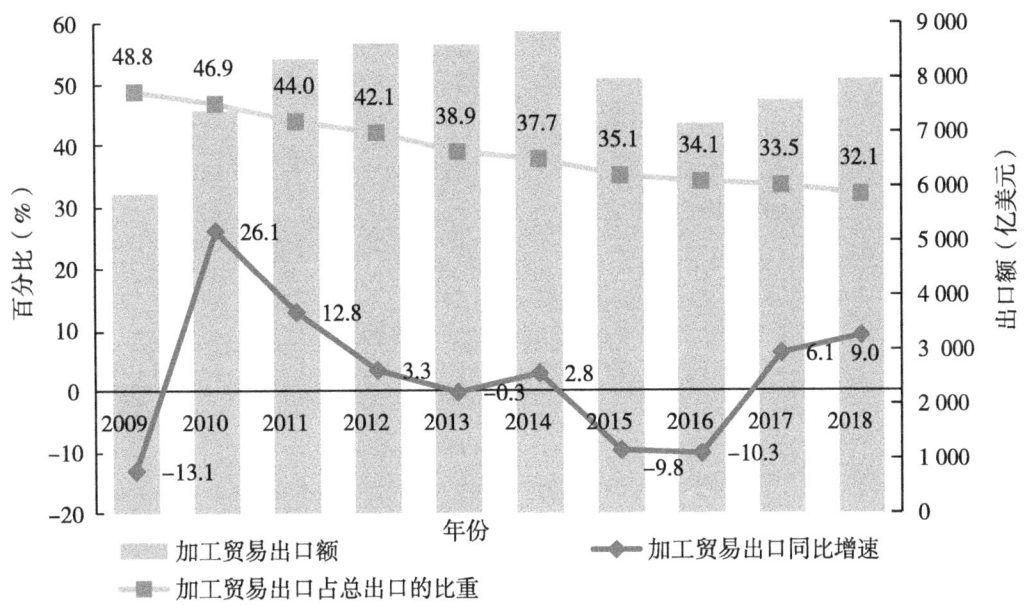

图 4-2 2009—2018 年中国加工贸易出口额变化情况

(四) 区域差距及部门生产率差异与外出转移就业

农村劳动力外出转移就业,很大程度上起源于城乡分离、城乡差距,这种差距主要体现在收入、基础设施和社会权利这三方面,是农民从农村向城市流动、从欠发达地区流向发达地区流动的基本"动力"。部门间巨大的生产率差异也是驱动农业劳动力向非农部门转移的重要原因。未来,城乡差距的缩小与逐步走向一体化,农民在农村也能享受到和城里差别不大的公共设施和公共服务,这将有利于吸引一部分农民再回乡工作,进而形成合理的城乡及地区人口分布。

从城乡差距看,城乡收入倍差在缩小,但绝对差额仍在扩大,使得转移呈现出本地农民工增速高于外出农民工增速的趋势。如图 4-3 所示,"六五"至"十一五"期间,平均的城乡收入倍差一直在扩大,从 1.95 上升到 3.09,其中:1978—2007 年,全国城乡居民收入倍差由 2.57 扩大到 3.14,达到峰值,1983 年为 40 年来我国城乡收入差距最低点,收入倍差 1.82。从 2007 年起,城乡收入比开始出现连续 12 年缩小的趋势,"十二五"和"十三五"前四年的城乡收入倍差分别为 2.81 和 2.69,到 2019 年为 2.64。尽管城乡收入比在缩小,但收入差距的绝对额仍在扩大,自 2008 年突破 1 万元后,到 2019 年扩大到 2.6 万元。

从地区差异看,中西部发展速度较快,与东部之间的差距在缩小,是农民工回流的重要原因之一。以人均地区生产总值为例,在发展差距方面,2019 年,东部、中部、

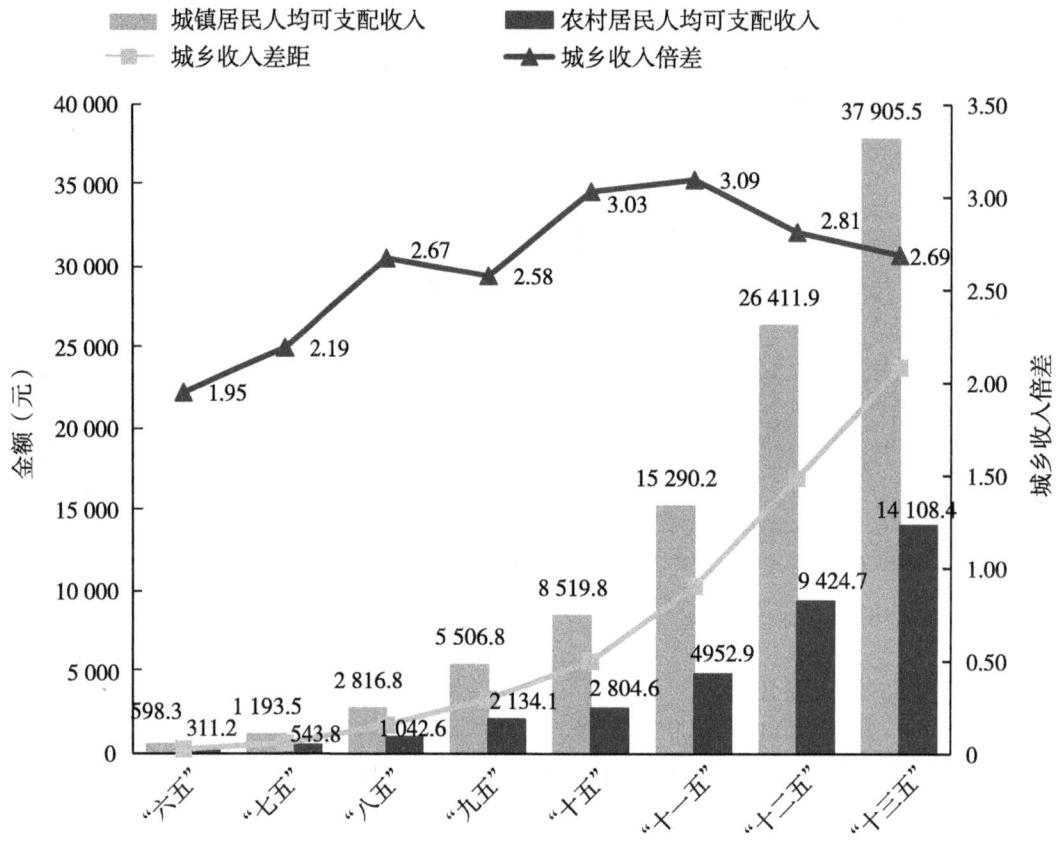

图 4-3　1978—2019 城乡居民人均可支配收入

数据来源：国家统计局，《中国统计年鉴》（1979—2019 年）。

注：从 2013 年开始，国家统计局正式实施了城乡一体化住户调查，统一发布全体居民可支配收入和按常住地区分组的城乡居民可支配收入。农村 2012 年及以前年份的数据继续沿用一体化以前使用的农村居民人均纯收入口径。

西部人均地区生产总值分别为 10.18 万元、5.81 万元、5.36 万元和 4.56 万元，东部和西部之间的相对差值，由 2004 年的 3.05 倍缩小到 2019 年的 1.9 倍，东部和中部之间的相对差距由 2004 年的 2.71 倍缩小到 2019 年的 1.75 倍。在发展速度方面，2013—2019 年，东部、中部、西部地区、东北地区人均地区生产总值年均增速分别为 7.2%、8.7%、7.0% 和，中部地区的发展速度领先于东部地区，各区域经济发展的相对差距有所缩小（图 4-4）。

从部门差距看，不同部门行业间巨大的生产率差异是农业劳动力向非农部门转移重要驱动力。农业生产率一直在提高，这是农业剩余劳动力出现并源源不断向非农部门转移的前提，而促使农业部门劳动力持续向非农部门转移的真正实现，则有赖于非农部门技术进步水平高于农业部门导致的两个部门的工资率的差距。统计数据显示，第一产业劳动生产率从 1978 年的 360 元/人增至 2019 年的 5 410 元/人，年均增长 123.2 元，是增长最慢的产业；第二产业劳动生产率增长速度最快，从 1978 年的 2 527 元/人迅速增至

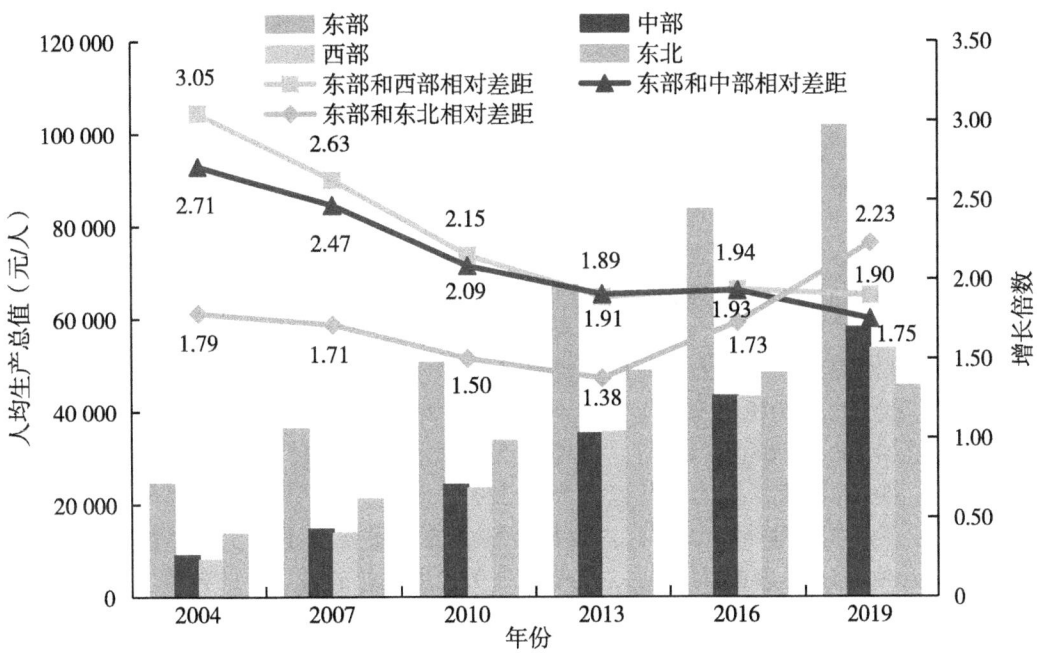

图 4-4 东部、中部、西部、东北地区人均生产总值

2019 年的 27 062 元/人,年均增长 598 元;第三产业劳动生产率从 1 850 元/人增至 21 720 元/人,年均增长 484.6 元。部门间巨大的生产率差异驱动了农村农业劳动力从第一产业向第二产业和第三产业转移(图 4-5)。

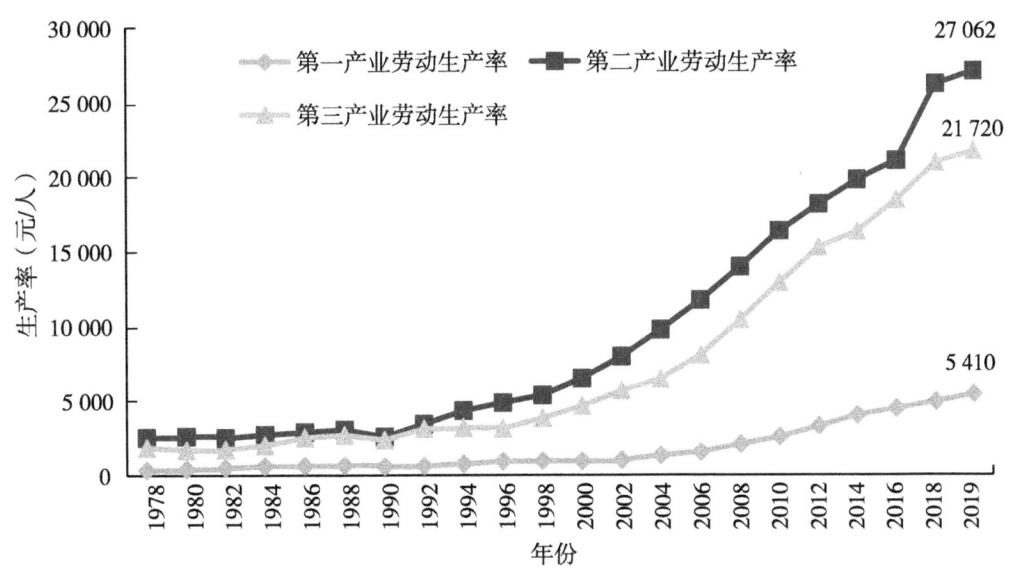

图 4-5 改革开放以来三次产业劳动生产率

数据来源:国家统计局,《中国统计年鉴》(1978—2019 年)。

注:分产业劳动生产率为该产业按 1978 年可比价格计算的实际 GDP 与该产业的就业人数之比。

二、外出务工就业现状及特点

外出转移就业指在户籍所在乡镇地域外从业的农民工,既包括外出非农就业也包括外出农业就业。

(一) 外出转移就业规模

外出务工仍是农村劳动力就业最重要的渠道,尽管增速在近年来趋于下降。外出农民工数量继续增长,2018年外出农民工规模为17 266万人,比2011年增加了1 403万人,年均增加200万人(图4-6)。但增速继续回落,从2011年2.6%的增速下降到2018年的0.5%的增速,年均增长速度为1.22%,低于农民工总量1.9%的增长速度。尽管外出务工人员增速下滑,但其占农村劳动力的比重还在不断上升,由2011年的34.42%上升到了2017年的44.23%,仍是农村劳动力就业的最主要的渠道。也就是说,将近每2个农村劳动力中就有1个人在家乡以外的地方持续6个月及以上的就业。

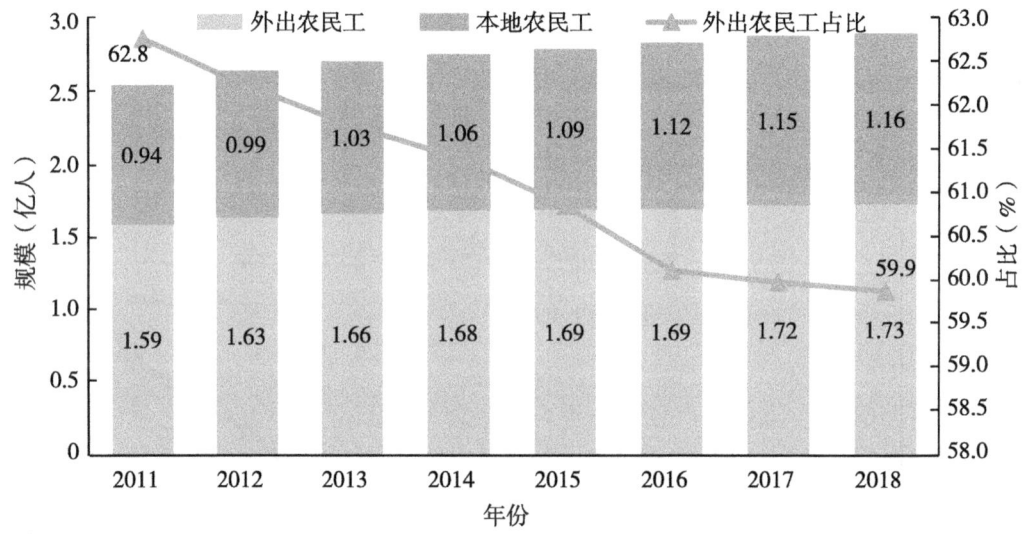

图4-6 2010—2018年外出农民工规模及增长情况

数据来源:国家统计局,《农民工监测调查报告》(2010—2018年)。

(二) 外出转移就业区域分布

外出农民工数量从高到低依次是中部、西部、东部。从输出地看,2018年,中部、西部和东部地区外出农民工数量分别为6 418万人、5 502万人和4 718万人,占比分别为37.17%、31.87%、27.33%。东部地区和东北地区,外出农民工规模变化不大,外出农民工数量的增加主要由中西部地区农民工增加所致(表4-2)。

表 4-2 外出农民工地区分布

地区	规模（万人）			比例（%）		
	2016 年	2017 年	2018 年	2016 年	2017 年	2018 年
东部地区	4 691	4 714	4 718	27.70	27.43	27.33
中部地区	6 290	6 392	6 418	37.14	37.20	37.17
西部地区	5 350	5 470	5 502	31.59	31.83	31.87
东北地区	603	609	628	3.56	3.54	3.64
跨省流动	7 666	7 675	7 594	45.27	44.66	43.98
省内流动	9 268	9 510	9 672	54.73	55.34	56.02
外出农民工总量	16 934	17 185	17 266			

数据来源：国家统计局，《农民工监测调查报告》（2010—2018 年）。

（三）外出劳动力就业环境

外出劳动力就业环境明显改善。外出务工农民工收入增长并快于本地农民工增速。2018 年，外出务工农民工月均收入 4 107 元，相比 2015 年增加了 748 元，增长 22.3%（图 4-7），而本地农民工在同时期月均收入只增加了 559 元，增幅为 20.1%，增速比本地务工农民工高 2.2 个百分点。进城农民工居住状况、教育、社会融合等都有一定提升。居住方面，2018 年，进城农民工人均居住面积 20.2 平方米，购买住房的进城农民工占 19%，2.9% 享受保障性住房，居住设施不断改善；进城农民工 3～5 岁随迁儿童入园率（含学前班）83.5%，义务教育阶段随迁儿童在校率 98.9%；进城农民工城镇归属感较为稳定，38% 认为自己是所居住城镇的"本地人"，组织化程度进一步提高，26.5% 参加过所在社区组织的活动。

三、转移就业演变规律及重要转折点

这里的转移就业既包括本地农民工，也包括外地农民工。农民工是指户籍仍在农村，年内在本地从事非农产业或外出从业 6 个月及以上的劳动者；本地农民工指在户籍所在乡镇地域以内从业的农民工；外出农民工指在户籍所在乡镇地域外从业的农民工。

（一）就业流向

农村劳动力转移就业流向经历了从就地转移为主到异地转移为主再到就近转移态势的过程。

1. 重要转折点

（1）转折点 1。1992 年，农村家庭住户外出就业劳动力数首次超过乡镇企业劳动

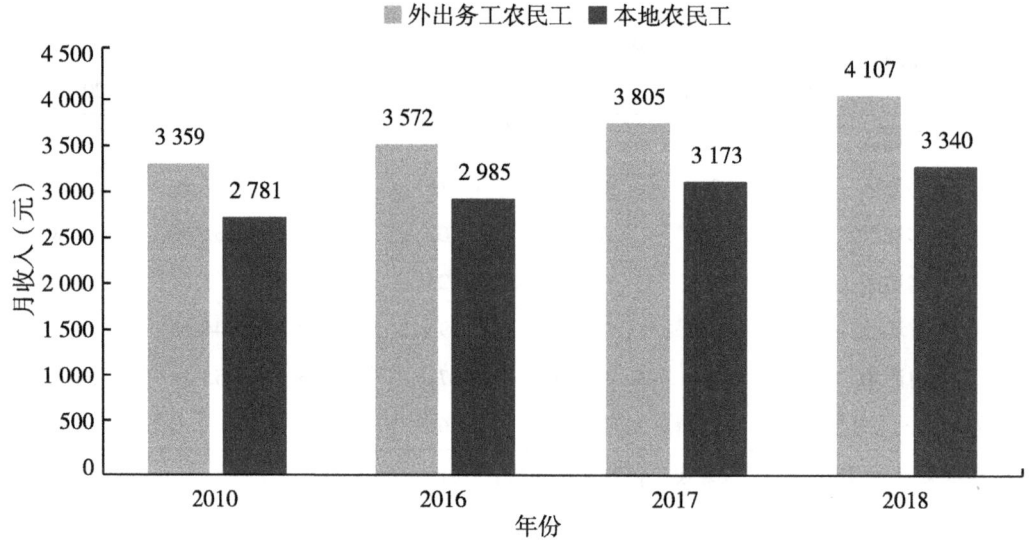

图 4-7　外出农民工月工资收入情况

力数。1992 年，平均每户常住人口中在外从事劳动的人数和在乡村企业的从业人数分别为 0.15 人和 0.14 人。这一趋势从 1997 年后逐渐增强，到 2000 年，平均每户常住人口中在外从事其他劳动的人数是在乡村企业的从业人数的近 2 倍（图 4-8）。

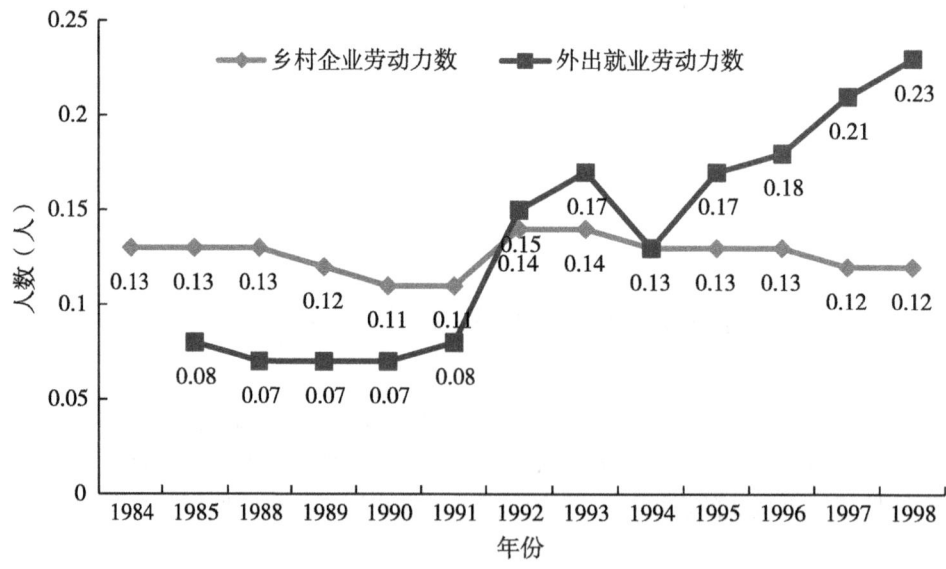

图 4-8　农村住户平均每户在乡镇企业及外出就业情况

资料来源：国家统计局，《中国农村统计年鉴》（1985—1999 年）。

（2）转折点 2。2011 年，外出农民工增速开始下降，且首次低于本地农民工增速。农村劳动力就地就近转移呈上升态势，主要体现为近年来本地农民工的比例在不断上升，并且增速快于外出农民工。2011 年外出农民工增速下降从 2010 年的 5.5% 下降到

2.6%，本地农民工增速为5.9%，首次高于外出农民工2.6%的增速，目前仍然呈现这一趋势。2018年全国农民工监测调查报告显示，2018年我国农民工总量中，外出农民工和本地农民工分别为1.73亿人和1.16亿人，分别同比增长0.6%和0.9%。本地农民工占总农民工的比重从2011年的37.25%上升到2018年的40.12%，提高了2.87个百分点（图4-9）。与此同时，2011年，全国外出务工省内规模首次超过跨省规模，2011年全国外出务工省内规模占比53%，在2011—2018年提高了3个百分点，2018年达到56%。其中，西部地区外出农民工偏好于省内流动趋势更明显，从2011年的43%增加到2018年的50.4%。这些变化表明，农民工的"回流"与就地就近流动的趋势正在显现（图4-10）。

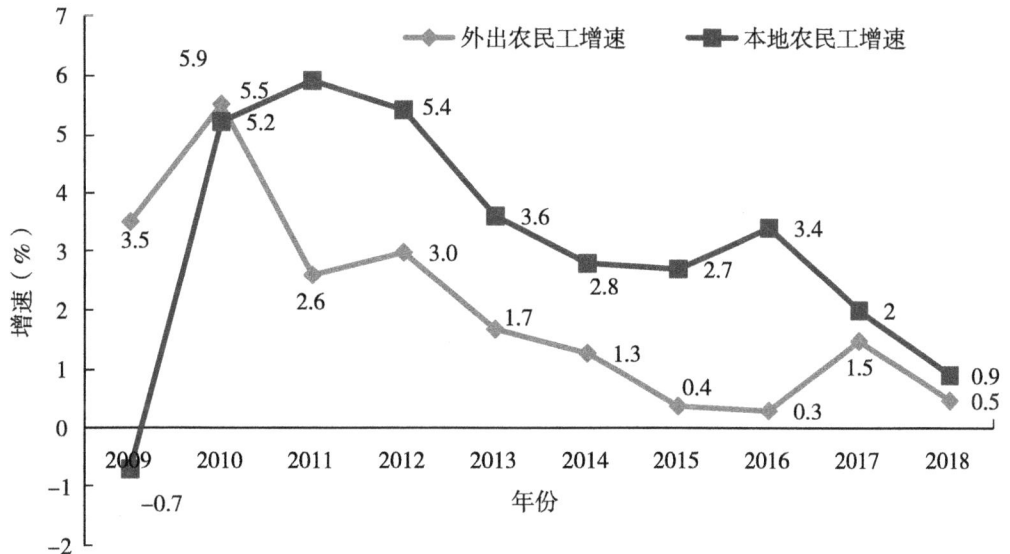

图4-9 本地农民工与外地农民工的增速变化情况

数据来源：国家统计局，《农民工监测调查报告》（2010—2018年）。

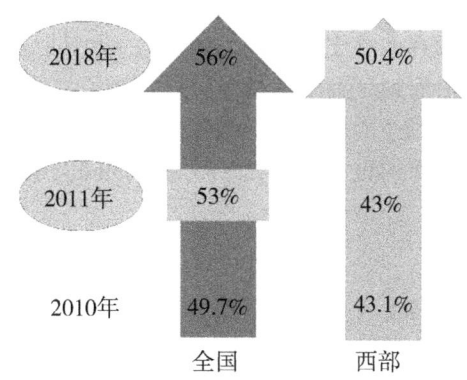

图4-10 外出农民工省内流动与省外流动规模占比变化

2. 农民工回流原因探析

城市生活成本高涨、就业环境景气下降，农民工生活压力大、就业难问题突出，迫使其回归乡村。2014年以来，城市生活成本上升速度持续快于农村，尤其是城市房租水平经历了较大幅度增长，如：2018年一线城市房租水平的平均涨幅超过20%，二线城市房租涨幅也超过了两位数，农民工收入的增速仅在6.8%左右，远落后于房租水平的上升，外出农民工居住成本占生活消费支出比例高达45%左右，仅房租这一项就给外出农民工带来了不小负担。受到经济下行的冲击，城市就业环境景气下降，进一半在制造业和建筑业中的就业农民工的就业压力上升。同时，党的十九大报告提出调整城镇化战略，明确了"严控两大，激活两小"的新城镇化发展方针，把小城市和小城镇作为推进城镇化发展的重要承载地。为此，以北上广深为代表的超大型城市近年来通过调整产业发展目录和规制住房市场等强力措施，压减人口规模和城市就业空间，农村劳动力受影响首当其冲。

高龄农民工由于年龄、体力、技术等约束退出城市劳动力市场，回归乡村。高龄农民工普遍文化水平低且缺乏技能，长期在建筑、采矿等行业从事重体力劳动，但他们的体力随着年龄的增长而加速衰减，遭遇工伤的风险增大，许多高龄农民工因为高强度劳动面临严重的健康问题，这使得传统用人单位大多不愿招收高龄农民工。有些民营企业明确规定不招收45岁以上的农民工，有的企业甚至将用工上限设定为40岁。虽然城市新经济创造了许多岗位，但新兴行业的就业门槛相对较高，技能偏低的高龄农民工难以在新经济中获得职位。统计资料显示，50岁以上高龄农民工是农民工中接受技能培训比重最低的群体，2013年和2012年他们接受培训的比例分别只有25.9%和25.5%。可以预见，这部分50岁以上高龄农民工将返回乡村，或就地就近就业或回归农业，发挥余热，抑或退休退出劳动力市场。

农村新产业、新业态的发展良好、产业逐步向中西部转移趋势以及国家对农民工返乡就业创业的大力支持，促进更多农民工回流。乡村振兴战略的推进，农村新产业、新业态进入发展的黄金时期，国家政策层面上对于农民工返乡就业创业也给予了大力支持，为农民工创造更多就地就近就业机会，有利于农民工返乡良好局面的形成。与此同时，中西部地区及乡村基础设施日益完善，再加上中西部地区及乡村相对工资较低的人口红利、土地优势、乡村振兴战略支持乡村发展的政策红利，使其具有承接产业转移得天独厚的优势。当前东部沿海地区要素向外转移已成燎原之势，浩浩荡荡，为中西部及乡村超常规发展提供了千载难逢的机遇。中西部的传统农民工输出大省将承接东部地区的产业转移作为盘活地方经济的重要抓手，产业迁移的同时也促进就业人口的回流。

（二）就业行业

农村劳动力转移就业在各个行业的规模随着经济转型升级而调整，农村劳动力转移就业行业历经了从劳动密集型制造业为主导到劳动密集型建筑业为主导再到劳动密集型服务业为主导的过程。

（1）转折点1。2008年，建筑业接棒制造业成为吸纳农村劳动力就业第一行业。2008年之前，劳动密集型制造业的发展推动了农村劳动力转移就业的井喷，多达

8 385万农民工在制造业实现就业。为应对国际金融危机，2008—2013年间基础设施建设和城镇化进入加速通道，建筑业成为吸纳农村劳动力的第一大行业，年均新增农村劳动力就业超过570万人。

（2）转折点2。2013年开始，服务业发挥农村劳动力就业的"稳定器"功能。2013—2018年，制造业和建筑业吸纳的农民工分别减少400万人和750万人，2013年之后，经济发展乏力，城市各类投资下降，传统劳动密集型制造业和建筑业吸纳农村劳动力的空间大幅减少，年均分别减少79万人和149万人。此时，服务业发挥了农村劳动力的就业"稳定器"功能，吸纳了大量制造业和建筑业流出的劳动力。劳动密集型服务业尤为引人注目，劳动密集型服务业增加就业超过1 600万人，其中：批发零售和居民服务、修理和其他服务业2013—2018年年均新增就业分别达90.03万人和133.45万人，两者对劳动密集型服务业农民工就业增加的贡献率高达66.85%，已显示出对吸纳大量中低端农村劳动力就业的巨大潜力（图4-11）。

（3）转折点3。2018年，农民工在第三产业就业的人数首次超过第二产业（图4-3）。近年来从事第二产业的农民工比重逐年回落，从2013年的56.8%下降到2017年的51.5%，再到2018年首次降到50%以下，为49.1%。与此相对应，在第三产业就业农民工比重快速提升，2013—2018年，增加了7.9个百分点。生活水平提高、老龄化提升导致家政服务业需求的剧增，第三产业中居民服务、修理和其他服务业成为吸收农民工就业的主要产业，占比和增长都位居第三产业之首，2018年占比达12.2%，相比2013年增长了1.6个百分点。农民工从事农业的人数很少且近年来没有太大变化，2013—2018年，农民工第一产业就业比重基本在0.4%~0.6%。

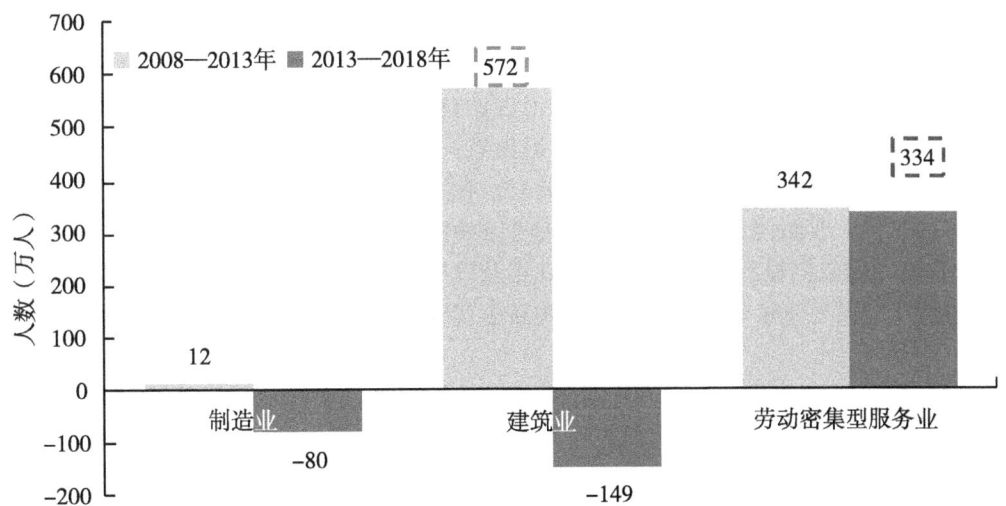

图4-11 各阶段主要行业农村劳动力转移就业人数年均变化

资料来源：根据国家统计局《农民工监测调查报告》（2008—2018年）的数据计算而来。

注：由于农民工监测自2008年开始统计，所以此处没有对2008年之前主要由制造业主导的就业阶段进行列示。劳动密集型服务业包括批发和零售业、交通运输、仓储和邮政业，住宿和餐饮业，居民服务、修理和其他服务业。

表 4-3　农民工的就业行业情况

项目	2013 年	2014 年	2015 年	2016 年	2017 年	2018 年
第一产业	0.6	0.5	0.4	0.4	0.5	0.4
第二产业	56.8	56.6	55.1	52.9	51.5	49.1
制造业	31.4	31.3	31.1	30.5	29.9	27.9
建筑业	22.2	22.3	21.1	19.7	18.9	18.6
第三产业	42.6	42.9	44.5	46.7	48.0	50.5
批发和零售业	11.3	11.4	11.9	12.3	12.3	12.1
交通运输、仓储和邮政业	6.3	6.5	6.4	6.4	6.6	6.6
住宿和餐饮业	5.9	6.0	5.8	5.9	6.2	6.7
居民服务、修理和其他服务业	10.6	10.2	10.6	11.1	11.3	12.2
其他				11.0	11.6	3.5

资料来源：国家统计局，《农民工监测调查报告》（2013—2017 年）。

（三）就业主体

农村转移劳动力经历了代际转换，从 20 世纪 80 年代就转移到城市务工经商的第一代农民工到现在以 80 后、90 后为主的新生代农民工，未来农民工将着力于向市民化农民工、创业型农民工、职业型农民工转型。

（1）转折点。2017 年，新生代农民工占比首次过半，成为农民工的主体。第一代农民工大多年龄已经 60 岁左右，不少已退出农民工的行列，他们中的绝大多数并没有在流入地城市定居养老，而是返回农村老家，有的继续从事家庭农业，有的则在家照看自家的第三代，取而代之外出打工的是他们的第二代，即新生代农民工。国家统计局（2018）公布的数据显示，2017 年，1980 年及以后出生的新生代农民工占比首次过半，已经占全国农民工总量的 50.5%，这说明新生代农民工已经成为农民工的主体（图 4-12）。

（2）未来转型方向。向市民化农民工、创业型农民工和职业性农民工转型。经济下滑、城市就业空间压缩等使农民工面临转型发展和城市融入的系列挑战，中央提出的农业农村、就业、教育优先发展，加快农业转移人口市民化，实施乡村振兴战略等重大举措，对农民工的转型发展提供了重要机遇。户籍制度改革的深化，城市群基础上大中小城市和小城镇的协调发展以及城市治理体系的完善，将有助于推动农业转移人口向市民化农民工转型；近年来在"大众创业、万众创新"的政策号召和创业环境改善下，有力地促进了农民工在城市创业和返乡创业，未来农民工向创业型农民工转型是一个重要趋势；农民工群体的职业能力仍处于较低的水平，与产业升级的需求提高之间的矛盾突出，以多形式、多层次地加快农村职业教育和农民工职业培训，提高农民就业适应能力和职业技能，使农民工向职业型农民工转型（黄祖辉和胡伟斌，2019）。

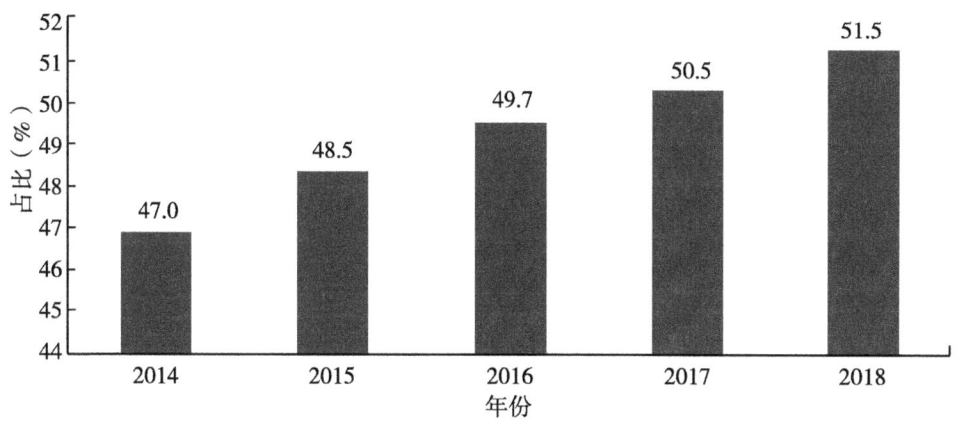

图 4-12 新生代农民工占比变化

四、农村劳动力外出务工就业面临的问题

（一）城乡劳动力市场分割和歧视

（1）劳动力市场分割状态没有完全打破，劳动力在城乡、不同部门、不同市场之间的流动受阻。传统的户籍制度、计划经济体制及其劳动用工制度等制约着劳动力在城乡之间、地域之间的自由流动，形成了国有部门与非国有部门之间、主要劳动力市场与次要劳动力市场之间的不同分割形式。首先，户籍制度造成了劳动力市场的城乡分割。改革开放前，整个国家是标准的城乡二元结构，改革开放后，农民虽然可以到城市打工，但在医疗、就业、教育以及社会保障方面仍然与城市居民有很大区别，阻碍了农村劳动力向城镇流动以及城乡劳动力跨地区自由流动，劳动力市场的城乡分割并没有从根本上改变。其次，传统计划经济体制造成的一级和二级劳动力市场的分割。一级劳动力市场相对稳定、保障水平高，一旦进入则一生无忧，二级劳动力市场流动性强，保障水平不一。两者之间的劳动力流动十分困难，二级劳动力市场上的劳动者很难进入一级劳动力市场就业，而一级劳动力市场上的劳动者即便在失业状态下也不愿意进入二级劳动力市场就业。劳动力市场的分割使得农民工在就业中处于极为不利的境地。当前，大批进城务工和从事服务业的农民基本上只能集中在以建筑施工业、电子电器业、制衣制鞋业、住宿餐饮业等为主要行业的二级劳动力市场上就业。

（2）劳动力市场各种形式的歧视依然比较严重，市场的平等就业权利远没有实现。劳动力市场户籍歧视、性别歧视、年龄歧视、学历歧视等现象比较突出。一是户籍歧视。农民身份不仅将农民工阻隔在水平较高的城镇社会保障制度之外，而且还将他们大量挤入了城市低端劳动力市场，形成了具有中国特色的就业机会户籍不平等现象。与城镇职工相比，农民工在职业获得、行业进入、所有制部门以及工资待遇等方面仍存在不同程度的户籍歧视。新生代农民工希望得到更多的人格尊重和人文关怀与一味地依靠劳动力低成本来谋求企业收益最大化的传统经营方式之间的矛盾使得农民工与企业的相互认同与融合不够，一些地方不同程度存在着排斥农民工的现象，使得农民工融入当地的程度并不高，基层政府现有管理与服务也存在跟不上农民工的输入规模与现实需求等现实困境。

（二）公共就业服务体系不完善

一是劳动力市场信息化水平有待进一步提高。当前劳动力市场信息网络基础设施建设滞后，信息联网、贯通程度不高、人才市场与劳动力市场普遍没有实现联网、贯通，劳动力市场信息网络提供的信息数量不足，质量不高，时效性差，甚至有虚假信息。劳动力市场信息网络的设备落后、设施落后、技术落后劳动力市场信息网络服务的内容单一，难以满足客户多元化的、不断变化的复杂需求等问题。劳动力市场的监测体系发展滞后，目前仅限于有限的信息收集、发布，尤其是缺乏专门的农村劳动力就业信息采集制度和信息服务大数据平台，无法对农村劳动力就业的重点区域、重点行业、重点企业等进行动态监测预警，及时准确分析研判就业形势。

二是就业服务体系不健全。职业介绍机构的数量偏少，设施落后，功能不完善，从业人员素质不高，职业介绍的成功率低。国家对农民工职业教育和培训的投入不足，职业教育和劳动培训机构的条件落后，职业教育和劳动培训的内容、方式与水平同社会和受训人员的需求有一定的差距，影响了职业教育和劳动培训的效果。公共就业服务体系难以实现城乡均等，由于经费短缺，现有公共就业服务机构服务项目单一、服务的针对性和专业性不强，难以实现为广大求职人员提供优质公共就业服务的要求，如：农民工工资支付监管平台推广应用力度不够，农民工工资支付网上动态监管不足，难以确保农民工工资按时足额发放。

（三）农民工权益保护不够

（1）农民工子女教育问题突出，劳资矛盾冲突不断。进城农民工随迁儿童本地升学（入园）难、费用高依然是反映最多的两个问题。2011—2018年，进城务工人员随迁子女就读公办学校的比例一直徘徊在80%左右，有大量的随迁子女因为学位不足或者升学门槛高的原因被迫返乡。同时，由工资待遇引发的员工群体性事件和由欠薪引发的农民工讨薪事件频发。恶劣的工作条件、超时加班等问题普遍存在。2016年，农民工年从业时间平均为10个月，月从业时间平均为24.9天，日从业时间平均为8.5个小时，日从业时间超过8小时的农民工占64.4%，周从业时间超过44小时的农民工占78.4%；与雇主或单位签订了劳动合同的农民工比重仅为35.1%，被拖欠工资农民工数量高达236.9万人，农民工的权益得不到有效保护。

（2）劳动力市场组织化程度不够，保护不平等现象严重。非正规就业的快速增长、工会的作用不足以及劳动力市场安全性与灵活性两极化使得侵害劳动者合法权益现象正在加剧。农民工"边缘灵活性"突出，侵害劳动者合法权益现象严重。非正规就业数量急剧增加产生了大量无人组织、无人管理的自发劳动力市场如街头劳动力市场等，他们很多与用人单位没有签订劳动合同，很多私营企业主安排雇员超时加班、拖欠和克扣雇员工资等，使劳动争议的预防和处理面临巨大压力。

第五章

新时期农村劳动力就业形势和挑战

一、农村劳动力就业新形势

(一) 乡村振兴、城乡融合和就业优先三大战略统筹推进,带来就业新利好

1. 乡村振兴实施,为农民创造第三就业空间提供了良好机遇

实施乡村振兴战略,是党的十九大作出的重大战略部署,是决胜全面建成小康社会、全面建设社会主义现代化国家的重大历史任务,是新时代"三农"工作的总抓手。以土地为载体的农业就业是农民就业的第一空间,农民外出务工经商、农民到城镇到非农产业就业,这是农民的第二就业空间。但仅仅靠第一、第二就业空间还不够。乡村振兴战略,提出要推动农村一二三产业融合发展,发展农村的新产业、新业态,能够为城乡融合发展提供广阔产业空间,让农村在耕地之外能为农民创造更多的就业机会,开辟更多创业渠道,成为农民就业的第三空间。随着乡村振兴的深入推进,近几年发展起来的农村电商、乡村旅游、康养等产业,都为农民提供了新的就业机会。

2. 城乡融合推进,在更大空间范围内为农村劳动力提供更多更优质的就业岗位

2019年《中共中央 国务院关于建立健全城乡融合发展体制机制和政策体系的意见》,给出了城乡融合发展的崭新路线图,指出要破除妨碍城乡要素自由流动和平等交换的体制机制壁垒,促进城乡公共服务均等化,推动城乡基础设施建设一体化,缩小城乡产业差距。目前,国家发改委发布《2020年新型城镇化建设和城乡融合发展重点任务》,提出将县城打造成为新型城镇化的重要载体,规范发展好特色小镇,为吸纳农业转移人口和推进城乡产业融合提供平台;推进城乡产业融合,将衍生出多元化、融合化的现代农业生产经营模式,持续推动产村、产城融合,让农村劳动力有更大的就业选择余地。同时,上述举措将激发对补齐农村基础设施和公共服务短板的有效投资,促进乡村经济多元化和农业全产业链发展,为农村劳动力创造更多的就地就近就业的机会。

3. 就业优先战略全面强化,确保就业稳定

就业优先全面强化,从促进政策向服务宏观调控升级。2019年3月,在习近平总书记发表的重要讲话和李克强总理的政府工作报告中,"民生"一词被多次提及,十九大报告中也将"坚持在发展中保障和改善民生"作为基本方略之一。相应地,2019年政府工作报告首次将"就业优先"提到政策宏观层面,强调"必须把就业摆在更加突出位置"。意味着就业目标以及劳动力市场各类信号将同财政、货币及金融等政策一样,被纳入宏观经济政策抉择中予以考量、决策和执行。当前,新冠肺炎疫情蔓延下的就业形势更为严峻,2020年政府工作报告将稳就业放在"六稳"的首要位置,全面强化就业优先政策,提出"促就业举措要应出尽出,拓岗位办法要能用尽用"。农民工作为就业工作中的重点群体,稳定农民工就业,对于稳定就业和社会的基本盘具有重要意义。《政府工作报告》提出,实行农民工在就业地平等享受就业服务政策,延长社保降费期限,发放以工代训补贴,助力企业纾困稳岗。同时,积极完善相关政策、制度安排

尽快补齐新就业形态方面的短板，让新就业形态成为农民工城镇新增就业的重要力量。

（二）"一带一路"建设，带动农民工出国务工迎来新机遇

1. "一带一路"倡议下，对外劳务合作强劲

2013年以来，中国对外劳务合作保持稳定发展态势，劳务派遣规模逐步扩大。2012年对外劳务合作派出人数为50万人，期末在外人数为85万人，到2015年，对外劳务派出人数增长到53万人，期末在外人数突破100万人，随后几年保持平稳，2019年期末在外人数保持在100万人规模（表5-1）。按照在外劳务人员来源16.8%来源于城镇，83.2%来自农村（周云岩，2019）的比例推算，我国"走出去"的农村劳动力2019年大约为82.5万人。从走出去从事的行业来看，主要向建筑、制造和交通运输等劳动密集型行业集中，2019年末，这三大行业合计在外人数约71.83万人，占到总体的72.4%（图5-1）。其中，建筑业在外人数42.5万人，占比达到44.25%；制造业在外人数15.85万人，占比为16.5%。

而"一带一路"倡议提出以来，中国与沿线国家在基础设施建设、产能合作和对外投资方面日益加强，在推动沿线国家经济增长的同时，在引领农村劳动力"走出去"方面也迎来新机遇。"一带一路"连接60多个国家和地区，这些国家和地区社会经济发展水平不一，对劳动力需求多样。按照2018年对外承包工程完成营业额1 217亿美元，而其中"一带一路"国家业务贡献率为53.7%，对外劳务合作规模占总体比重超过30%（郑晓明，2019）来估算的话，"一带一路"建设带动的农村劳动力"走出去"人数大约在25万人。

表5-1 2012—2019年度派出人数、期末在外总数及农村劳动力人数统计

（单位：万人）

年份	年度派出	期末在外	期末在外的农村劳动力
2012	50	85	70.7
2013	52.7	85.3	71.0
2014	56.2	100.6	83.7
2015	53	102.7	85.4
2016	49.4	96.9	80.6
2017	52.2	97.9	81.5
2018	49.2	99.7	83.0
2019	48.7	99.2	82.5

资料来源：根据中华人民共和国商务部、中国对外承包工程商会《中国对外劳务合作发展报告（2017—2018年）》，以及山东省国际承包劳务商会的《2019年中国对外劳务合作行业发展述评》的资料整理而来。

2. "一带一路"对外劳务合作，拓宽了贫困人口就业渠道

多年来，对外劳务合作为脱贫攻坚作出了积极贡献，随着"一带一路"倡议的全面深入推进，"一带一路"沿线的对外投资、对外承包工程、经贸合作区建设稳步推进，在带动贫困地区经济发展、帮助外派贫困劳动力脱贫致富，解决相对贫困、巩固脱

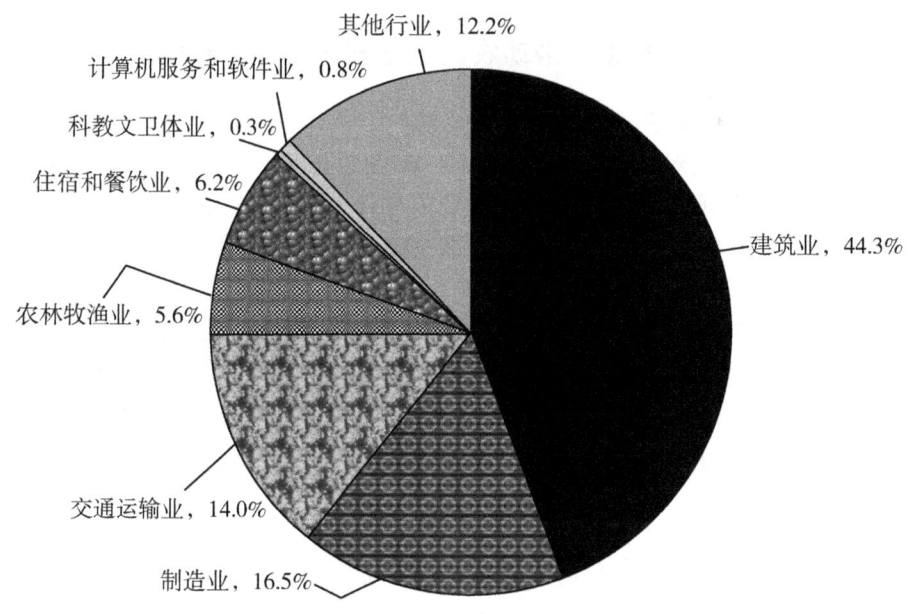

图 5-1 2019 年年末我国在外各类劳务人员行业构成情况
数据来源：商务部统计数据整理。

贫成果方面继续发挥重要作用。为加大对外劳务扶贫力度，商务部、财政部、国务院扶贫办、共青团中央制定了《进一步加大对外劳务扶贫力度工作方案》，将脱贫攻坚与对外劳务合作有机结合起来，通过对外劳务合作拓宽贫困劳动力就业渠道，提升劳动技能，增加收入，助力贫困人口脱贫致富。同时，组织开展试点，在派出劳务人员较多的对外投资合作企业中选择 100 家与贫困县开展扶贫试点，其中在重点国别开展业务的企业每年从贫困县派出劳务人员或从非贫困县派出建档立卡贫困劳动力不少于新派出人数的 10%。鼓励对外劳务合作和对外承包工程企业以及其他对外投资合作企业优先招收建档立卡贫困劳动力。如：部分企业将外派中餐厨师工作与国家扶贫攻坚相结合。恒德公司在济南、滨州、东阿、垦利、乳山、牟平等地设立分公司，在河北、河南、安徽、山西、陕西、贵州、四川等省设立面向贫困家庭的招生基地，对贫困地区的中餐厨师减免部分服务费，在当地架起了中餐厨师海外安全就业的桥梁，使更多人实现"一人出国，全家脱贫"的目标。

（三）东部沿海产业转移，为中西部扩大本地就业空间提供良好新契机

1. 各级政府出台政策支持产业梯度转移

21 世纪以来，东部沿海地区的生产力发展遇到了极大挑战。2005 年，改革开放的排头兵深圳提出 4 个"难以为继"——即土地、空间有限难以为继；能源、水资源短缺难以为继；人口不堪重负难以为继；环境承载力严重透支难以为继。深圳的情况是东部沿海地区的一个缩影。在此背景下，各级政府出台政策，积极推动东部沿海地区相关

产业向中西部转移。如：2006年，商务部会同相关部门积极推动加工贸易梯度转移工作，开始实施"万商西进工程"；2007年10月，商务部认定中部六省的南昌、赣州、郴州、武汉、新乡、焦作、合肥、芜湖、太原9个城市为加工贸易梯度转移重点承接地；2008年4月，商务部又认定西安、重庆等22个中西部城市为第二批加工贸易梯度转移重点承接地。2008年10月，由商务部主办全国第一家"产业转移促进中心"在江苏省昆山市揭牌；12月，全国第二家产业转移促进中心在上海成立……截至目前，商务部和相关部门在欠发达地区共同培育认定了44个加工贸易梯度转移重点承接地和3个承接转移示范地的建设，出台了促进重点承接地发展的指导意见，鼓励承接地完善基础设施建设、强化公共服务支撑、开展人员培训及招商引资活动等，进而实现以点带面，带动整个中西部地区外向型经济的发展。地方政府通过设立加工贸易发展资金，对加工贸易企业实行补贴等方式支持大力承接东部产业梯度转移。

2. 加工贸易和劳动密集型产业的转移势头良好

总体来看，东部沿海地区向中西部转移的产业有传统劳动密集型产业（如服装、五金、玩具、制鞋、包装等）、资源型产业（如陶瓷、水泥等建材工业）、家具产业、有色金属产业（如再生金属冶炼产品、有色金属合金冶炼或压铸产品等）、资本密集型产业中的加工制造环节（如IT产品制造、家电制造等）。目前，中西部承接加工贸易产业转移项目发展迅猛，加工贸易进出口在全国占比已由2006年的2.5%上升到2012年的10%，重点承接地加工贸易进出口占中西部地区比重超过80%。其中：河南、四川、重庆、湖南等省市利用当地的资源、人力成本等优势，不断完善基础设施和物流条件，增强配套水平，提高承接能力，几年来在电子信息、制鞋等领域积极承接东部转移项目，逐步形成产业集聚，加工贸易进出口额分别从2006年的26亿美元、23亿美元、4.4亿美元和5.6亿美元增加到2012年的303.4亿美元、287亿美元、173亿美元和64亿美元。目前，这一转移的趋势还在继续。2019年上半年中西部地区整体的外贸增速继续领跑全国，总体看，西部12省（区、市）进出口增速为14%，高于全国进出口整体增速10.1个百分点；中部6省进出口增速为8.1%，高于同期全国增速的4.2%。从分省情况看，同比增长超过20%的5个省（区、市）中，有4个位于中西部地区①。湖南增速为40.1%，广西为24.8%，东北地区的黑龙江也达到21.5%。在具体拉动因素中，中西部地区加工贸易、与"一带一路"沿线国家的进出口贡献较大。以增速第二的湖南为例，2019年上半年加工贸易进出口同比增长17%，对"一带一路"沿线国家进出口额同比增长53.6%。

3. 产业梯度转移给中西部地区创造了大量本地就业岗位

中西部地区相对工资较低的人口红利、土地优势、中央及对口支援省市支持发展的政策红利使其具有承接产业转移得天独厚的优势。成渝、长江中游、中原地区、关中平原等城市群快速发展，西部陆海新通道启动建设，制造业向西转移的基础条件变好，劳动力输出大省就业空间更广。以作者对新疆和田对口支援的调研为例，帮助和田地区承

---

① 资料来源：国务院新闻办公室（2019-07-12）.新闻办就2019年上半年进出口情况举行发布会［EB/OL］.［2020-8-15］.http://www.gov.cn/xinwen/2019-07/12/content_5408746.htm。

接产业转移是对口支援单位促进农民就业的重要举措。主要采取"建园区、招企业"等经验做法，通过建设各类产业园区，发挥园区的产业聚集能力，以援助省市企业为重点开展招商引资，成立援疆企业商会，进行产业转移，推动和田地区工业产业结构调整，经济转型升级，带动农民就业增收。如：北京通过建立北京和田工业园区，吸引纺织企业、农产品加工企业等产业转移主体入驻，2018年企业完成固定资产投资2.3亿元，工业总产值11.45亿元，解决了就业9 863人；安徽以推进就地就近就业为目标，聚焦制鞋、电子、农副产品深加工等劳动密集型产业进行招商引资，截至2018年年底，皮山县共有各类招商引资企业82家（成功投产52家），工业总产值达4.8亿元，带动就业5 300余人。天津市以建设东三县天津工业园区、小微企业孵化园、农牧民创业孵化园为抓手，落实和田地区"县有工业园区、乡有片区工厂、村有扶贫车间"的要求，积极开展招商，承接东部产业转移。仅2018年，东三县落户企业44家，其中已开工企业23家，新增就业4 000多人。

二、农村劳动力就业新挑战

（一）全球化就业红利消逝风险增加

全球经济增长乏力，贸易保护主义、单边主义、民粹主义暗流涌动，主要国家劳动力相对成本发生巨大变化，我国外向型制造业发展前景不容乐观，出口部门对农村劳动力的吸纳能力减弱。

1. 出口部门岗位向发展中国家流

我国制造业农民工工资不断攀升，劳动力成本优势逐步减弱。我国制造业年平均工资由1978年的597元上升到2007年的20 884元，提高了35倍。尤其近年来，我国人口结构的变化（60岁及以上人口占比已达13.26%）及社会保障制度的不断完善，很多省市逐步提高最低工资标准，比如：以制造业闻名的东莞等广东省二类地区的月最低工资标准已从2010年的920元提高到2020年的1 720元，提高了87%，上海、北京、深圳2020年的最低工资标准分别为2 480元、2 200元和2 200元。最低工资标准提高的同时，制造业农村劳动力成本上升趋势更为明显。农民工监测报告显示，2012—2019年，制造业农民工工资的同比增速的平均值为9.6%（表5-2），高于同时期整体农民工工资同比增速的平均值（8.63%）。

表5-2 制造业农民工工资变化情况

年份	制造业农民工月均收入（元）	制造业农民工工资增速（%）	农民工工资增速（%）
2012	2 130	10.9	11.8
2013	2 537	19.1	13.9

(续表)

年份	制造业农民工月均收入（元）	制造业农民工工资增速（%）	农民工工资增速（%）
2014	2 832	11.6	9.8
2015	2 970	4.9	7.2
2016	3 233	8.9	6.6
2017	3 444	6.5	6.4
2018	3 732	8.4	6.8
2019	3 958	6.1	6.5
平均值	3 105	9.6	8.6

数据来源：根据《农民工监测报告》（2012—2019 年）的数据整理计算而来。

印度、越南劳动力成本优势越来越明显，全球制造工厂逐渐向他们转移，农民工用工需求压缩。林采宜（2017）的研究认为，印度、越南未来的人口红利强于中国。2021 年，中国的潜在劳动力将减少 414 万，降到 10.27 亿，而同期印度的潜在劳动力人口将增加到 10.23 亿，印度、越南在未来 5~10 年间的劳动力人口的规模优势将继续扩大。两国制造业的劳动成本明显低于中国。2012—2019 年，中国制造业农民工工资年均增长 9.55%，2019 年达到 3 962 元。而同时期，印度制造业工人月工资仅约 1 000 元人民币，柬埔寨衣鞋厂工人的最低工资标准约 1 255 元，明显低于我国同行业水平。由此，造成纺织、服装、印染、制鞋、皮革制造、电子家电、塑料制品等劳动密集型产业或生产环节外转速度较快。越来越多的中国企业到柬埔寨、印尼考察投资环境、投资设厂，2013 年上半年，我国对越南实际投资约 7 000 万美元，同比增长 54%。同时，我国加工贸易从 2013 年的 8 600.4 亿美元降为 2017 年的 7 588.3 亿美元，从事加工贸易出口的就业人数下降了约 250 万（卓贤和黄金，2019）。

2. 跨国公司岗位向发达国家回流

在中国劳动力成本与发达国家差距缩小、中国对外国企业税收优惠政策取消、发达国家"再工业化"战略实施以及高失业率和经济危机等多重因素影响下，发达国家成本导向型企业和高端制造业回流趋势明显。这给我国制造业带来冲击的同时，尤其对那些在外向型经济体内就业的农村劳动力构成威胁。

以美国为例，根据美国回流倡议组织统计（表 5-3），2000 年以来，美国回迁的企业已经达到 4 660 家，回流的就业岗位达到 75.5 万个，平均每个回流企业可带动 162 人就业。制造业回流的新增就业大约占制造业新增就业的 1/3，其中 2017 年的制造业回流对制造业新增就业的贡献达到 44%。而这其中，从中国回流的岗位和企业都位居第一（图 5-2）。2010—2018 年，由中国回流至美国的企业达 791 家，中国制造业回流美国的就业岗位高达 6.4 万个，占全部回流岗位的比例高达 59%。发达国家制造业不断地迁回本土生产，这不可避免地影响我国制造业的发展，对中国上下游产业岗位带来乘数级的削减，农村劳动力外转就业空间将进一步压缩。

表 5-3 2010—2018 年赴美 FDI 和外包企业回流及其就业带动效果

产业	岗位数（个）	公司数（家）	各产业回流岗位数占比（%）
交通设备	243 766	772	32
计算机、电子产品	87 484	416	12
电气设备、电器和远见	76 409	375	10
化学品	75 799	409	10
塑胶产品	41 452	351	5
服装/纺织	38 623	560	5
木材及纸制品	38 330	116	4
机械	27 842	269	3
金属制品	25 427	365	3
医疗设备和用品	22 374	124	3
初级金属制品	19 365	113	2
食物和饮料	14 897	132	1
家具及相关产品	11 104	169	1
非金属矿物产品	10 336	90	1
其他	8 030	97	1
Hobbies（subset of Miscellaneous）	7 042	229	1
铸件/铸造厂	4 359	54	1
能源、汽油和煤产品	2 445	19	<1
合计	755 084	4 660	

资料来源：Reshoring Initiative 2018 Data Report。

3. 新冠肺炎疫情将加速外贸岗位流失

突如其来的新冠肺炎疫情在全球的蔓延，不仅会在短期导致国际贸易总量下挫，甚至会在中长期导致国际贸易格局嬗变。中国作为价值链中主要提供中间产品、中下游产品的国家，受到下游需求和上游供给的双重影响，受疫情冲击更加明显（黄剑辉等，2020）。全球疫情将在未来相当长一段时间内影响国内就业环境，尤其造成出口带动的就业动能的消退，对在外向型制造业就业的农民工带来影响。

一是疫情期间，农民工就业主要行业的劳动密集型产品出口遇冷，用工需求急速下滑。受疫情影响，农民工就业主要行业的纺织、服装、玩具、家居用品等传统劳动密集

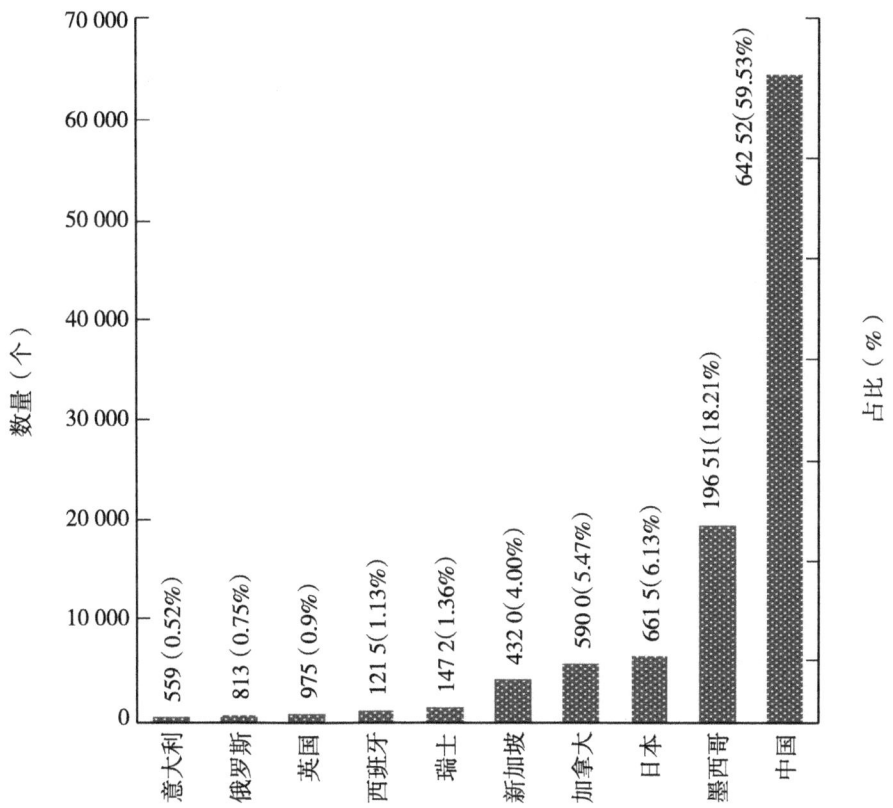

图 5-2 2010—2018 年美国制造业回流岗位排名前 10 国家

数据来源：根据 Reshoring Initiative 2018 Data Report 中的数据经过整理计算而来。

注：图中的数据，前面代表的是回流的岗位数量，括号里面表示的是回流的岗位数占总回流岗位数的比重。

型外贸行业面临订单取消、减产、裁员等困境。据国家海关总署数据，七大劳动密集型产品受疫情影响在 2020 年 1—2 月出口下滑累计同比下滑-26.3%，居所有行业之首[①]，其中：纺织制品、服装、家具用品出口额分别同比下降 18.7%、20.0%、21.6%，很多中国服装代工厂已经没有了 4 月以后的国外订单，纺织原材料厂商也被要求停止供货；据日本财务省贸易统计，2 月来自中国服装及附属产品的进口额减少了 65.7%[②]，而欧美市场占据近四成出口额的东莞，部分外贸企业暂时歇业或者暂停招工。在这些出口产业链上就业的部分农民工面临无工可打的困难局面（王海荣，2020）。

二是受新冠肺炎疫情冲击，过去十余年的全球经贸格局面临极大不确定性，带动农村

---

① 资料来源：任泽平（2020-02-19）. 疫情对中国经济的影响分析和政策建议 [EB/OL]. [2020-8-15]. https://mp.weixin.qq.com/s/N-voHc3Z8nebMxPOiVnZtA。

② 日本经济新闻社（2020-03-08）. 日本 2 月自中国进口额大减 47% [EB/OL]. [2020-8-15]. https://cn.nikkei.com。

劳动力就业的外需动力存在衰减的巨大风险。受疫情影响，全球经济面临历史级罕见衰退，国际货币基金组织 2020 年 6 月 24 日发布的《世界经济展望报告》预计 2020 年全球 GDP 将萎缩 4.9%，比 4 月萎缩 3% 的预期又下降了 1.9 个百分点（图 5-3），远超 2009 年国际金融危机 0.1% 的下滑幅度，其中，美、欧、日、英等发达经济体经济增速为 -8.0%①。同时，世界贸易组织预测，2020 年世界贸易将下降 13%~32%。在此情形下，全球价值链重构，各国将寻求构建更短、更分散、更本地化产业链体系（张燕生，2020），部分固定投入低、劳动密集、成本敏感、可替代性强的制造业产业链向外转移的风险加大，供应链断链断供断交的非常规事件或将成为新常态，对经济产生不利影响的同时，毫无疑问，相关外贸岗位将加速流失，会大大削弱这些主力产业对农村劳动力的吸纳能力。

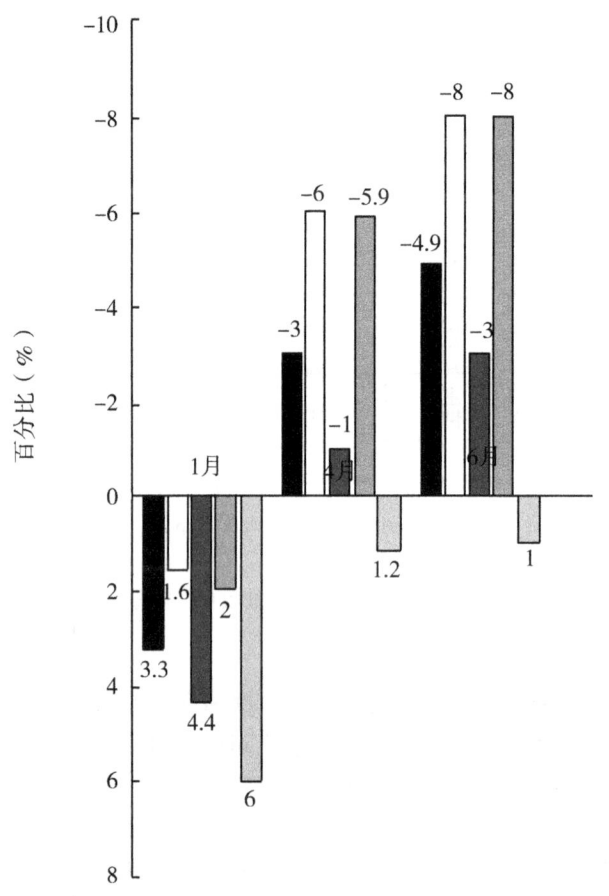

图 5-3 IMF2020 年分别在 1 月、4 月、6 月对全球经济增长的预测情况
资料来源：根据 IMF 发布的《世界经济展望》中的数据进行整理而来。

---

① 资料来源：新浪财经（2020-6-24）. -4.9%！IMF 大幅下调对 2020 年全球 GDP 增速预测 [EB/OL].［2020-12-30］. https：//finance. sina. com. cn/stock/usstock/c/2020-06-24/doc-iircuyvk02-98947. shtml。

(二) 城镇新旧动能转换带动就业岗位轮换

未来，作为承接农村劳动力主要部门的基建、建筑业、制造业等行业投资压力较大，岗位供给能力下降。与此同时，智能技术开始加快替代重复劳动，对农村劳动力就业形成挤出。

1. 投资下滑导致劳动密集型岗位减少

地方政府债务水平偏高，基础设施投资增长空间有限，难以继续为农村劳动力创造大量就业岗位。任涛（2019）的研究显示，截至2019年3月21日，2019年需偿还债券金额占公共财政收入的比例在50%以上的省市地区共有6个，其中，湖南（62.58%）、江苏（59.12%）、陕西（58.45%）、云南（54.97%）、青海（52.13%）、重庆（51.55%）。共有117个省市地区的存量债券余额超过其财政收入，14个地区的存量债券余额超过其财政收入的10倍以上，地方政府的债务负担率相当之大。房地产投资增长乏力，建筑、建材、装修等传统行业用工需求下降；制造业成本上升、利润收缩、投资不足，稳岗压力较大。如：建筑业房屋施工面积增长率大幅下降，从2011年的20.3%下降到2019年的5.1%，个别年份甚至负增长（图5-4）。尽管未来政府布局包括5G、人工智能、数据中心等科技领域和教育、医疗等民生领域新基建，但新基建与传统基建不同，给普通农民工创造的就业增收机会较少。

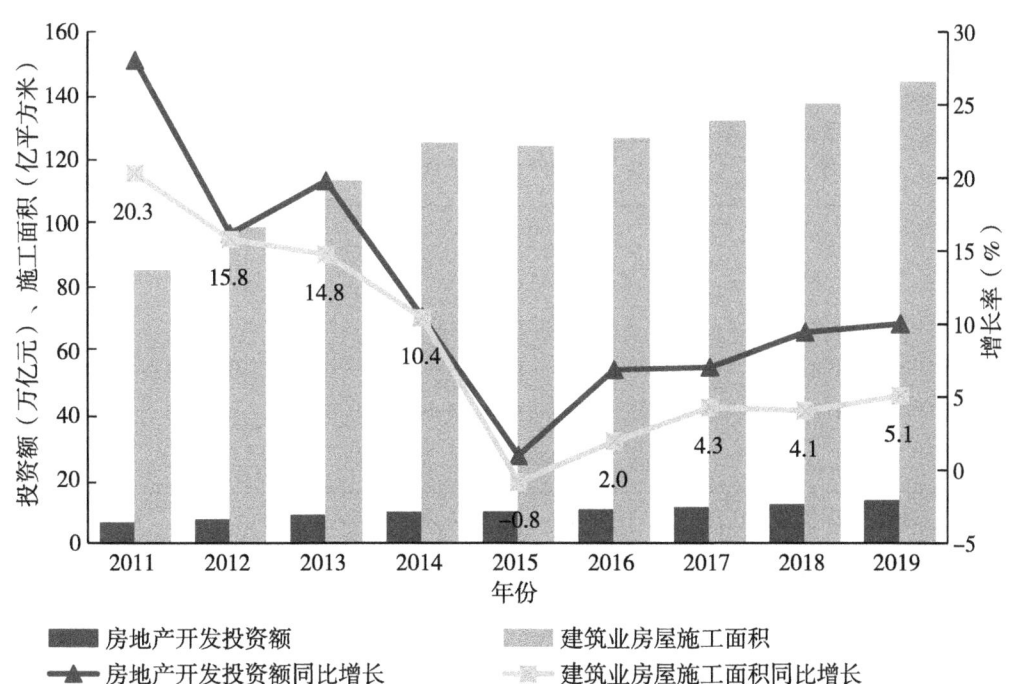

图 5-4 2011—2019年中国房地产投资及开放情况

数据来源：中国统计年鉴。

2. "机器换人"进程加快,对农村劳动力就业挤出效应明显

为应对逐年抬升的劳动力成本,智能技术加速替代重复劳动成为世界趋势。在农业和制造业两个领域"机器换人"对农村劳动力就业的影响较大。我国亟须促进"技术红利"取代"人口红利",但这必然带来重复劳动岗位消失阵痛,农村劳动力受影响最大。

一是田间机器人的使用,对农业劳动力需求减少。全球农业机器人的销售量和销售额实现快速增长(表5-4)。国际机器人联合会(IFR)最新发布了年度《世界机器人报告》,报告显示2018年农务机器人、挤奶机器人以及用于农作物种植和园艺的田间机器人增加了8%,总销售额达到10亿美元,占专业服务机器人市场的11%。有数据预测,按照销量年均12%增长,售价14万美元一台计算,至2021年,全球农业机器人的销售量将超过1.4万台,销售额将超过20亿美元。农业机器人的使用在有效解决人工成本大及生产效率增长等问题的同时,也带来农业劳动力需求的减少。如:在室内农业领域,大型农场正利用机器人来代替人工操作,这一改变导致2017年全球劳动力比2016年减少了22%[国际机器人联合会(IFR),2019]。而在中国,2018年,一个为期7年的农业机器人试点项目在中国江苏省启动,试点项目希望通过机器人来取代农户的工作,该项目主要应用了无人拖拉机、无人农药喷洒机、无人水稻插秧机等,随着智能农业的进一步发展,农业机器人在中国的应用将更为普及,农业所需的劳动力将进一步下降。

表5-4 全球田间机器人销量及销售额统计

年份	销量(台)	销量增长率(%)	占比(%)	销售额(百万美元)	销售额增长率(%)	销售额专用机器人的比例(%)
2010	4 200	10	30	744	5	24
2011	5 000	19	31	879	18	24
2012	5 300	6	33	847	4	25
2013	5 900	11	28	883	4	25
2014	5 700	-3	28	980	11	26
2015	6 440	13	27	1 100	11	24

数据来源:国际机器人联合会(IFR),https://ifr.org/ifr-press-releases/。

二是制造业"机器换人"加速传统行业低端、重复性工作机会流失,给大龄农村劳动力就业带来挑战。对于智能制造到底是增加了就业还是减少了就业在学术界的争论就一直没有停止过,因为智能制造对就业产生替代效应、减少就业岗位的同时,也将带来就业创造效应,新增就业机会,到底孰大孰小,对此学界并没有形成共识。但是,从产业链视角看,智能制造的就业替代效应集中在"微笑曲线"下端的制造组装领域,就业创造效应则主要分布在"微笑曲线"上端的研发、设计、品牌、售后服务等领域(蔡秀玲和高文群,2017)。由于智能制造对在低端就业的农村劳动力的替代效应明显,而对于创造的新岗位，对专业性的要求极强，农村劳动力由于技能水平较低，并非简单的学习或培训之后就可以胜任。因此，可以肯定的是，智能制造对农民工就业的影响总体来说是负向的。根据工信部《关于推进工业机器人产业发展的指导意见》预测，2015—2020年，我国将新增工业机器人约55万台，将净减少普通就业岗位181万个左右。其中，制造业就业岗位将净减少约45万个。实际上，在全国各地掀起的工业4.0以及机器换人计划，正在影响着农民工就业。珠三角和长三角部分地区已启动"机器换人"计划，比如采用机器人代替人，采用高档数控机床代替人工操作的普通机床，采用机器人流水线作业代替传统的人工流水线操作。"机器换人"实施以来，浙江两年内减少用工200万人，东莞最近三年减少20万人用工（许怡和许辉，2019）。由于中国工业机器人主要应用在是装配机拆卸、搬运和上下料、焊接和钎焊等工艺上（图5-5），因此消失的岗位主要是搬运、码垛、装配、焊接、喷漆等，而从事这些工作的绝大部分都是农民工。因此，随着"中国制造2025"目标实现，更多企业选择机器换人，传统行业低端、重复性工作机会加速流失，人力资本专用性致使转岗难度大，给大龄农村劳动力就业带来挑战。

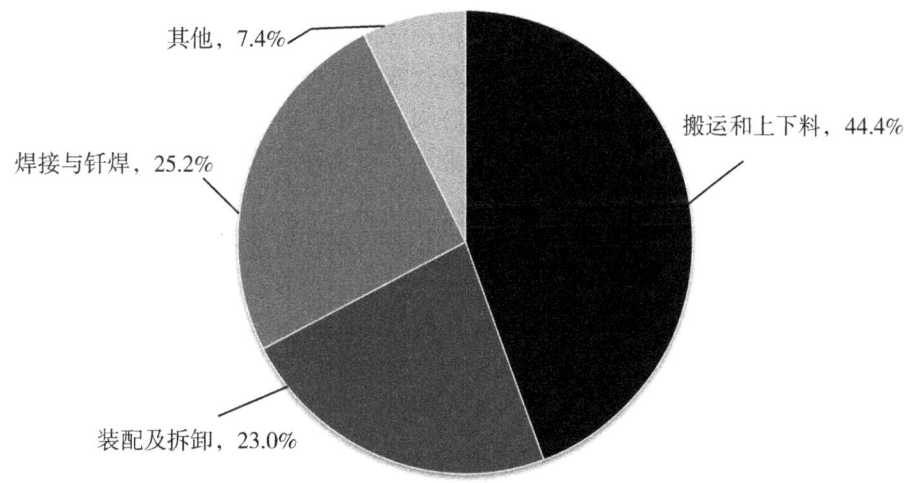

图 5-5　2018 年中国工业机器人应用工艺分布情况
数据来源：中国机器人产业联盟（CRIA）。

（三）2020 年全面脱贫后的贫困人口就业问题更为突出

就业是贫困劳动力脱贫增收最直接、最有效、成本最低、风险最小的方式之一。在各类扶持政策的支持下，贫困地区种养大户、家庭农场、农民合作社、农业企业等新型经营主体在带动贫困人口就业脱贫方面成效显著，成为带动贫困户就业的"火车头"。如：截至2019年年底，832个贫困县已发展市级以上龙头企业1.4万家、发展农民合作社68.2万家，超过2/3的贫困户实现了新型经营主体带动。但是，值得关注的是，2020年全面脱贫后，原来主要依靠扶持政策、自身发展能力不强的部分扶贫产业项目和带动主体，其带动农村劳动力尤其是贫困人口就业的不确定性增加。

1. 产业扶贫项目面临政策变动和市场不确定的双重风险

过去几年快速实施的产业扶贫项目，通过带动贫困人口就业，在决胜脱贫攻坚过程中发挥了决定性的支撑作用。农业农村部数据显示，截至2019年年底，产业扶贫项目库项目总数252.6万个，其中产业项目98.4万个，累计建成各类扶贫产业基地10万个以上，通过发展订单生产、生产托管、土地流转、资产租赁及就业务工等方式，带动越来越多的贫困户参与扶贫产业发展、实现增收脱贫，产业扶贫已经成为"五个一批"工程中带动脱贫人口最多的。建档立卡户中，92%的贫困户已参与到产业发展当中。2018年脱贫的475.4万贫困户中，享受产业帮扶措施的有352.8万户，占74.2%[①]。但是，很大部分的产业扶贫项目的就业带动作用，依赖于国家和地方扶贫资金的支持。《中国农村贫困监测报告》的相关统计数据显示，涉及产业扶贫相关的扶贫资金投入不断增加，2014—2017年累计投入的县级产业扶贫资金达2 746.9亿元，占县级扶贫资金总额的比例平均为33.58%。在2020年全面脱贫后，产业扶贫项目将面临新的发展环境，贫困人口尤其是在产业扶贫项目中就业的贫困人口就业面临严峻挑战。

一是政策变动的风险。尽管国家目前明确提出对已摘帽的贫困县、贫困村、贫困人口，保持政策稳定，对退出的贫困县、贫困村、贫困人口，要扶上马送一程，过渡期内严格落实摘帽不摘责任、摘帽不摘政策、摘帽不摘帮扶、摘帽不摘监管，主要政策措施不能急刹车，驻村工作队不能撤。但是，面对严峻的中央财政和地方财政压力，实际支持的力度能否实现还是个问题。而且，随着时间的推移，财政补贴和税收优惠的逐步撤出也是迟早的事情。脱离支持政策之后的产业扶贫项目能否持续、带动就业成效如何，尚存较大不确定性。

二是更加严酷的市场竞争下可持续性发展问题。以资产收益扶贫项目为例，其回报率普遍较低，甚至处于逆市场化运营状态。鉴于考核体制的不完善，资产收益扶贫项目选取时往往更关注项目红利和短期回报，对资产收益扶贫项目规定保底年收益率。而实际上，如果从整个项目的生命周期来算资产收益回报率的话，很多项目尤其是固定资产类项目的收益率都为负。以江苏省宿迁市将各类扶贫资金整合后投资固定资产的设施农业和农业机械为例进行说明。建一个农业大棚投入100万元，出租收益率约定为5%，每年收益5万元，但设施农业大棚折旧率较高，有些大概7年后将无法继续使用，这期间获得的总收益是35万元，其整个项目的回报率是负的60%，显然成本收益不对等，是一种逆市场化的行为。2020年，全面脱贫后，此种类型产业扶贫项目恐怕难以为继。

2. 新型经营主体的带动能力受到挑战

各省充分利用各项扶持政策，支持贫困地区培育种养大户、家庭农场、农民合作社、农业企业等新型经营主体，帮助贫困地区引进农业化产业龙头企业，对符合扶持条件的各类新型经营主体通过金融、资金、项目、用工、减税降费等方式予以扶持，确保符合政策扶持条件的主体都能及时享受到政策扶持，从而夯实各类主体的就业带动能力。下面以扶贫龙头企业为例进行分析。

从享受扶持政策的企业数量来看，超过70%的扶贫龙头企业享受到了扶贫政策。

[①] 数据来源：2019年10月在北京召开的全国贫困日产业扶贫论坛上发布。

如表5-5所示,享受扶贫政策的企业数共为2 069家,占到了总企业数(为3 004家)的75.73%,其中,广西、黑龙江两地的扶贫龙头企业全部享受到了扶贫政策,河南、山西两地有超过90%的扶贫龙头企业享受到了扶贫政策;新疆、山东、辽宁、江西和甘肃扶贫龙头企业享受扶贫政策的比例相对较低,但也超过了50%,分别为54.7%、57.58%、58.76%、59.72%和61%。

表5-5 主要省份扶贫龙头企业享受扶贫政策的情况

省份	没有享受扶贫政策龙头企业数(家)	全部扶贫龙头企业数(家)	享受扶贫政策的企业数(家)	享受扶贫政策的企业比例(%)
甘肃	484	1 241	757	61.00
山东	42	99	57	57.58
广西	0	39	39	100.00
河南	6	77	71	92.21
江西	29	72	43	59.72
辽宁	73	177	104	58.76
山西	15	158	143	90.51
陕西	138	581	443	76.25
重庆	23	93	70	75.27
湖北	39	150	111	74.00
新疆	82	181	99	54.70
黑龙江	0	20	20	100.00
青海	18	116	98	84.48
合计	949	3 004	2 069	75.73

数据来源:根据各省扶贫龙头企业情况整理、计算得来。

从享受的扶贫政策的类型来看,主要有政策性贷款、项目补贴补助、各类扶贫资金投入、基础设施建设补贴、带动贫困户奖励等。以湖北省为例,如图5-6所示,在111家享受了扶贫政策的企业中,金融扶持和各类资金、补助及奖励方面的扶贫政策较多,高达40.4%共计76家企业享受了贷款贴息、户贷户用贷款、扶贫担保贷款、"扶贫贷"等多种形式的金融支持政策;有51家企业享受了土地流转补贴、产业发展补贴、带动贫困户奖励、财政专项扶贫资金、产业扶贫专项基金等各类形式的资金扶持政策,占比为27.1%;同时,7家企业享受了直接的建档立卡人员就业补贴政策,占比为3.7%[①]。

从龙头企业扶持政策效果来看,以山东省为例,全省首批省级扶贫龙头企业累计贷款达11.47亿元,累计享受财政贴息1 479万元,其中基准利率贷款7.97亿元,全额贴息835万元;已享受创业补贴100.83万元、社会保险补贴69.63万元、岗位补贴

---

① 享受各类政策的企业数并不等于企业总数,是因为很多企业同时享受了多种类型的政策支持。

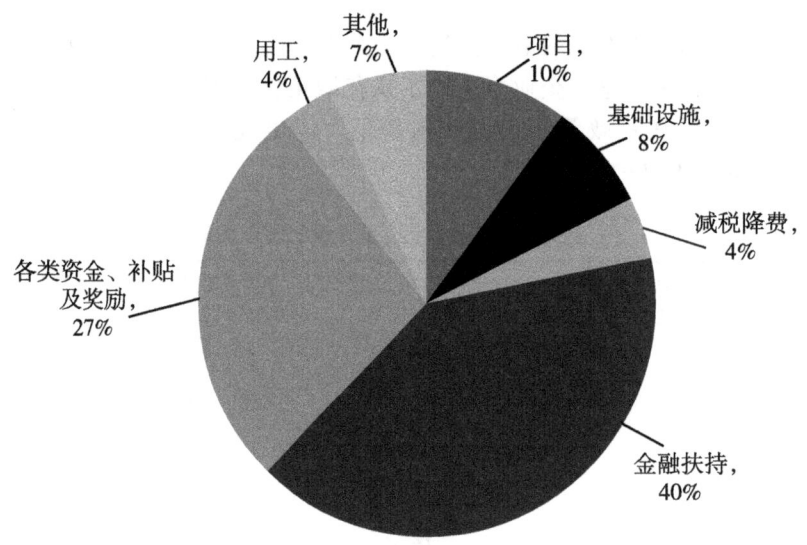

图 5-6 湖北省企业享受的各类扶持政策的分布情况
数据来源：根据湖北省扶贫龙头企业享受的具体扶持政策进行整理、计算而来。

13.21万元、职业培训补贴0.9万元。这些政策的落实是脱贫攻坚期内扶贫龙头企业带动贫困户就业效果明显的重要前提条件。

那么，在扶持政策取消后，新型经营主体是否还愿意背负解决贫困人口就业这样的社会责任，即使有这样的责任使命，那么，是否又有这样的能力？尤其像合作社、家庭农场等这类小型的新型经营主体，在完全市场化的情况下，更大的可能会选择劳动力技能较好的其他农村劳动力，而不是贫困人口。因此，2020年全面脱贫后，农村弱势群体的就业问题需重点关注。

三、农村劳动力总规模和就业结构预测

受就业数据统计频次和调查范围的限制，在预测领域，广泛应用的时间序列模型、面板模型难以对五年以内的就业情况做出有效预测，与此同时，我国农村劳动力的就业均受户籍、土地、财税、外贸等政策和国际经贸形势的扰动，就需要我们克服过度依赖复杂模型的惯性。因此，本部分我们重新设计了逻辑严谨、数据要求较宽松的适合中国国情的新预测方法，这是学术研究和创新的需要，也是学术服务于国家战略的需要。具体地，基于前文对农村劳动力规模、结构的历史变化趋势，以及农业必要劳动力计算结果，并根据农村劳动力的范畴、种类及内在关系构建模型，预测在不同情景下的农村劳动力转移就业规模及结构。

（一）供给潜力预测

未来5年，农村劳动力规模将延续下降趋势，2025年农村劳动人口规模为2.59亿

人,单从农业和农村的角度看,整体就业压力进一步减轻。

根据总人口、乡村总人口、乡村劳动人口比例及变化趋势,估算"十四五"时期的农村劳动力数量。从总人口看,联合国经济和社会事务部人口司发布的《世界人口前景:2017年订正本》显示,2025年中国人口达到14.4亿的峰值,但是,2019年我国人口净增长467万人,且增幅逐年下降,估计2025年人口规模不会超过14.2亿人。从乡村总人口看,2019年城镇化率达到60.6%,预计2025年,城镇化水平达到67%,农村人口规模为4.7亿人。从乡村劳动人口看,按照农村各年龄段人口比例趋势,"十四五"期间农村劳动力占比平均每年下降0.7个百分点。据此,我们预计15~59岁的农村劳动力将从2021年的3.02亿下降到2025年的2.59亿人(图5-7),比"十三五"同期下降5 400万人。

另外,值得注意的是,农民工落户配套政策的完善,对职业教育的高度重视,将对农村青少年进入未来劳动力市场的方式及时间形成影响,造成农村有效劳动力供给规模的进一步下降。"十四五"时期将会有越来越多的进城务工人员通过落户的方式获得当地户口并将孩子户口迁移,不再属于农村劳动人口,到劳动年龄后直接构成城市劳动人口。同时,"十四五"时期在国家大力发展职业院校的政策引领下,将有更大规模的农村户籍学生进入高职院校接受职业教育,延迟部分农村青少年进入劳动力市场时间的同时,也将改变一部分农村青少年进入劳动力市场的方式。因此,如果综合考虑随迁进城及教育延迟效应等因素的话,"十四五"实际需要解决的农村劳动力就业规模将会少于2.59亿。

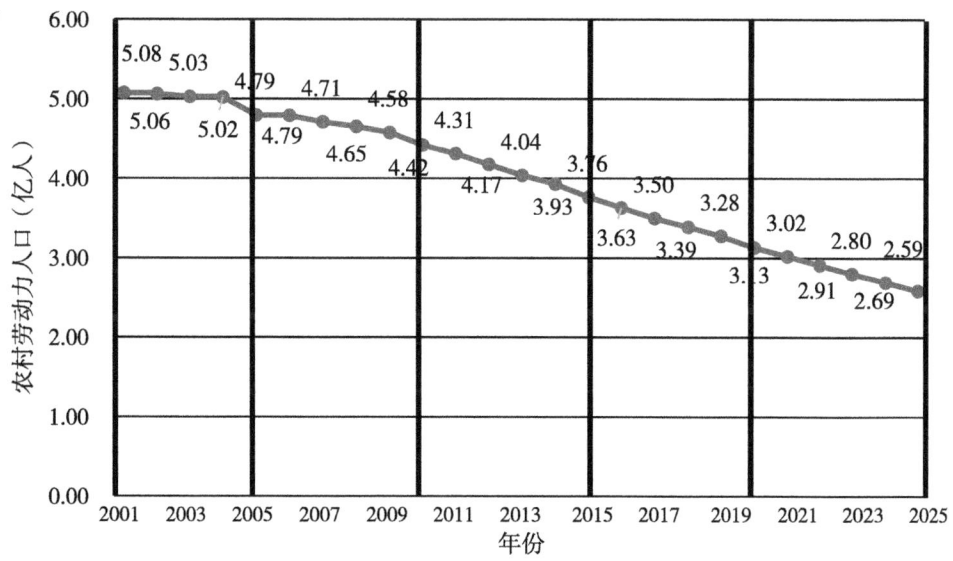

图5-7 "十五"以来我国农村劳动人口规模

数据来源:《中国人口和就业统计年鉴》(2001—2018年)。

注:2018年以前数值根据人口抽样数据测算,2019及以后数值为趋势预测值。

（二）就业结构预测

预计2025年，我国共需转移1.16亿~1.48亿人，其中外地转移0.70亿~0.89亿人，本地转移0.46亿~0.59亿人。

1. 预测依据

要定量预测"十四五"农村劳动力转移潜力，得先依次明确3个基本关系。

一是农村转移劳动力的范畴。国家统计局定义，农村转移劳动力包括从农业转移到二三产业的所有劳动力，同时还包括离开本乡到外地仍然从事第一产业的农村劳动力，并且时间严格定义为半年以上者，因此农村转移劳动力分为两部分，其一在本地从事非农工作，其二是离开本地但有可能从事农业工作。

二是，农村劳动力的种类。根据农村劳动力是否参与农业生产，可以分为三类：完全不从事农业生产的，返乡创业人员和本地转移劳动力；部分从事农业生产的，返乡创业人员带动的就业人员和外地转移劳动力；完全从事农业生产的，纯农民。

三是，农村劳动力的数量约束条件，在技术条件下，特定农产品产量需要必要的农业劳动力，这些劳动力源自纯农民、返乡创业带动就业人员、来自他乡的外出务工者。

2. 预测模型

需要转移的农村劳动力规模预测方程如下。

$$T = C + D + Z + N$$
$$Y = N + \alpha D + \beta Z$$

式中，农村劳动力总数用T表示；返乡创业人数为C；返乡创业带动的就业人数为D，其中从事农业生产的比例为α；转移劳动力人数为Z，其中从事农业生产的比例为β；纯农民人数为N；必要农业生产人数为Y。方程中，预计到2025年，农村劳动人口T的值为2.59亿人；根据国家发展改革委等19部门联合印发的《关于推动返乡入乡创业高质量发展的意见》，返乡创业人员C的值为0.15亿人，创业带动就业人员D的值为0.6亿人[①]；根据农民工监测报告最新数据，转移劳动人口从事农业的比重β为0.4%。

3. 预测结果

根据预测模型，预计到2025年，农村劳动力转移规模为1.16亿~1.48亿人，就地就近创业就业规模为1.11亿~1.43亿人。其中，在高创业创新水平下，科技和制度创新力度强，农业生产效率大幅提高，必要农业生产人数从2018年的1.27亿人下降到2025年的0.9亿人，返乡创业深刻影响农业生产，返乡创业带动就业的人员有90%从事农业，需要转移1.48亿农村劳动力，其中对外转移0.888亿人，本地转移0.592亿人，其他情景的估计结果详见表5-6，在此不再赘述。

---

① 资料来源：国家发展改革委等19部门，《关于推动返乡入乡创业高质量发展的意见》，发改就业〔2020〕104号，2020-02-10。

表 5-6　2025 年农村劳动力就业规模预测结果

情景假设			就地就近创业就业			转移就业		
名称	必要农业生产（亿人）	创业带动农业占比（%）	返乡创业（亿人）	创业带动就业（亿人）	纯农民（亿人）	转移总量（亿人）	外地转移（亿人）	本地转移（亿人）
低创业创新水平	1.1	70	0.15	0.6	0.68	1.16	0.696	0.464
中高创业创新水平	1.0	80	0.15	0.6	0.51	1.32	0.792	0.528
高创业创新水平	0.9	90	0.15	0.6	0.35	1.48	0.888	0.592

注：情景假设中的创业带动农业占比设定依据，（1）返乡创业以农为本，更多的是通过订单农业、土地托管、土地入股等形式，发展农业适度规模经营，带动农民尤其是 50 岁以上的农民从事农业生产；（2）而农村农产品加工、农产品电商、民宿、旅游，主要是由村集体、农村原住民在牵头。

四、农村劳动力就业突出矛盾

除了城乡需求结构外，农村劳动力的年龄和技能结构也会发生深刻调整。受城镇部门岗位缩减和子女返乡高考等问题影响，部分大龄农民工需要返乡就业，和留守人员共同构成了大龄农业劳动力队伍，加速老龄化的劳动力难以支撑乡村振兴战略。城乡新经济都产生了大量的用工需求，但是新岗位对技能水平和综合素质的要求明显提高，技能型劳动力比重偏低的结构性问题格外突出。农民工代际转化完成，有别于低技能、低收入、低诉求为主要特征的老一代农民工，新生代农民工对制度性约束的抵触更为强烈，融入城市的需求更为强烈，对当前农民工的城市融入、权益保障和市民化进程等方面提出了新的要求。具体来说，未来农村劳动力就业主要面临如下三大矛盾。

（一）乡村振兴和劳动力短缺的矛盾

充足数量和较高素质的农村劳动力是实现农业现代化和乡村振兴的根本保障，尤其需要一批生产型职业农民、服务型职业农民和经营型职业农民。但当前我国农村劳动力老龄化、农村空心化问题显现，生产领域一线劳动力、基层农技人员和经济管理人员严重短缺，与乡村振兴的人才需求之间的矛盾突出。

1. 稳定高素质的中青年务农就业大军缺乏

当前田地劳作的农民以 50 岁以上的中老年人居多，40~50 岁的中年人较少，30~40 岁的青年人极为罕见，根本看不到 20~30 岁年轻人劳作的身影。农业生产经营人员受过农业专业技术培训的比例较低，第三次农业普查数据显示，仅为 11%（表 5-7）。当前农业生产人员吸收农业科学技术能力差，很难从事一定规模的连片生产和管理，农业可持续发展难以保障。2019 年，我国高素质农民总数仅为 1 520 万人，仅占 5 亿务农农民总数的 3%（韩俊，2019）。而农村青壮年劳动力大规模转移到经济发达地区或城市就业，从事农业生产的劳动力不断减少，打工二代（30 岁以下）年轻人的非农就业转型相比第一代农民工完成得更早，将来再从事农业的可能性更小。因此，培养新型职业农民、保证农业发展"后继有人"面临新挑战。

表5-7　2016年农业生产经营人员受教育程度及技能培训构成　（单位：%）

项目	构成	农业生产经营人员	规模农业经营户	农业经营单位
教育	未上过学	6.4	3.6	3.5
	小学	37.0	30.6	21.8
	初中	48.4	55.4	47.0
	高中或中专	7.1	8.9	19.6
	大专及以上	1.2	1.5	8.0
培训	受过农业专业技术培训	11	21	29.3
年龄	35岁及以下	19.2	21.1	19.7
	36~54岁	47.3	58.3	61.2
	55岁及以上	33.2	20.7	19.1

数据来源：第三次全国农业普查数据。

2. 乡村基层农业技术素质不高、老化严重

乡村基层农业技术队伍专业化水平低，农业技术机构农业技术人才奇缺，甚至没有真正懂得农业技术的人员，无法承担农业新技术推广的重任，最终导致农业技术推广缺乏基本的队伍保障，新技术、新品种无法得到有效示范、推广。据统计，基层农技推广队伍中1/4人员没有技术职称，50岁以上的占30%，35岁以下的只有20%。以作者2019年调研的甘肃省东乡区为例，东乡区畜牧方面技术人员仅35人，具有高级职称的仅3人，其余以年轻人居多，技术的掌握不够且缺乏实战经验，对养殖户进行巡回指导的难度大。同时，基层对农技人员的需求与大学生就业期望之间的结构性矛盾难以化解，高校农业相关专业毕业生很少流向乡村基层。据统计，农业教育类毕业生在涉农领域就业的有60%，但到"三农"一线工作的仅有20%左右。涉农专业毕业生脱农化现象日益严重，使得基层农技队伍年龄出现断档，人员老化严重。农业技术推广人员的缺乏势必对中国农业综合生产能力提升、现代农业发展形成制约。

3. 乡村经营管理人才的现实稀缺与未来断代

农村经营管理人才是连接城市要素资源与农民的桥梁，当前我国大多数乡镇的农村经营管理人才已经老龄化，他们的经营管理经验也多偏重于传统农业生产，无法适应乡村振兴战略对懂生产、懂市场、懂经营等多样化经济管理人才的迫切要求。由于农村与城市相比，经济欠发达，地处不便，再加上当前服务于乡村振兴专业人才培养存在的农业教育非农化、专业去农化、毕业生脱农化倾向，乡村经营管理专业人才面临引进与流失的双向难题。作者2019年在调研甘肃省岷县中药材产业发展时发现：岷县中药材产业专业从事栽培、育种、加工和新药研发的高学历专业技术人才少，基础研究工作滞后；中药企业中懂经营、善管理、精技术、会市场策划的高级管理人才和技术人才缺乏。某中药材种销合作社负责人表示中药材网上营销策划与运营人才引进难制约了其线上业务的开展；甘肃岷海制药有限公司负责人则表示该公司招聘的年轻人基本在学习到相应技术后，2~3年时间内就会选择离职，留不住人才的问题特别严重。农村经营管理人才的年龄断层及短缺问题将在较长时间内对未来乡村振兴形成制约。

（二）产业升级和技能人才匮乏的矛盾

制造业的升级、服务业的快速发展、价值链的升级都预示着对高技能劳动力强劲需求时代已经到来。未来我国制造业和服务业必将经历技术水平的迅速升级。对于低技能劳动力的需求有所下降，而对高技能劳动力的需求上升。而当前，高技能劳动力比重依然较低，难以高质量发展和建设现代化的要求。

1. 对农民工技能培育教育不够，高技能工人极度稀缺

当前农民工最紧缺的是掌握一定技能的技术工和熟练工，特别是高技能工人的稀缺程度更高。有数据显示，我国技能劳动者仅占就业人员的20%，高技能人才数量还不足6%，总量严重不足。从市场供需来看，近年来，技能劳动者的求人倍率一直在1.5以上，高级技工的求人倍率甚至达到2以上的水平。而且技工紧缺现象逐步从东部沿海扩散至中西部地区，从季节性演变为经常性，供需矛盾突出。究其原因，主要有以下两点。

一是农民工职业技能培训的供给不足，且培训效能偏低。《农民工监测报告》显示，近年来，接受过技能培训的农民工比例一直在30%左右徘徊（表5-8），2014—2017年，全国累计开展政府补贴性农民工职业技能培训3 856万人次，说明覆盖面不够广泛，规模需要扩大。同时，农民工特别是新生代农民工培训工作仍存在一些短板，例如，培训资源分散，培训内容缺乏针对性和有效性；农民工培训主体多元化，有政府部门、学校、企业和培训机构等，但培训资源没有得到有效整合；对农民工的培训多数时间短、质量差、培训内容和生产实际脱节，不能满足企业对技术工人的迫切需要等。上述因素使得农民工培训效能偏低，技能提升有限。

表5-8 接受过技能培训的农民工比重 （单位：%）

年份	接受农业技能培训	接受非农职业技能培训	接受农业或非农职业技能培训
2012	10.7	25.6	30.8
2013	9.3	29.9	32.7
2014	9.5	32.0	34.8
2016	8.7	30.7	32.9
2017	9.5	30.6	32.9

数据来源：国家统计局，《农民工监测报告》（2012—2017年）。

二是职业教育对高技能型农民工培育的支撑不够。一方面，农民工作为职业教育的"边缘人"未受到足够重视。当前，职业教育仍以全日制学历教育为主，农民工普遍被排斥在外。另一方面，职业学校教育存在的一系列问题，使其高技能农民工培育的功能未能充分发挥。如职业教育资源相对匮乏，专业设置及教学方法与产业发展需求衔接不紧密。职业技术学校数量少，办学条件滞后，师资力量薄弱。从职称结构、年龄结构及专业知识结构来看，高等职业教育的教师队伍存在着"双师型"、高职称、技能型教师少，年轻教师比例大，兼职教师缺乏规范管理等问题，师资质量很难满足高等职业教育快速发展的需要。但随着未来职业技能培训国家战略地位的上升，产教融合、职业院校扩招、职业教育改革等重大任务的实施，农村劳动力的职业技能水平低的问题将有望得到进一步优化与提升。

2. 农民工技能水平难以适应产业升级和新兴产业发展需要

十八大以来，伴随新型经济增长方式而产生的新产业、新职业、新工种和新技术、新材料、新设备、新工艺层出不穷，产业结构调整成为新常态。农民工职业技能水平与产业、企业就业岗位要求不适应的矛盾越发突出。

从产业适应性来看，难以适应产业转型升级的需要。农民工技能水平低与"我国经济社会发展方式转变和产业结构调整，各行各业生产由劳动密集型逐渐向技术密集型转化，由对熟练劳动者向对技术工需求转化"的要求不相称的问题凸显。产业结构升级不仅需要研发人员、设计人员、高级工程师、高级管理人才，也需要大量技术精湛、爱岗敬业的高技能人才和高素质的农民工队伍。资本密集型和技术密集型产业的发展，需要一定规模的技术产业工人的支撑，但当前农民工就业的不稳定性，企业缺乏将低技能农民工培养成产业工人的动力。而农民工升级自己的知识和技术的意识滞后，资金有限，行动迟缓，农民工的就业难度进一步加大。

从新经济适应性看，难以适应新兴产业发展需要。劳动人口技能结构不合理，与新兴产业发展的人才要求尚存差距。近年来新一代信息技术（工业软件和行业解决方案，以及云计算、大数据、物联网、移动互联网、北斗导航等）、生产性服务业（电子商务、通用航空、现代物流、工业设计、科技服务等）、消费型服务业（居民和家庭服务、养老服务、住宿餐饮服务、批发零售服务等）等新兴产业的迅猛发展，在高新技术领域，中介服务领域等知识密集型服务业的人才需求量快速增长，出现了大量就业缺口，城市就业资源无法满足，需要高素质农民工补充。但是，由于农民工自身技能、执业水平、文化素质等条件的限制，一时难以胜任信息技术、消费性服务业、生产性服务业等新兴行业工作，出现结构性失业。而在新兴产业和现代服务业服务的人才培养方面，则显得明显滞后。

（三）新就业形态与就业制度调整滞后的矛盾

互联网技术进步与大众消费升级，催生了去雇主化的就业模式及借助信息技术升级的灵活就业模式。当前，农民工新就业形态主要集中在服务行业，表现为非全日制、临时性、弹性工作、劳务派遣就业、自主创业、兼职、自由职业、远程就业等形式。新型就业模式的灵活性、门槛低等特点增加了弱势群体的就业机会，给予劳动者更大的灵活性和自主权，为化解当前我国就业总量压力和结构性矛盾提供了新的动力和渠道。但也使得越来越多的劳动力游走于现行劳动用工与社会保障制度"保护范围"之外，对劳动保障政策体系带来了挑战，农民工在这方面的问题更为突出。

1. 新就业形态下的摩擦性失业风险将增加

在新的经济环境下,除了新技能提高带来结构性的失业风险问题之外,在快速就业转化过程中,还会面临更多的摩擦性失业风险。在应对结构性失业矛盾中,就业工作是基于特定的群体进行操作,具有很强的针对性,我们积累了很多经验,但是在新的经济环境下,还将面临更多的摩擦性失业风险,例如,2020年1—4月,我国失业保险参保人数已经达到2.04亿人,但是每年领取失业保险津贴的人数自2009年以来一直在230万人左右浮动,大约只占1.3%的比例,而且已经持续了11年。这意味着还有很多摩擦性失业。同时,相对于传统就业形态,诸如快递小哥、外卖骑手、网约车司机等新就业模式出现多元化、兼职化、全时化、平台化、规模化、去雇主化、供给自主化等特点,具有高度不稳定性,一旦有了此类行业约束和洗牌后,平台的去向和岗位需求就很难说。因此,新就业形态中就业的农民工的失业问题需要我们更多地去关注。

2. 新就业形态与劳动保障政策体系间的冲突加剧带来挑战

平台经济高速增长给劳动者权益带来负面影响。近年来,以滴滴出行、美团外卖等为代表的服务型共享平台的兴起,在促进就业的同时,其以业务分包(cloud work)和在线工作(online work)为主要形式的新型用工模式给劳动者权益带来的负面影响(吴清军和杨伟国,2018),主要体现在以下几方面。第一,报酬过低。据国际劳工组织相关调查显示,几乎所有平台都没有最低工资标准的限制,这导致了大部分平台工作者的获得报酬的权益受到损害。第二,工作时间与休息时间之间的界限模糊。平台工作"劳动自由"与"劳动控制"并存的情况下,平台工作者一旦接受任务就要遵循平台的规则,其工作时间要根据客户需求而定,由此会产生临时加班、夜间工作等情况,在一定程度上会损害平台工作者的休息休假的权利。第三,平台工作者的职业健康问题日趋严重。在互联网平台发达的地区出现了大量的职业病例,并以精神疾病为主(Nizami et al.,2013;Siegrist et al.,2016)。中国平台经济的快速发展也带来了上述劳动者权益方面的负面影响。特别是平台工人各类社会保险的参保问题,以及劳动纠纷或侵权责任中的劳动关系认定问题,亟待予以保障。

新就业形态与劳动保障政策体系间的冲突加剧。新就业形态给主要建立在传统雇佣关系基础上的劳动权益及社会保障制度带来严峻挑战。第一,新就业形态的服务体制机制不健全。当前对各种新就业形态没有进行明确的定义和规范,缺少专门的法律法规,对很多新出现的就业者的劳动权益保护缺失;新就业形态未完全纳入政府管理视野,促进灵活就业的政策措施不完善;灵活就业公共服务方式滞后,不适应新就业形态的特点。第二,对传统劳动关系产生挑战。现有劳动关系调整体制机制对灵活就业应对不足,非标准劳动关系治理面临法律制度缺失的困境。当前劳动监察和争议调解仲裁就部分灵活用工方式不符合法律对劳动关系主体的认定,劳动监察执法无所适从,平台组织与劳动者争议的定性和处理仍然是实务中的难题。第三,灵活就业者社会保险政策与经办服务不完善。国家社会保险体系是单位关联型(单位+个人)社保体系,不适应灵活就业;社会保险对灵活就业人员覆盖率不足,灵活就业社保政策二元化产生制度障碍,灵活就业缴费比例偏高造成一定参保阻力。

(四) 城乡融合和转移劳动力市民化滞后的矛盾

新生代农民工融入城市的强烈需求与难以实现稳定转移之间的矛盾。农民工流动就业已有30余载，农民工已经是城市产业发展和城市居住人群的重要组成部分。但由于城乡双重二元体制的制约，广大进城农民工，尤其是外地的农民工往往难以平等享受城市居民的公共性保障和服务，他们实质上并不是市民化的城市人口。以新生代为主的农民工融入城市的意愿也更为强烈，但农业转移人口市民化的制度环境还不够完善，使得农民工的后续发展限于困境。

此外，我国农民工难以市民化和融入城市，还与农村产权制度改革的滞后有关，也就是与城乡二元的居民财产权益制度有关。当前，农民工在农村的财产权益总体上仍处于可保留和有限度交易的状态，在这样的状态下，广大农民工既不会轻易放弃其在农村的权益，但又难以在城市稳定的定居，这就导致广大农民工始终处在城乡两栖化的不稳定流动和家人经常性分离、家庭定居地极不确定的状态，很难真正融入城市和成为市民化的城市居民。

第六章
城乡新产业、新业态、新模式带来的新动力

一、数字经济催生就业新动能

数字经济是继农业经济、工业经济之后的一种新的经济社会发展形态（马化腾等，2017）。大力发展数字经济，实际上就会由数字技术及其相互融合而催生出许多新产业、新业态和新模式，继而创造大量的就业机会。以数字经济为代表的新动能的成长创造出的新的就业岗位并增加就业容量，一定程度上对冲了因去产能带来的需要安置的职工数量。当前，数字经济发展已经成为中国落实国家重大战略的关键力量，国家和地方均出台了一系列配套政策，旨在促进数字经济相关产业发展。随着我国数字经济生态的不断优化，数字经济已然成为推动经济高质量发展和群众高质量就业的重要动力。

（一）数字经济政策体系加速成型

1. 国家层面

互联网进入中国之初，中国数字经济政策以信息化建设和鼓励电子商务发展为主，包括对移动通信网络、空间信息基础设施、软件产业等信息化基础设施、服务行业的构建和扶持。但以2015年《国务院关于积极推进"互联网+"行动的指导意见》为重要开端，鼓励数字经济发展的政策呈现井喷式增长（表6-1）。2015年12月，习近平总书记在第二届世界互联网大会上发表主旨演讲，首次在世界范围内，对数字经济发展发表重要论述。2017年，"数字经济"一词首次出现在政府工作报告之中，数字经济发展随之上升到国家战略高度。

伴随越来越多的经济主体参与到"数字经济"的市场活动中，数字经济领域就业加速增长，新就业形态不断涌现。国家在大力推进数字经济快速发展的同时，强化其在稳定并扩大就业上的积极作用。总体战略层面，2018年，国家发展和改革委员会等19部门联合发布《关于发展数字经济稳定并扩大就业的指导意见》，从需求、供给、环境等方面推动形成适应数字经济发展的就业政策体系，通过加快培育数字经济新兴就业机会、持续提升劳动者数字技能、大力推进就业创业服务数字化转型等政策举措推动数字经济稳定与扩大就业。基础设施层面，工业和信息化部、国资委组织实施加快培育经济发展新动能2018专项行动，进一步提升信息通信业供给能力、补齐发展短板、优化发展环境，促进数字经济发展和信息消费扩大升级，有力支撑经济发展新旧动能转换。组织实施层面，国家发展改革委启动了2018年数字经济试点重大工程，重点支持政务信息系统整合共享应用、大数据应用创新、数字经济公共基础设施等领域。2019年11月，国家发展改革委员会、中共中央网络安全和信息化委员会印发《国家数字经济创新发展试验区实施方案》，在河北省雄安新区、浙江省、福建省、广东省、重庆市、四川省等地启动国家数字经济创新发展试验区创建工作。

表 6-1 中国数字经济及其促进就业重要事件和政策文件

发布时间	政策名称	政策要点
2005 年 1 月	《国务院关于加快电子商务发展的若干意见》	标志着以电子商务为代表的数字经济发展成为国家战略的重要组成部分
2015 年 7 月	《国务院关于积极推进"互联网+"行动的指导意见》	鼓励数字经济发展的重要开端
2015 年 12 月	习近平总书记在第二届世界互联网大会上发表主旨演讲	提出"数字中国"建设,首次在世界范围内,对数字经济发展发表重要论述
2016 年 9 月	《G20 数字经济发展与合作倡议》	提出了二十国集团数字经济发展与合作的一些共识、原则和关键领域
2016 年 11 月	国务院发布《"十三五"国家战略性新兴产业发展规划》	新增了数字创意产业
2017 年 7 月	国家发改委等 8 部门联合印发《关于促进分享经济发展的指导性意见》	大力推进数字经济快速发展,强化其在稳定并扩大就业上的积极作用
2018 年 9 月	发改委等 19 个部门联合印发《关于发展数字经济稳定并扩大就业的指导意见》	从需求(加快培育数字经济新兴就业机会)、供给(持续提升劳动者数字技能)、环境(服务环境:大力推进就业创业服务数字化转型;政策法律环境:劳动用工、社会保险、薪酬激励等)等方面推动形成适应数字经济发展的就业政策体系
2019 年 5 月	中共中央办公厅、国务院办公厅印发《数字乡村发展战略纲要》	要将数字乡村作为数字中国建设的重要方面,加快信息化发展,整体带动和提升农业农村现代化发展
2019 年 11 月	国家发展改革委、中央网信办印发《国家数字经济创新发展试验区实施方案》	在河北省(雄安新区)、浙江省、福建省、广东省、重庆市、四川省等启动国家数字经济创新发展试验区创建工作
2020 年 5 月	《关于 2019 年国民经济和社会发展计划执行情况与 2020 年国民经济和社会发展计划草案的报告》	数字经济发展的八大举措:建立健全政策体系,实体经济数字化融合,持续壮大数字产业,促进数据要素流通,推进数字政府建设,持续深化国际合作,统筹推进试点示范,发展新型基础设施

2. 省市层面

各级地方政府陆续出台数字经济相关政策,推进数字经济发展,各地数字经济规模增长迅速。截至 2019 年年底,共有 10 个省份出台了数字经济发展的相应规划。例如,江西省提出把数字经济作为"一号工程"来抓;贵州省发布全国首个省级数字经济发展规划,首提资源型、技术型、融合型和服务型"四型"数字经济;福建省政府办印发《2018 年数字福建工作要点》提出推动数字经济不断发展壮大;广东提出要加快推动广东向网络强省、数字经济强省转变;广西提出要打造面向东盟的数字经济合作发展高地,构建形成具有广西特色的数字经济生态体系。各省市 2020 年数字经济发展规划的目标如表 6-2 所示。

表 6-2　各省市数字经济发展规划目标

地区	规划文件	总体目标
四川省	《四川省人民政府关于加快推进数字经济发展的指导意见》	2022 年全省数字经济总量超 2 万亿元
山西省	《山西省加快推进数字经济发展的若干政策》	到 2022 年数字经济规模突破 5 000 亿元，到 2025 年数字经济规模达到 8 000 亿元
山东省	《山东省支持数字经济发展的意见》	到 2022 年数字经济规模占地区生产总值比重年均提高 2 个百分点
贵州省	《贵州省数字经济发展规划（2017—2020 年）》	到 2020 年数字经济增加值占地区 GDP 的比重达到 30%以上
广东省	《广东省培育数字经济产业集群行动计划（2019—2025 年）》	2022 年数字经济规模达 7 万亿元，占 GDP 比重接近 55%
广西壮族自治区	《广西数字经济发展规划（2018—2025 年）》	到 2025 年成为面向东盟的数字经济合作发展新高地和"一带一路"数字经济开放合作重要门户
湖南省	湖南省数字经济发展规划（2020—2025 年）》	争取到 2025 年，全省数字经济规模进入全国前 10 强，突破 2.5 万亿元，数字经济占 GDP 比重达到 45%
浙江省	《浙江省数字经济五年倍增计划》	全面实施数字经济五年倍增计划
福州市	"数字福州"建设三年行动计划（2018—2020 年）	2020 年数字经济规模突破 4 000 亿元，年均增长超 20%，占 GDP 比重达 45%以上
郑州市	《郑州市加快数字经济发展实施方案（2020—2022 年）》	建设中部地区数字"第一城"，到 2022 年，全市数字经济规模达到 5 000 亿元以上，占生产总值比重达到 40%以上
杭州市	《杭州市全面推进"三化融合"打造全国数字经济第一城行动计划（2018—2022 年）》	2022 年全市数字经济总量达到 1.2 万亿元以上，数字经济领域新增核心发明专利申请 8 000 项以上

（二）数字经济蓬勃发展

数字经济保持高速增长，规模持续扩大。

（1）国内研究测算。根据中国信息通讯研究院的估计，2019 年，中国数字经济总额达到 35.9 万亿元，同比增长 14.7%，占 GDP 的比重达到 36.2%。2002—2019 年，中国数字经济总额以年均 22%的增长速度增长，高于同时期 GDP13.1%的年均增长率，数字经济占 GDP 的比重从 10.3%上升到 36.2%，是原来的 3.5 倍。从数字经济的产值的分布地区上看，2017 年，排名前 5 的分别是广东、江苏、山东、浙江和上海，占到了全国数字经济的 47%，排名前 15 的省份的数字经济规模占到了全国总额的 83%。北京、上海两地的数字经济占 GDP 的比重直逼 50%，分别为 49.7%和 48.9%（图 6-1）。

（2）国外研究测算。2014 年，麦肯锡全球研究院发布《中国的数字化转型：互联网对生产力与增长的影响》报告，为了衡量各个国家互联网经济的规模，麦肯锡全球

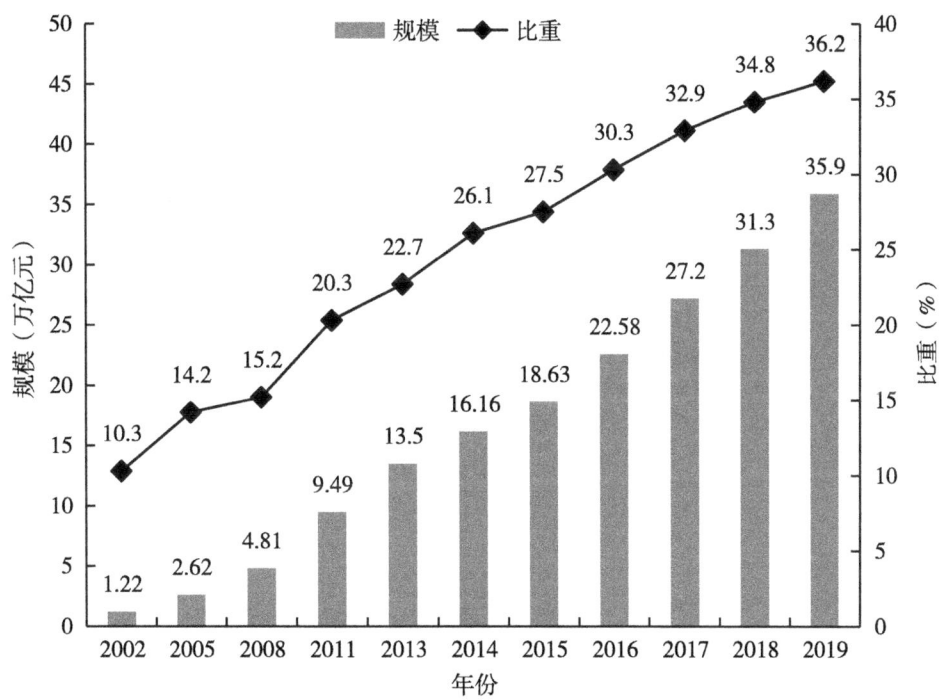

图 6-1　2002—2019 年中国数字经济发展的总体规模和占 GDP 的比重

数据来源：根据中国信息通信研究院《中国数字经济发展与就业白皮书》中的资料整理计算而来。

研究院推出了 iGDP 指标，即互联网经济占 GDP 的比重。iGDP 测算结果显示，2010 年，中国的互联网经济只占 GDP 比例的 3.3%，落后于大多数发达国家。2013 年，中国的 iGDP 指数升至 4.4%，已超过美国、法国和德国，达到全球领先国家的水平。2013—2025 年，互联网在中国 GDP 增长中的贡献可望达到 7%~22%。而波士顿咨询公司通过 iGDP 指标以货币价值量化数字经济整体规模。评估研究表明，2015 年中国 iGDP 规模为 1.4 万亿美元，占 GDP 比重的 13%。据其测算，2035 年中国整体数字经济规模接近 16 万亿美元，数字经济渗透率 48%。

（三）数字经济对农村劳动力就业的积极作用

从历次技术变革对就业影响的规律来看，毫无疑问，就业结构性升级是技术应用的必然结果。伴随我国数字经济迅速崛起，催生了大量新就业形态，数字经济领域成为吸纳就业的重要渠道。数字经济对就业的积极影响主要体现在扩大就业容量、催生就业新业态、优化升级就业结构 3 个方面。

1. 数字经济创造新就业机会

数字经济拉动就业作用显著，许多国家都将发展数字经济作为促进就业的重要手段。中国信息通信研究院的《中国数字经济发展和就业白皮书（2019 年）》显示，2018 年，我国数字经济领域就业人数达到 1.91 亿人，同比增长 11.38%。2009—2019

年，数字经济吸纳的就业人数增加了1.24亿人，年均增加1 382.56万人，年均增长率达到12.4%，数字经济就业人数占就业总人数的比重从8.8%上升到24.6%，当前，近1/4的人在数字经济当中实现了就业。预计到2035年，中国数字经济的就业容量将达到4.15亿人。同时，数字经济对新增就业的贡献率越来越大，数字经济每100就业人口，72个为升级原有就业，28个为新增就业岗位。2012年，数字经济新增就业人数为215万人，占当年新增就业的17.0%。2016年，数字经济新增就业人数为467万人，占当年新增就业的35.9%。2017年，数字经济新增就业人数为552万人，占当年新增就业的40.9%（图6-2）。

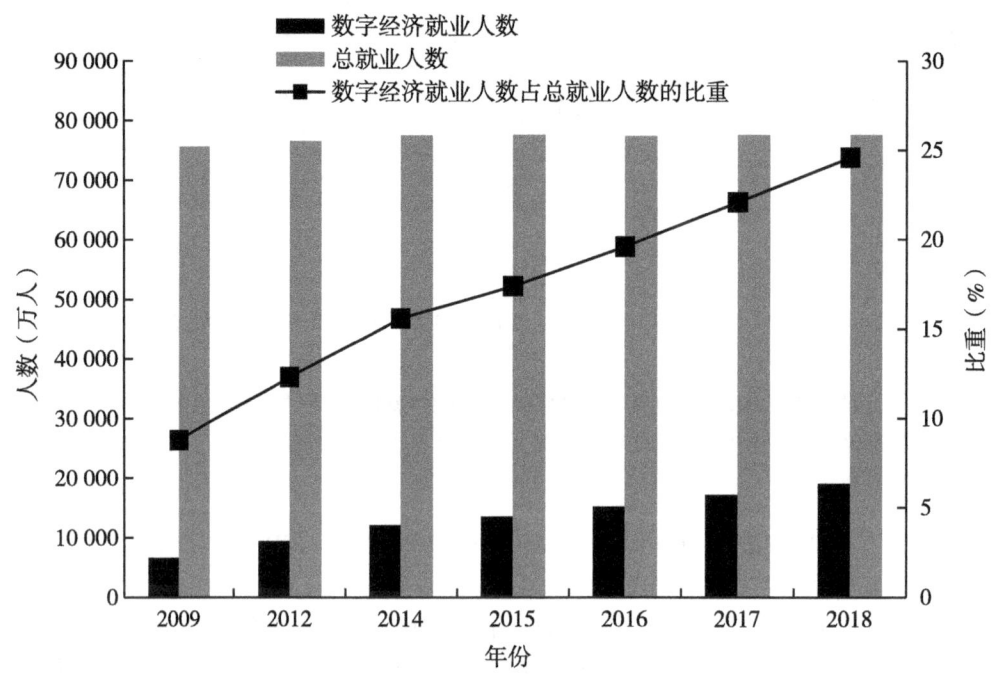

图6-2 中国数字经济吸纳就业情况

数据来源：中国信息通信研究院。

从数字经济就业岗位的行业分布来看，服务业数字化转型成为数字经济拉动就业的主要途径。2018年，第三产业数字化转型就业岗位约13 426万个，占第三产业总就业人数的37.2%（图6-3）。其中，信息通信产业部分就业人数2017年达到1 175万人，同比增长11.0%，数字经济融合部分就业人数达到1.6亿人，同比增长13.1%。"产业数字化转型/融合"拉动就业强劲，特别是技术门槛相对较低的服务业，通过数字化转型吸纳就业岗最多、增长最快，已成为中国稳定农村劳动力就业的重要渠道。同时，（信息和通信技术）产业与传统产业的融合能够带动经济规模的扩张，特别是网络消费的增长，以此产生的消费导向型就业效应正在逐步扩大，使得非农就业占全部就业人数比例从2014年的15.2%增长到2016年的20.2%（夏炎等，2018）。而从具体的细分数字经济产业的就业带动来看，电子商务在助力创新创业方面也有目共睹。商务部发布的《中国电子商务报告2016》显示，2016年，电子商务及相关产业直接和间接带动就业人数已达3 700万人。其中淘宝、微商、电商快递、城市配送、分享经济等电子商务企业，为全社会创造了更为灵活的就业方式和更为丰富的就业机会。

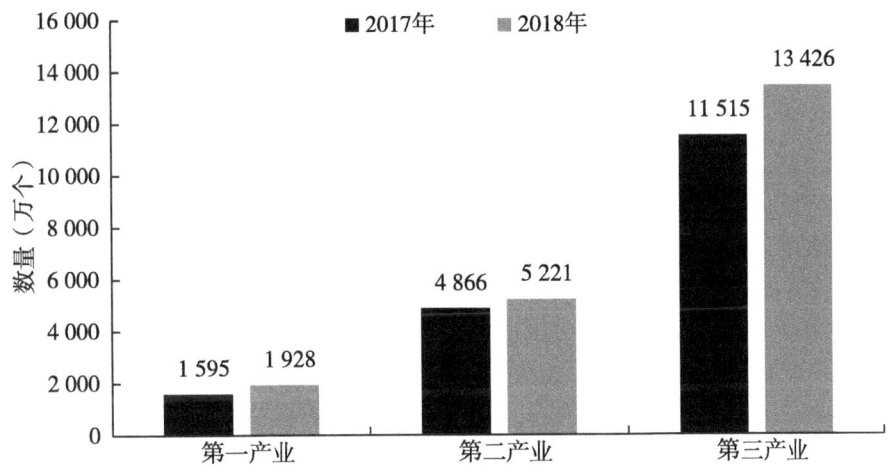

图6-3　三次产业数字经济就业岗位

数据来源：中国信息通信研究院。

2. 数字经济催生新就业生态

数字经济催生了更加灵活的新型就业模式。平台经济、共享经济、"众包""众创"等数字经济新模式、新业态的快速发展，除了产生传统的雇佣就业外，更催生了包括自主创业、自由职业、兼职就业等多种形态的灵活就业模式，成为吸纳就业的重要途径。其中，以共享经济与网络零售平台尤为突出。国家信息中心发布报告显示，2016年，中国参与分享经济的人数为6亿元左右，参与提供服务的人数约6 000万人，其中大部分属于灵活就业。阿里研究院预测，未来20年，8小时工作制将被打破，中国约有4亿劳动力将通过网络自我雇佣和自由就业，这相当于中国总劳动力的50%。

平台模式的盛行产生了基于平台的就业和创业新途径，大量个体和创业团队以较低的成本门槛，借"平台"出海，完成"'按需聚散'的契约履行与价值实现行为"。其中，给那些难以找到工作、资金短缺的人或弱势群体带来更多机会。而且平台型创业企业会产生许多内部就业机会，各个平台也会催生诸多产业链上下游的就业和创业机会，比如网络运维、在线营销、地推人员、快递物流、第三方支付等。根据滴滴出行年度报告，2016年，滴滴出行平台创造了1 750.9万个就业和收入机会，其中238.4万名司机来自产能过剩行业。平台型就业和创业打破了传统的稳定捆绑式的雇佣关系，技术赋能及创业创新环境，使人力资源市场的供求关系更加富有弹性，择业和创业更加自主灵活。此外，数字化和平台化使就业创业者可以跨越时空限制，远距离获得工作机会，就业创业边界逐渐被消弭。比如，个体或组织在猪八戒网等众包平台上可以异地接单甚至全球接单；许多企业通过互联网平台在全球招揽人才，但这些人才依托网络平台，依旧在本地办公，可以兼职也可以全职。

3. 优化升级就业结构

数字经济发端于互联网，又因"互联网+"而不断延伸扩展，提升激活了消费互联网,现正在融合制造业与农业,通过产业互联网推动农业和工业的数字化转型,实现数字农业和服务型制造。互联网产业本身就是服务业,再由于"互联网+"与农业、工业融合创新后,催生出的新产业、新业态、新模式,会创造大量的新就业方式,从而促进中国就业结构的持续优化。据人力资源和社会保障部统计,2013—2016年,中国服务业就业累计增加6 067万人,年均增长5.1%,高出全国就业人员年均增速的4.8个百分点。国家统计局统计数据还显示,2012—2016年,第三产业就业人员占全部就业人员比重从36.1%升至43.5%,增加7.4个百分点,成为吸纳就业最多的产业;一二产业就业人员占比分别从33.6%和30.3%降至27.7%和28.8%。三次产业就业结构的高低排序从"三、一、二"的发展型模式提升到了"三、二、一"的现代模式。

此外,2017年,第二季度《中国就业市场景气报告》显示,尽管能源、矿产、采掘、冶炼等传统行业就业形势有所好转,但依然属于就业景气差的行业,而互联网/电子商务的就业景气指数仍然排名第一,其他排名靠前的也都是服务业,如交通/运输、金融、中介服务、物流等。从产业结构上来分析,近几年主要是服务业发展速度比较快,而服务业是就业的蓄水池,所以对就业的吸纳能力比较强。尽管跟过去相比,整个经济增长速度有所回调,但是就业有增无减,总量还是在扩大。这正是经济发展进入新常态后在就业结构方面的直接体现和印证。

二、城镇部门新增农村劳动力就业主要来源

高质量是未来经济发展的主线,家政服务和共享经济等新兴服务业迎来新机遇,将逐步接替传统部门,成为农村劳动力就业的新引擎。

(一) 家政服务业

1. 家政服务业迅猛发展

居民收入增长、中国家庭小型化发展、老龄化加速、"全面二孩"政策实施等因素影响下,中国社会对居家养老、康复护理、育婴育幼、烹饪保洁等家政服务服务业需求不断提升,家政服务业快速发展。商务部《中国家政服务行业发展报告》指出,2017、2018这两年的营业收入有同比增长速度近28%,2018年超过5 700亿元,并具有成为万亿元级别产业的潜力,到2025年家政服务行业市场规模将达到1.4万亿元[①]。一方面,老年人口是养老服务需求的重要主体,养老看护服务行业将随人口老龄化的加剧而不断兴盛。2018年,养老看护的市场规模达870亿元,相比2012年增加了638亿元,年均增长近24.6%。另一方面,对育儿关注度的提升,育儿理念的精细化,但妈妈人群的职场参与度提高,推动了月嫂、育婴师等专业育婴人群进入家庭,共同分担育儿任务。

---

① 资料来源:熊丽(2019-09-17)."36条"落地,家政业风来了——家政业万亿市场怎么挖[N].经济日报.

2018年母婴护理的市场规模为1 620亿元，以年均25.8%的速度增长。与此同时，家政服务业企业的数量也在增加，从2012年的55万家增加到2016年66万家到2018年的72万家，到2019年，已突破74万家（表6-3）。

表6-3　2012—2018年中国家政服务业市场发展情况

年份	家政服务业市场规模（亿元）	母婴护理（亿元）	养老看护（亿元）	家政服务企业数量（万家）
2012	1 600	408	232	55
2013	1 920	538	303	60
2014	2 304	703	447	60
2015	2 776	847	481	64
2016	3 498	1 055	570	66
2017	4 400	1 331	759	69
2018	5 762	1 620	870	72
年均增长率（%）	23.81	25.84	24.64	4.59

数据来源：商务部《中国家政服务业发展报告》（2017—2018）。

2. 家政服务业将产生千万级农村劳动力用工需求

家政服务人员规模持续增长。2017—2018年，受益于国家脱贫攻坚政策和实施全国家政服务劳务对接扶贫行动、"百城万村"家政扶贫试点行动，一大批贫困妇女进入家政服务行业就业创业。截至2018年年底，全国家政服务企业突破70万家，从业人员已经突破3 000万人。58同城数据显示，2018年从业人员超过3 000万人，按照家政服务从业人员88.6%来自农村的比例估算，2018年家政服务业中的农村劳动力为2 711万人，比2013年增加了1 116万人，年均增加量高达223.2万人（图6-4）。而且当前家政服务处于供不应求状态，供需缺口1 000万~3 000万人。家政服务业提质扩容，补上缺口，还能带动900万~2 700万人的农村劳动力就业。

（二）"物联网+"生活服务业

1. 共享经济与网络零售平台创造了大量服务性就业岗位

数字经济催生的农村劳动力新就业模式中尤以共享经济与网络零售平台为依托的生活服务业更为突出。共享经济和网上零售平台的发展日益体系化，大量就业机会不仅在消费端被创造，同时还提升了生产制造、流通和销售各个环节对就业岗位的供给。《中国共享经济发展年度报告（2019年）》显示，2018年中国共享经济交易规模29 420亿元，比上年增长41.6%。共享经济参与者达7.6亿人，参与提供服务人数约7 500万人，同比增长7.1%。平台员工数为598万人，同比增长7.5%。同时，随着互联网新技术与服务业的高度融合，催生了大量类似于外卖、快递、网约车这类生活性服务业，成为离开流水线的农民工重新就业的主力。据不完全统计，截至

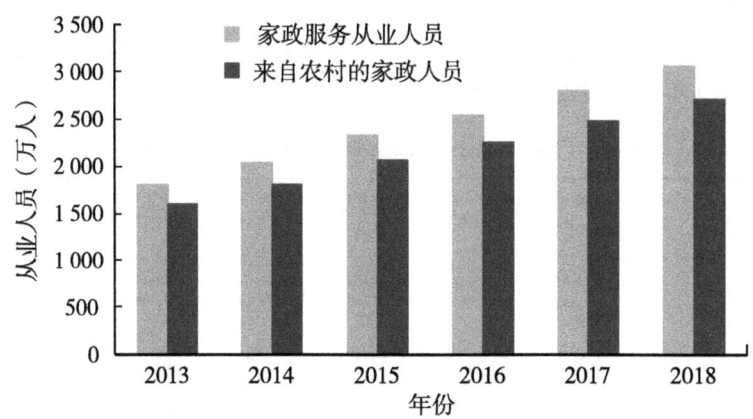

图 6-4　2013—2018 年从事家政服务的农村劳动力人数估计
数据来源：商务部，中国国家发改委社会发展司，58 同城。

2017 年 12 月，外卖、跑腿、即时配送相关物流从业人员已超 800 万人[①]。其中，美团研究院《城市青年：2018 外卖骑手就业研究报告》显示，2017 年，外卖平台交易规模达到 2 969 亿元，较 2015 年（1 348 亿元）增长了一倍多。2018 年，270 万 "骑手" 在美团外卖获得收入，较 2017 年增加 50 万人。美团外卖 270 万 "骑手" 中 77% 来自农村，其中，57% 来自外地农村，20% 来自本地农村，67 万来自贫困县。从省份来看，河南、安徽、四川、广东、江苏是骑手的贡献大省，五省贡献了全国超 40% 的骑手，河南单省贡献比例超过 10%。滴滴研究院《2017 年滴滴出行平台就业研究报告》显示，2016 年 6 月至 2017 年 6 月，共有 2 108 万人（含专车、快车、顺风车车主、代驾司机）在滴滴平台获得收入。

2. 共享经济平台是特殊时期稳就业的重要渠道

共享经济平台为社会特定群体提供了就业渠道。例如，中国劳动和社会保障科学研究院的《中国网约车新就业形态发展报告》显示，截至 2017 年，滴滴平台网约车司机中，建档立卡的贫困人员占 6.7%，有 393 万是去产能行业职工，超过 178 万人是复员、转业军人，还有 133 万失业人员和 137 万零就业家庭[②]。同时，在特殊时期稳就业的作用突出。在新冠肺炎疫情中，这些新就业形态和就业途径更是成了农民就业增收的关键"减震器"。例如，美团外卖配送平台自 2020 年 1 月 20 日至 2 月 23 日，新招聘外卖骑手达 7.5 万个；"饿了么"平台面向全国 832 个贫困县，提供 10 万个以上的餐饮、生活服务等就业岗位，并对贫困县定向招聘 2 万名蜂鸟骑手。这些能够有效承接离开制造业流水线的农村青年劳动力，成为稳定农民工就业的新引擎。

---

① 资料来源：每日经济新闻（2017-12-26）. 外卖经济让 "骑侠" 队伍迅速膨胀　从业人员已约 800 万人 [EB/OL]. [2020-8-20]. https：//m. nbd. com. cn/articles/2017-12-26/1176219. html。

② 资料来源：中国劳动和社会保障科学研究院，《中国网约车新就业形态发展报告》。

三、农业农村创造就业岗位的新渠道

当前农村新产业、新业态、新模式发展已露尖尖角,2018年全国第一产业"三新经济"[①] 增加值达到6 227亿元,相当于第一产业增加值的9.6%。随着城乡融合、三产融合的深化,信息技术快速向农业农村渗透,以及一系列农村优惠补贴政策的实施,休闲农业、乡村旅游及农村电商等新兴产业迅速崛起,正成为农村经济发展的新生力量。其中,休闲农业和乡村旅游、电子商务、农产品加工在2019年已分别成了营收收入高达7 400亿元、12 500亿元和220 000亿元营的巨大产业[②]。所有这些,为农村双创提供了前所未有的发展机遇的同时,对农村劳动力的就业吸纳能力同样前景广阔,有望成就星火燎原之势,成为支撑农村劳动力就地就近就业增长的重要力量。

(一) 休闲农业和乡村旅游业

1. 全国休闲农业和乡村旅游发展态势良好

总体来看,有统计显示,2015年,我国共有休闲农业经营主体26万个,全国休闲农业和乡村旅游接待游客超过22亿人次,营业收入超过4 400亿元,带动689万户农民受益。到2017年休闲农业和乡村旅游业的从业人数达到900万人,比2015年增加100万人,受益农户达到700万人(表6-4)。

表6-4 中国休闲农业带动农民就业情况

年份	经营主体个数(万个)	从业人员(万人)	农民从业人员(万人)	每个经营主体中的农民就业数(人)	带动农户(万户)	接待游客数(亿人次)	营业收入(亿元)
2014	27	679	550	20.6	524	14	3 496
2015	26	800	645	24.8	689	23	4 472
2016	30	844	600	19.7	666	22	5 761

数据来源:根据《中国休闲农业年鉴》(2015—2017年)中的数据计算整理而来。

分省来看,用休闲农业经营主体数量和休闲农业营业收入来衡量休闲农业的发展情况。我们发现在休闲农业经营主体数量上,湖北、重庆、四川、江西、湖南、山东、浙江、河南、辽宁、陕西、安徽、北京,共12个省市的经营主体数量超过1万个,其中,

---

[①] 国家统计局指出,三新经济是新产业、新业态、新商业模式的简称,是经济中新产业、新业态、新商业模式生产活动的集合。三新经济增加值是指一个国家(或地区)所有常住单位一定时期内进行"三新"经济生产活动的最终成果。

[②] 资料来源:农业农村部(2018-08-21).农业农村部着力促进中小企业发展 [EB/OL]. [2020-8-15]. http://www.moa.gov.cn/xw/bmdt/201808/t20180821_6156030.htm.

湖北、重庆、西川的休闲农业经营主体数量超过3万个,分别为3.46万个、3.3万个、3.17万个,排名前10的省份的数量共21.6万个,占全国休闲农业经营主体的69%;在休闲农业营业收入上,排名前10的省份的营业收入均超过了200亿元,分别是四川、山东、安徽、江苏、重庆、湖南、湖北、辽宁、浙江、山西,四川甚至迈入了1 000亿元时代,为1 150亿元,山东和安徽休闲农业营业收入分别为677亿元和616亿元,排名前10的省份的营业收入占到了营业收入总额5 761亿元的76%。从这两项指标来看,湖北、重庆、湖南、四川、山东、浙江、辽宁这7省的休闲农业相对发展较好,不管是经营主体数量还是营业收入均居于全国前10(图6-5)。

另外,休闲农业的接待人次也可以反映休闲农业的发展情况,共有8个省份的休闲农业接待人次超过1亿人次,分别是四川、湖南、重庆、青海、山东、陕西、安徽和江苏。排名前10的省份接待的人次占全国总接待人次的68%。而天津、广东、上海、内蒙古、青海、宁夏回族自治区(全书简称宁夏)、海南这些地方的休闲农业发展较慢,天津、广东、上海属于城市化较高的地区,农业GDP占比较低,自然休闲农业发展的基础相对较弱。

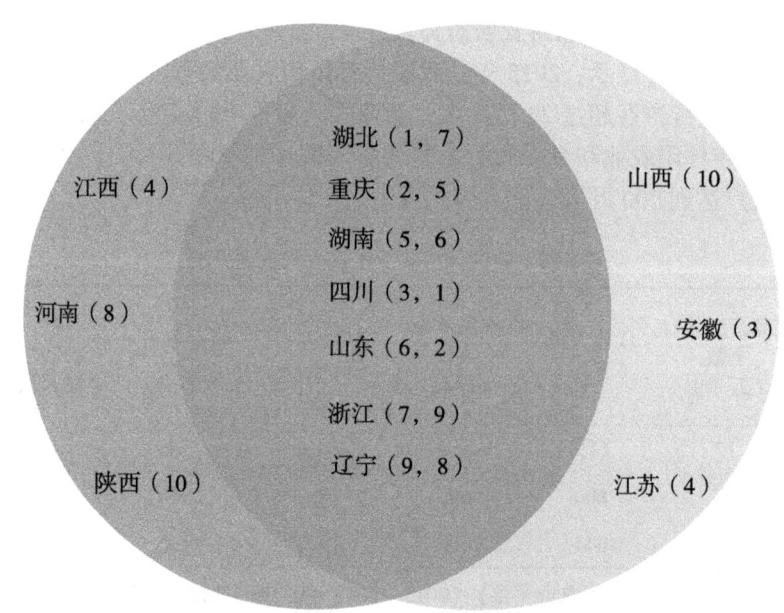

图6-5 2016年休闲农业发展排名情况

数据来源:根据《中国休闲农业年鉴》(2017)中的数据计算整理而来。

注:交叉部分表示的是休闲农业经营主体数量和营业收入均排名前10的省份;括号里面的数字表示的是其排名数,第1个数字表示的是经营主体数量排名,第2个数字表示的是营业收入排名,如湖北(1,7),表示的是经营主体数量排名第1,营业收入排名第7;非交叉部分的省份即表示所在圈的排名,如江西(4),表示其在农业经营主体的排名是第4位。

2. 休闲农业带动农民就业效应明显

总体来看，2015年，休闲农业从业人员800万人，其中农民从业人员645万人，占从业人员总数的80%，平均每个经营主体带动25个农民实现就业。从分省情况来看，以2016年为例，用休闲农业中农民就业总人数和平均每个经营主体带动的农民就业人数来反映休闲农业带动农民就业的情况。我们的研究发现：在休闲农业中就业的农村劳动力总规模上，排名前10的是四川、江西、江苏、山东、安徽、重庆、浙江、湖南、河南、湖北（图6-6），其中：四川带动的农民就业人数突破100万人，带动的农户数为61万户，江西、江苏紧随其后，分别带动90万、88.5万农民就业，山东带动的农民就业规模也超过50万人，为56.6万人，排名前10的省份共带动558万农民就业，占到了休闲农业中农民就业总量的74%，而排名后10位的省份的农民就业规模仅为6%左右。说明休闲农业中的农民就业在省市分布上及其不均衡。而从休闲农业经营主体带动农民就业的能力来看，各地经营主体的就业带动能力也是天壤之别。休闲农业经营主体带动能力最强的是江苏，平均每个经营主体带动的农民就业人数高达122.9个，远远高于其他省份，是最低省份的20多倍。

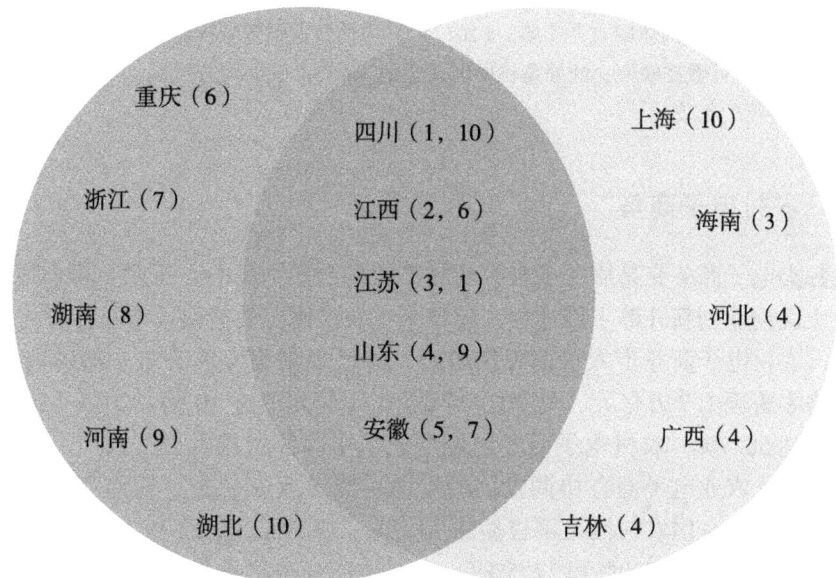

▨ 农民就业人数排名前10省份　　▨ 单位经营主体带动的农民就业人数排名前10省份

图6-6　2016年中国休闲农业带动农民就业能力排名前10省份

数据来源：根据《中国休闲农业年鉴》（2017）中的数据整理分析而来。

注：交叉部分表示的是休闲农业中就业的农民总数和单位经营主体带动农民就业数量均排名前10的省份；括号里面的数字表示的是其排名数，第1个数字表示的是农民就业人数排名，第2个数字表示的是单位经营主体带动的农民就业人数排名，如四川（1，10），表示的是休闲农业中就业的农民总数排名第1，每个经营主体带动的农民就业人数排名第10；非交叉部分的省份即表示所在圈的排名，如红色圈中的重庆（6），表示其休闲农业中的农民就业数的排名是第6位。

同时,休闲农业带动就业的能力各省差距较大。进一步,我们将休闲农业发展的各个指标分别平均分为高、中、低3个组别,如表6-5所示。排名前10的省份,每个经营主体带动的农民就业人数平均为52.6人,除去江苏外其他9省的平均值也是44.7人,高、中、低组平均每个经营主体的农民就业带动能力分别为52.6人/个、22.3人/个、11人/个,高组分别是中组和低组的2.4倍和4.8倍。从业人员中的农民比例普遍较高,低级别组的也达到了78.4%;休闲农业中农民就业的总人数高水平组平均为55.9万人,分别是中水平和低水平组的3.7倍和12.9倍。

表6-5 休闲农业发展的组别比较

	经营主体个数（个）	营业收入（万元）	接待人次（万人次）	农民就业人数（人）	从业人员中农民占比（%）	每个经营主体带动的农民就业人数（人）
高组	21 642.4	4 386 204.0	14 860.5	558 666.9	91.3	52.6
中组	7 474.1	1 039 267.0	5 005.2	150 511.4	85.6	22.0
低组	2 344.8	335 868.5	2 028.3	43 365.5	78.4	11.0

数据来源：根据《中国休闲农业年鉴》（2017）》中的数据整理分析而来。

注：由于西藏统计数据缺失,此处是将中国其余的30个省份平均分成高、中、低3个组别,每组共10个省份进行的比较。

(二) 农村电子商务

依托各类电子商务交易服务平台、商品集散平台和物流中心而发展起来的农村电子商务,为农民创业创新开辟了新途径。近年来,农村网民数量快速增长,农村网购市场增长迅速,农村电子商务步入快速发展阶段,并呈现集聚发展态势。2019年,全国农村实现网络零售额1.7万亿元,是2014年的0.18亿元的近10倍,2014—2019年的年均增长率高达56.7%。农村电子商务已经形成东中西部竞相发展,农产品、农业生产资料、休闲观光农业电子商务协调发展的局面,2018年东、中、西部和东北地区农村网络零售额分别占全国农村网络零售额的77.3%、13.6%、7.2%和1.9%,同比增长分别为29.1%、34.5%、37.0%和27.5%[①]。农村电子商务产业发展,为农民提供了更多的就业岗位和机会。特别是当农村网民通过网店业务意识到不用外出打工照样可以赚到钱时,无形中会吸引更多的外出务工农民返乡就业、回乡创业。具体来讲:农村电子商务的发展对农村劳动力就地就近就业的影响主要通过农村网上创业和农产品电商带动生产制造、快递物流、网络销售等相关就业人员。

1. 农民网商创业

一是农民网商创业不断增长,带动就业人数一路飙升。农村网商在解决农村剩余劳动力的就业问题的同时,通过创造出新的产业或者带动传统特色产业转型升级,在一定

---

① 数据来源：《中国农村电子商务发展报告（2018—2019）》。

程度上对促进乡村产业振兴、实现贫困人口脱贫，以及破解农村空巢老人、留守儿童等诸多社会难题上都发挥了重要作用。截至2019年9月初，中国农村网商已接近1 200万家，累计带动就业人数超过3 000万人①，这些岗位广泛分布在生产制造、快递物流、销售等行业，较2016年的816万家，增加了384万家，增长47%，在带动就业人数上，相比2016年增加了1 000万人。同时，农村电商的蓬勃发展吸引了大量在城务工的乡村人才返乡创业，截至2018年年底共计740万人②。电子商务的特殊性还为农村残疾人提供了就业机会，帮助他们脱贫致富，成为精准扶贫的重要途径之一。但也应注意到，农民网商在带动就业方面面临的困境，如：农民网商文化水平较低、不懂互联网创业及就业技能、同质化竞争加剧等导致农民网商就业岗位不稳定，农村电子商务就业培训滞后，缺乏资金、模式、技术保障等。

二是农村网商呈现集聚发展态势，形成了广泛分布的淘宝村和淘宝镇。阿里研究院的资料显示，截至2019年6月底，全国淘宝村数量达到4 310个。从地区分布上看，东部地区拥有4 138个，占比96%，中部地区有127个，占比3.2%，西部地区仅为19个，占比0.4%，东北地区有16个，占比0.4%。从省份分布上看，浙江的淘宝村数量最多，并远远高于其他省份，为1 573个，其次是广东、江苏、山东、河北、福建，分别为798个、615个、450个、359个和318个。淘宝镇达到1 118个，其中活跃网店数244万个。2019年，已在全国国家级贫困县发现63个"淘宝村"，超800个"淘宝镇"在省级贫困县形成，比上一年增加200个，成为当前精准扶贫的重要途径之一。

三是淘宝村在拓展乡村"第三就业空间"的效应巨大并且极具弹性。中国的淘宝村已经在国际上得到关注，被世界银行发布的《2019年世界发展报告》作为新技术创造就业的典型案例。2018年7月1日至2019年6月30日，全国淘宝村和淘宝镇网店年销售额超过7 000亿元，在全国农村网络零售额中占比接近50%，创造了7 000亿元的销售额，在全国农村网络零售额中占比接近50%，淘宝村共带动683万个就业岗位。通过对比淘宝村的销售额与就业人数发现，在中国的城市中，淘宝村的销售额仅次于北京市、上海市、广州、重庆市，社会消费品零售总额分别为11 748亿万元、12 669亿万元、9 256亿万元和7 977亿万元。而在就业人口上，中国就业人口最多的城市北京2019年的就业人口是1 570万人，上海是1 357万就业人口，南京市是795万就业人口，也就是说，中国淘宝村解决的就业岗位相当于解决了半个上海市、一个南京市的就业人口（图6-7）。下一个十年，预计全国淘宝村将超过2万个，将带动超过2 000万人的就业机会，更多的年轻人返乡创业就业③。

2. 农产品电商带动就业

自1998年拉开序幕以来，农产品电商历经了起步、生鲜时代、品牌大战、融资高

---

① 资料来源：商务部（2019-09-05）. 农村网商已接近1 200万家 带动就业超3千万［EB/OL］.［2020-8-15］. https://finance.sina.com.cn/roll/2019-09-05/doc-iicezueu3680389.shtml。

② 资料来源：商务部国际贸易经济合作研究院课题组，2019. 2019中国电商兴农发展报告［R］。

③ 资料来源：阿里研究院，南京大学，浙江大学，等. 淘宝村十年：数字经济促进乡村振兴之路，中国淘宝村研究报告（2009—2019）［EB/OL］. http://www.199it.com/archives/935385.html。

峰、线上线下融合、理性回归与高质量发展6阶段（人民网新电商研究院，2019）（图6-8）。主要形成了基于消费者定制的C2B/C2F模式，直接通过线上销售的S2B/S2B2C平台电商模式和B2B/B2B2C垂直电商模式，以及基于体验式消费的O2O模式，带来了生产者利润增加，消费者消费体验升级，更释放了大量的就业岗位。

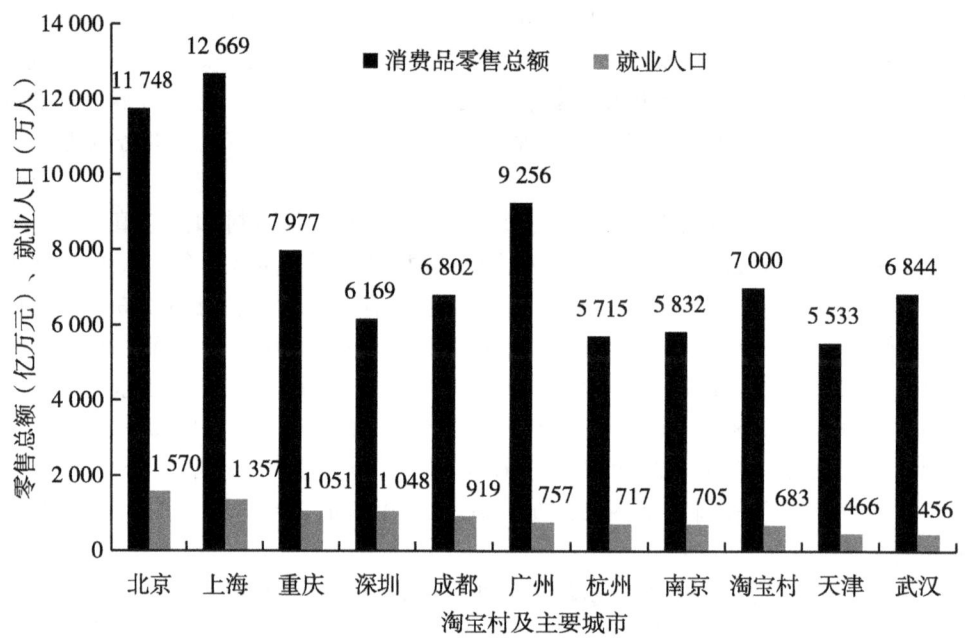

图6-7　2019年淘宝村与主要城市的销售额和就业人口对比情况

数据来源：根据国家统计局城市社会经济调查司《2019年中国城市统计年鉴》中的数据整理分析而来。

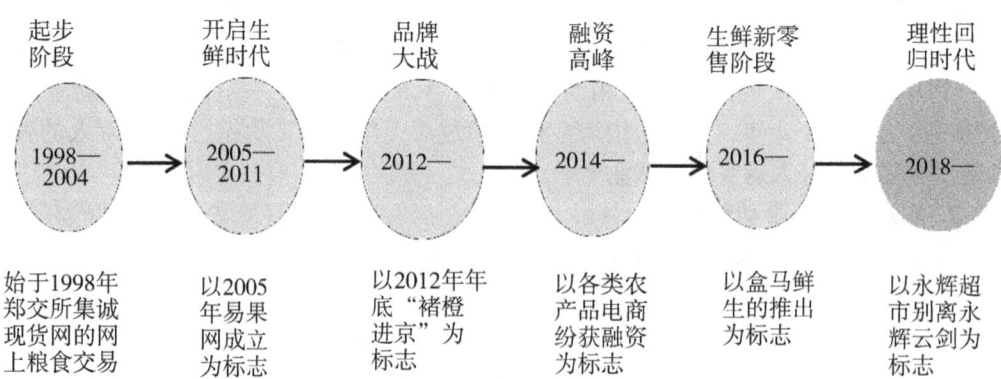

图6-8　中国农产品电商产业发展历程

一是各类农产品电商平台带动了当地物流、运营、农产品加工等就业岗位的增加。以农产品电商平台拼多多为例，2018年，拼多多平台激发数亿消费者购买贫困地区农产品，农产品及农副产品订单总额达653亿元，较2017年的196亿元同比增长233%。截至2018年年底，拼多多平台注册地址为国家级贫困县的商户数量超过14万家（经营类目以农产品和农副产品为主），年订单总额达162亿元，累计帮扶17万建档立卡户。其中，注册地址包括西藏、新疆南疆四地州和四省藏区，甘肃临夏州、四川凉山州和云南怒江州在内的"三区三州"深度贫困地区的商户数量近2.5万家，相关订单总额达9.35亿元，涉农产业链条带动当地物流、运营、农产品加工等新增就业岗位超过30万个。同时，基于"最初一公里"，直连"最后一公里"的产销模式，2016—2018年，累计带动6.2万新农人返乡，平台及新农人直连的农业生产者超过700万人，基本实现覆盖中国各大主要农产区。其中，2018年带动的1.8万名新农人中有超过1.1万人为返乡人才[①]。

二是随着电商政策红利的释放，消费需求的升级，农产品电商有望为农村劳动力就业提供更广阔的舞台。一方面，消费者消费行为、方式变化将扩大农产品电商发展空间。当前通过电商销售的农产品比例低，仅为2%，但消费者消费行为和消费方式发生重大变化，对质量、新鲜度、安全、品牌、附加价值、购买便利性及快捷性等要求提高，消费者保持"在线状态"规模前所未有以及QQ、微信群等移动社交网络带来的购物社交化趋势，为农产品电商发展提供了良好契机。另一方面，农产品平台交易活跃，高增长趋势仍将延续。农产品网络上行正在步入高速成长通道，《2019中国电商兴农发展报告》数据显示，2018年全国农产品网络零售额达3 490.7亿元，同比增长43.3%，2019年前三季度全国农产品网络零售额2 824.7亿元，同比增长26.4%。

（三）县域"互联网+"零工经济

县域"互联网+"零工就业新模式有望成为稳定农民就业的重要渠道。基于移动互联网、大数据、平台共享等的零工经济下沉发展，为县域劳动力创造了大量新的就业机会。《2019中国县域零工经济调查报告》显示，县域市场有零工收入的人群达到了52.27%，"互联网+"类零工在各种零工类型中排名第一，占比35.11%（图6-9）。

---

① 资料来源：根据《2018拼多多"扶贫助农"年度报告》资料整理。

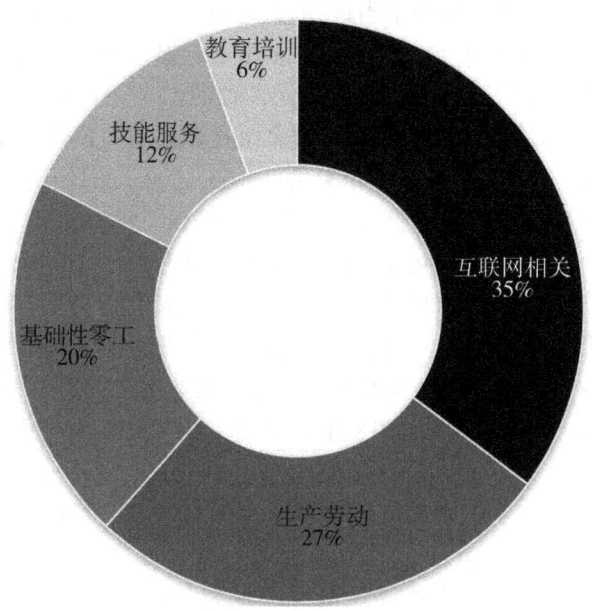

图 6-9　从事零工工种类型分布

数据来源：58 同城、清华大学社会科学学院县域治理研究中心，《2019 中国县域零工经济调查报告》。

第七章
新冠肺炎疫情对农民工就业的冲击

突如其来的新冠肺炎疫情，对农民工就业形成剧烈冲击，成为疫情当前迫切需要解决的问题之一。全球新冠肺炎疫情远未见顶，世界经济陷入二战以来最严重衰退。随着疫情对实体经济影响的加深，疫情对就业影响日益凸显。农民工是就业的重点群体，无论是脱贫攻坚成果巩固、乡村振兴和城镇化发展，农民工都不可或缺。2019年农民工总量2.91亿人，占就业总人口的37.5%，其中外出农民工1.74亿人，占城镇就业人口的39.4%。与此同时，农民工灵活就业人数多、竞争能力弱、职业转换难度大、抵御风险能力弱，是就业最脆弱群体，更易受到突发事件冲击。从历史上看，2003年非典造成大约800万~1 000万农民工从城市回流农村，占农民工总人数的8%（莫荣，2003）；2008年，全球金融危机使得中国约有1 200万农民工失业（盛来运等，2009）。本次疫情也不例外，农民工成为受疫情影响最大、最全面，也最为直接的群体（刘尚希，2020）。因此，在今后较长时期内，应当将农民工就业问题至于就业工作的优先位置，不仅对于今年决胜全面小康和决战脱贫攻坚意义重大，对于稳住整个就业基本盘、推进服务业、制造业转型升级乃至建设现代化强国都至关重要。

一、现有研究综述

疫情发生以来，许多专家学者围绕新冠肺炎疫情对农村劳动力就业影响程度研判、影响机制分析和应急对策建议等方面开展了研究。

（一）影响程度研判

快速蔓延的新冠病毒肺炎疫情及管控措施，对就业稳定形成了巨大冲击，农民工是受影响最严重的群体之一，相关应急研究主要分析了疫情对农民工就业规模、结构和意愿的影响。总体看，疫情导致中国就业岗位压缩、就业机会减少和就业难度增加（任泽平，2020）。农民工灵活就业人数多、竞争能力弱、职业转换难度大、抵御风险能力弱，受疫情影响更深，且影响程度要远大于"非典"（刘尚希，2020）。外出就业受阻、稳定性减弱、返乡留乡人数增多以及就业意愿的改变，是农民工就业压力显著加大的具体表现。国家统计局和农业农村部的数据显示，2020年4月末约有1 700万返乡的农村劳动力未外出务工，6月，城镇外来农业人口（主要是进城农民工）失业率同比高0.7个百分点，截至2020年7月底，全国新增返乡留乡农民工就地就近就业1 300多万人。国家统计局数据显示，受疫情影响，2020年1—2月的城镇新增就业人数为108万人，为有记录以来的最低值，2月全国城镇调查失业率攀升为6.2%，环比上升0.9个百分点。有预测显示，疫情短期内将使超9 000万劳动力就业受影响，其中：农民工就业主要行业的制造业就业人数预计减少1 323万人，批发和零售业减少1 956万人，仓储和邮政业以及住宿和餐饮业减少1 561万人和740万人（张玉梅等，2020）。旅游业基本停摆，从业人员主要是农村劳动力的乡村休闲旅游业同被按下"暂停键"，超900万从业人员被波及（吴浩等，2020）。人社部和国扶办最新数据显示，截至2020年3月8日，2.9亿农民工中仍有约5 200万人未返岗，其中贫困劳动力超过1 000万人。外出务工人员较多尤其是湖北等地区农民工，以及贫困人口、农村弱势群体的就业问题尤为突出。国务院扶贫办数据显示，截至 2020 年 3 月 24 日，湖北省才实现跨省务工零的突破；截至 2020 年 4 月 1 日，中西部 22 个省份 35 万多个扶贫项目开工率仅为 60%，重点地区、特殊群体农民工就业受到的影响更最大、更为直接。同时，疫情在一定程度上影响农民工就业意愿、就业结构和就业方式。受担心感染、隔离观察、交通障碍等因素影响，部分农民工就业意愿下降，选择就地就近创业就业的农民工比例上升（张茜，2020），农民工就业可能重新调整（崔艳，2020）。

（二）影响机制分析

在劳动力供给和需求两侧，疫情都对农民工就业产生了冲击，并从供给端正在转向需求端。早期管控措施导致农民工无法及时返岗，随着疫情的全球蔓延，制造业供应链中断，服务业全面停摆，内外需求疲弱，相关行业的农民工失业风险明显变大。最初就业冲击主要体现在限制人员流动、交通阻断等劳动力流动性障碍带来的务工受阻延迟（张红宇，2020）以及农民工就业主要行业的就业存量下降（刘守英，2020）。随着海外疫情冲击并迅速传导至国内，国内外对最终产品的需求急剧下降，就业存量下降同时新增就业困难，农民工就业挑战转向需求端，尤其中小微服务业企业和出口产业链上就业的部分农民工面临无工可打的困难局面（王海荣，2020）。出口部门压力持续加码，国家统计局数据显示，七大劳动密集型产品出口 2020 年 1—2 月累计同比下滑 26.3%，出口企业面临订单被取消、减产、裁员等困境，农民工失业风险上升（杨志明等，2020）。服务业在经济结构中占据半壁江山的情形下，基建投资、房地产等领域发力，稳就业效果将相应减弱（谢玲红，2020）。作为农民工新增就业主要渠道的餐饮、消费等服务业由于劳动密集型和人员集聚性受到严格管控，就业农民工变成待业增量，恢复尚需时日，其中一部分可能转变为失业增量（刘涛，2020）。农民工就业主要载体的中小微企业普遍面临复工需求疲软、复工成本高、现金流恶化、经营停滞，甚至倒闭绝境等严峻挑战，将迅速传导给农民工，影响未来农民工就业稳定性（杨志明等，2020）。同时，扶贫项目开工率不足、乡村旅游暂时停摆、相关企业和种养户的经营困难等一定程度上对贫困人口和农村留守人员的就地就近务工产生影响（韩杨，2020）。未来疫情对农民工的影响程度取决于疫情延续时间、投资、消费与出口的恢复，市场投资预期，宏观政策和改革举措（刘尚希，2020）。

（三）对策建议

现有研究主要以保存量、拓增量、畅供需、强兜底为目标，提出了稳定农民工就业的对策建议。减轻中小微企业负担，加大复工复产支持力度，通过减税免租、增加就业补贴、疏通制造业要素链、共担企业复工风险等举措帮扶吸纳农民工多的重点行业、重点企业发展，稳住农民工外出就业渠道（都阳，2020）。加大农村基础设施和产业投资力度，为农民工创造就地就近创业就业的机会，支持农民工自主创业、引导返乡农民工投身农业、挖掘重大工程项目用工潜力（游钧，2020）、促进农业产业融合、延长农业产业链、支持农产品直播直销新业态等方式为农民工创造更多就地就近就业岗位（乔金亮，2020）。优化转移对接服务和职业技能培训，加强输出地与输入地有效对接、加强企业用工情况监测，加强有组织对接服务开展线上技能培训、就业指导和招聘活动，组织开展定向劳务协作等举措有序推动农民工返程务工（张红宇，2020）。加强农民工困难群体的兜底保障，关注困难农民工就业问题，开发公共卫生、消毒保洁、疫情防控等临时公益性岗位，实施暂时性托底安置（韩杨，2020），通过财政专项扶贫资金给予大规模吸纳贫困农民工就业的主体以奖励，发挥中央企业帮扶贫困农民工就业的作用（王醒，2020；冯宗宪，2020）。

（四）文献简要评析

新冠肺炎疫情爆发以来，农民工就业问题深受政府和研究机构关注，针对短期影响程度和影响机制的研究较好地发挥了决策支撑作用。但是，面对百年未遇的新冠肺炎疫情，受疫情蔓延、研究时间仓促和数据素材不足等因素限制，既有研究未能研究疫情对农民工就业影响的系统性、长期性和战略性问题。当前，疫情发展态势仍不明朗，包括中国在内主要经济体的财政金融刺激力度尚不确定，全球经济形势、我国整体就业形势、农民工就业重点行业和重点地区发展态势会随之发生深刻变化。面对上述全局性冲击，既有研究未能研判疫情对农民工就业的具体影响，缺少对疫情的中长期影响预判，缺乏对后疫情时代农民工就业重大战略问题的关注和探讨。本项目在聚焦短期影响的同时，分析疫情对农民工就业的可能中长期影响，展望今后可能的研究方向和研究重点。

二、新冠肺炎疫情对农民工就业的影响机制、路径及程度

在劳动力供给和需求两侧，疫情都对农民工就业带来冲击，并随着时间的推移，从供给端逐渐转向需求端。短期内，疫情造成劳动力流动性障碍，带来农民工供给的阶段性降低。随着疫情的全球加速扩散，疫情影响全球供应链，对我国农民工就业的影响转向需求端，造成农民工需求减少、就业稳定性减弱、返乡留乡人数增多及就业意愿改变，并将在今后较长时间内持续影响农民工就业增收。

结合我国疫情防控进程、防控策略、复工复产进度及全球疫情情况等，可将疫情对农民工就业的影响大致分为两个阶段。第一阶段是疫情发生至国内疫情基本得到控制，也即第一季度。该阶段疫情对农民工就业的冲击主要是限制人员流动、交通阻断等劳动力流动性障碍带来的务工受阻、延迟。第二阶段是国内复工复产，但疫情全球蔓延，从第二季度开始至今。该阶段主要是国外疫情通过产业链、贸易、外需、金融市场等迅速传导至国内，造成我国制造业供应链中断、外需疲弱，农民工就业挑战转向需求端。现结合上述阶段划分，重点从行业、企业及个体的层面，分析疫情对农民工就业的影响路径和冲击程度（图7-1）。

第七章
新冠肺炎疫情对农民工就业的冲击

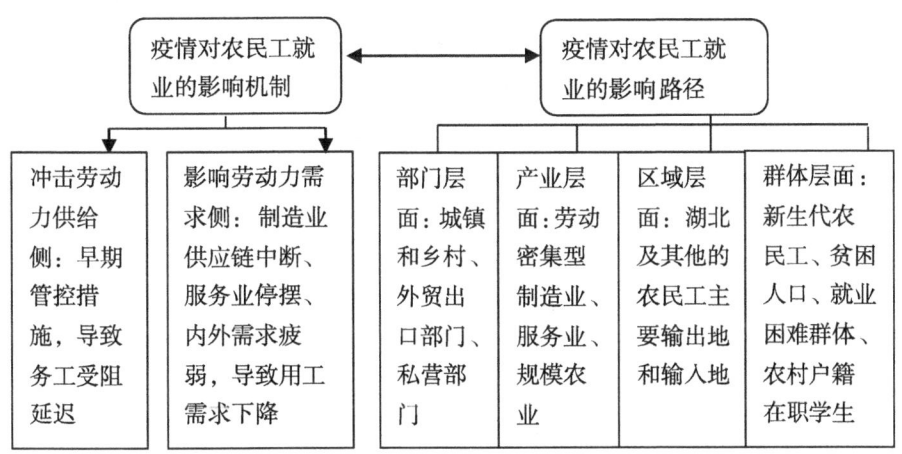

图 7-1 疫情对农民工就业的影响机制及影响路径

(一) 行业：各行各业都难，用工乏力，农民工失业风险上升

疫情严峻复杂，要稳住农村居民的就业收入基本盘，就得抓住重点产业和行业，找准弱项。从产业看，服务业是就业收入增量的主要来源，建筑业和制造业的兜底作用突出。《2018年农民工监测调查报告》表明，服务业吸纳农民工的占比连续增长到2018年的50.5%，制造业和建筑业的占比为27.9%和18.6%。从行业看，数字经济支撑的现代服务业，对农村青年的稳岗增收作用日益突出，服装纺织等重点制造业行业，对具有一定技能的农村劳动力意义重大。通过互联网平台，越来越多的农村青壮年在快递、外卖、网约车、家政服务业就业。相关机构的统计显示，2018年美团外卖骑手总数达到270万，网约车司机有3 000万，《人民日报海外版》2019年的调查显示，来自农村的员工，在外卖平台美团公司占75%，在网约车平台滴滴公司占76%。对于接受过职业教育或者有从业经验的农村劳动力而言，服装纺织、电子设备、食品加工、塑料制品这四大制造业行业依然重要。要特别关注的是，农业扶贫产业和农村规模化经营项目，是贫困人口和农村留守人员重要的收入来源。具体来看，疫情主要通过影响服务业、制造业和建筑业给农民工就业带来冲击。

1. 从服务业看，疫情导致行业有效需求快速下跌，短期内吸纳的农村青壮年农民工"断崖式"下降

传统服务业是农民工就业的主导产业，也是疫情冲击最严重的产业。疫情暴发正值服务业消费旺季的春节时期，叠加服务业劳动密集性、人员聚集性、员工流动性更强的特点使其防疫管控更严，成为短期内疫情冲击最直接、最大的领域。一季度，服务业面临近年来最大挑战。统计局及财新数据显示，2月，中国服务业PMI录得26.5，下滑25.3个百分点，服务业新订单指数跌至历史新低[①]，3月服务业生产指数累计同比下降

---

① 资料来源：财新网 (2020-03-04). 2月财新中国服务业PMI降至26.5为有数据以来最低 [EB/OL]. [2020-8-15]. http://pmi.caixin.com/2020-03-04/101523685.html.

11.7%,整个第一季度服务业增加值同比下降 5.2%。农民工就业主要渠道的餐饮、住宿、旅游业等传统服务业在春节期间营收几乎归零、所受冲击最大。据中国烹饪协会报告显示,春节假期 7 天内,疫情已对餐饮行业零售额造成了 5 000 亿元左右的损失,93%的餐饮企业都选择了关闭门店,其中:78%的餐饮企业营收损失达 100%以上;9%的企业营收损失达到九成以上;7%的企业营收损失在七成至九成;营收损失在七成以下的仅为 5%①。第一季度,全国餐饮收入仍同比下降 44.3%。与此同时,绝大部分快递物流企业迟迟无法复工,网约车处于感染风险大和无客可载的双重困境,家政服务业也无法重新形成有效需求,农村青壮年的就业压力增大。2019 年全国家政服务人员超 3 000 万人,截至一季度末,家政行业复工率仅为 40%左右,按家政服务业 88.6%的从业者来自农村②来推算,疫情共造成 1 594.8 万农村家政人员暂时性失业。

2. 从制造业和建筑业看,疫情导致产能被迫收缩,长期看部分农民工或将面临无工可打的困难局面

从制造业看,疫情对农民工就业的影响,随着时间推移依次表现为:疫情严控之下出行不便带来的用工短缺、制造业供应链中断及外需减弱带来的用工需求减少。在第一阶段,制造业生产主要因原材料供应、劳动力不足等几乎停滞,制造业投资增速暴跌,创历史新低。据统计,1—2 月制造业投资累计同比-31.5%,其中农副食品、食品、纺织等农民就业主要行业的投资下滑均大于制造业投资整体下滑程度。同时,许多外贸企业无法按期交货。湖北、广东、浙江等早期疫情严重省份,在电子、汽车、纺织等产业链上有着举足轻重的作用,原材料和中间产品供应链暂时断裂,工业品出口和关键原材料进口受阻,员工无法按时返岗,产品订单无法如约完成。随着海外疫情蔓延,国外需求被抑制,其影响迅速传导到纺织品、服装、箱包、鞋类、玩具、家具、塑料制品等具有很强出口依赖的劳动密集型加工制造业,海外订单大量减少、暂停和取消。由于我国仍属于典型的劳动密集型或低技术型的产品结构,外贸产业以及派生出的相关产业链条吸纳了大量农民工就业,部分行业农民工从业人员占比高达 80%。外需萎缩,用工随之萎缩。而拓展外贸新市场、外销转内需等效应发挥尚需时日,在这些出口产业链上就业的农民工的就业形势,骤然变得更为严峻,部分农民工未来或将面临无工可打的困难局面。从建筑业看,回旋余地相对较大,但是全力支持防疫的财政和金融政策,建筑和基建行业获得的支持力度可能会变小,就业带动作用也相应减弱。而且建筑业和制造业发展息息相关,疫情带来的制造业收缩不利于建筑业的发展。尽管未来政府布局包括 5G、人工智能、数据中心等科技领域和教育、医疗等民生领域新基建,但新基建与传统基建不同,给普通农民工创造的就业机会相对较少。

3. 从农业农村内部产业看,疫情冲击种养业、乡村旅游业,一定程度上对贫困人口和农村留守人员就地就近务工产生影响

受地理位置、经济联系程度及人口流动差异等因素影响,总体来看,疫情对农村产

---

① 资料来源:中国烹饪协会,《2020 年新冠肺炎疫情对中国餐饮业影响报告》。
② 资料来源:58 同城,(2019-08-30). 家政服务行业报告 [EB/OL]. [2020-8-15]. https://finance.sina.cn/stock/relnews/us/2019-08-30/detail-iicezueu2166587.d.html?from=wap。

业的冲击相对较小。农业是农民就业的基本行业和保障行业,农产品销售及种养殖业因疫情受到一定影响。疫情早期,部分地区蔬菜、水果出现滞销、价格下跌等。中国农业科学院的调查显示,湖南永顺县2月中旬柑橘积压8 000吨,白菜、萝卜、菜薹等时令蔬菜滞销面积达1.39万亩、产量3.78万吨,椪柑价格从年前的2.0元/千克降到1.00元/千克,柚子从7.0元/千克降到5.0元/千克,同时由于快递恢复慢,线上销售影响较大。养殖业发展受影响显著,早期生产资料购买和产品销售受阻,活禽市场关闭,家禽养殖损失较大,并对野生动物养殖业造成重大影响。近年来,人工繁育野生动物养殖业日益壮大,是部分县解决农民就业、脱贫致富的重要手段。数据显示,2016年,我国野生动物养殖产业的专兼职从业者有1 400多万人,创造产值超过5 000亿元。疫情发生后,全国各地检查的野生动物人工繁育场所达15万处之多,收缴野生动物39 000多只。随后国家出台禁止野生动物交易立法、农业部门调整特种养殖政策,部分特种养殖地区因禁令导致相关企业和种养大户经营困难,直接传导到农民工尤其是贫困人口的就地就近就业中。乡村旅游业是农民工就地就近务工的重要渠道,在第一季度基本也处于夭折状态,按照2014—2017年乡村旅游业就业人数平均增速为9.85%及农民就业人数平均占比为77.57%估算的话,2019年乡村旅游业共吸纳1 086万人就业,疫情波及的农民从业人员超过800万人。同时,在严格防疫措施下,部分地方脱贫攻坚进程被按下"暂停键"。截至3月10日,易地扶贫搬迁配套、饮水安全、农村道路等项目开工不足,中西部22省今年计划的35万多个扶贫项目,开工率仅1/3,东西协作及定点扶贫行为也不同程度地受到疫情影响。随着国内疫情得到控制,乡村旅游、扶贫产业得到恢复,但野生动物养殖业就业的农民工需要转型发展。

(二)企业:复工复产难,经营发展难,农民工就业不稳定性增大

1. 疫情前期,企业复工复产难,直接影响农民工返岗务工进程

截至3月16日,全国生活服务企业复工率超过60%。一是复工条件严。虽然许多企业要尽快完成订单,有强烈的复工意愿,但是要满足所有必要条件,才能真正复工,首先得计入政府的复工许可名单,然后考虑防控物资保障、原材料及配件供应、配套企业复工、交通运输等情况,更要确保流水线上的工种齐全。二是复工审核慢。疫情形势虽然向好,但防疫仍然第一,没有哪个政府部门能够独担审批重责,逐级报批手续杂、耗时长,企业实际难以快速复工。四川L市某个要复工的小企业,拟上岗人数只有45人,且没有市外人员,2月12日填报的复工复产审批表,要盖9个章,签9次名,企业得先说明理由,然后要请属地政府、应急管理、生态环境、卫生健康、行业主管、政府分管领导、疫情防控指挥长逐一审批。三是复工成本高。务工人员返回后要隔离14天,企业在此期间需要支付基本工资和社保费用,同时有成本不菲的伙食费、防护物资费,如果企业没有员工宿舍,还得付费在宾馆隔离员工,政府补贴远远低于企业实际成本,资金实力弱的企业,根本无力承担高额的隔离成本,不敢贸然复工。四是复产风险大,顺利结束隔离后,如果复工的员工有一个确诊,就得算工伤,整个企业要停工隔离14天,企业还得支付工资,即使复工企业自己没出任何问题,产业链上下游其他企业出了问题,也会给这家企业带来不可估量的损失,绝大部分企业显然没有能力承受这么

大的风险。

2. 疫情后期，企业经营发展难，无法为农民工提供充足就业岗位

中小企业、民营企业为农民工提供了最多的就业岗位，但其规模小、本身资金薄弱、业务相对单一、筹资能力和抵御经营风险的能力较差。在客户、业务和收入来源降低，但房租、员工工资等刚性支出却未减少的长期影响下，现金流吃紧、发展艰难，甚至已陷入倒闭绝境。中小企业上述问题会传导给农民工，带来农民工需求减少。最应该警惕的是外贸制造业中小企业和服务业中小企业。一旦外贸制造业中小企业产业链断裂，短期就很难恢复，如果出现外贸倒闭潮，将可能导致1 500万~1 800万人的失业。而服务业中小企业即使复工，由于消费低迷、产业链传导、成本增加、资金占用等因素，实际经营困难将会持续加大。如果这些企业无法在疫情期间活下来，可能会影响未来就业稳定性，导致较大规模群体性失业。

（三）个体：出村受阻，进城隔离，外出找工作困难多

1. 疫情管控措施造成农民工返岗难

具体体现在两个方面：一方面，务工人员出村受阻。新冠肺炎传染性强，农村防护物品严重匮乏，居民防范意识相对较弱，即使在疫情相对较轻的地区，还在封锁村庄、禁止出入、阻断交通，这些举措一旦实施，就很难灵活放松，除非得到政府的明确指令，或者疫情完全得到控制，虽然缺乏详尽的一线调研访谈，但从农村自媒体看，现在要外出务工，跨出村门都难。另一方面，回城后行动受限，隔离成本得自行承担。对于能够返回务工地的人而言，没有健康证明，没有防护口罩，没有可靠住所，是最现实最紧迫的难题，他们面临感染风险，还得面对防疫人员严厉的强制措施，部分人甚至被禁止进入出租屋，找工作难，正常工作也难。更为重要的是，各大城市要求外来人员居家隔离14天，如果没有稳定的住所，要么返回原籍，要么自费在指定地点隔离，这显然会改变务工者的预期和决策，经济和风险承受能力弱的人将继续滞留农村。

2. 疫情使特殊农民工群体面临就业安全挑战

一方面，疫情前期，湖北地区的农民工就业问题突出。受疫情影响最严重的湖北，也是农民外出务工大省。据统计，湖北常年有1 000多万外出务工人，其中省内务工500多万人。疫情发生以来，大部分省内农民工和省外务工未返岗农民工基本绝收。而停留在外的湖北籍农民工在择业时，遭受歧视的不在少数，处境艰难。例如，个别劳务派遣公司明确"规定不招湖北人，一直在深圳的湖北人也不要"。同时，作为脱贫攻坚关键省，剩余贫困人口5.8万人，因疫致贫返贫和稳定脱贫压力并存。另一方面，农村困难群体的务工就业难以保障，返贫、致贫风险上升。疫情阻断了部分贫困户、刚脱贫户、边缘户以及高龄农民工、残疾人等群体的就业创收来源。国务院扶贫开发领导小组办公室统计，2019年共2 729万贫困劳动力在外务工，贫困家庭2/3左右的收入来自外出务工。截至3月18日，25个省份已外出务工贫困劳动力仅是去年同期的62%，超过1 000万的贫困劳动力尚未外出就业。同时，贫困人口本地就业也受影响。疫情使部分地方脱贫攻坚进程按下"暂停键"。3月10日数据显示，中西部22省今年计划的35万多个易地扶贫搬迁配套、饮水安全、农村道路等扶贫项目，开工率仅1/3。未来，在就

业机会减少、就业难度增加环境下，农村就业困难群体由于缺乏相应职业技能，弱势地位更为突出，且一旦失业，继续就业难度增大。

3. 疫情改变农民工就业选择和就业意愿

一是"互联网+服务"就业需求增加，成为农民工就业增收新引擎。疫情发生带来了无接触服务需求爆发，对外卖小哥、配送骑手等的需求猛增。据美团官方数据，自1月20日至2月23日，美团外卖配送平台新招聘的外卖骑手达7.5万个。而"饿了么"提出将面向全国832个贫困县，提供10万个以上的餐饮、生活服务等就业岗位，并对贫困县定向招聘2万名蜂鸟骑手。在陕西、贵州等地，部分滞留农民工则就地做起了支付宝人工智能训练师。二是疫情影响部分农民工就业地区选择，就地就近就业趋势更明显。疫情发生前，尽管外出务工仍是农村劳动力就业主渠道，但本地农民工增速高于外出农民工增速，农民工已显现出回流趋势。疫情期间，部分农民工看到了家乡很好的发展前景，加之出行受限、就业难等问题，将会促使他们重新思考就业途径，部分农民工不再外出打工，选择留在家乡创业，或就近就业。三是农民工的就业意愿正在发生改变。疫情发生之前，新生代农民工就业的"短工化"趋势明显，疫情后，面对就业岗位的减少、就业压力的增大，青年农民工就业观逐渐向追求稳定转变。

三、新冠肺炎疫情对农民工就业增收影响的实证分析

自疫情发生以来，作者所在单位中国农业科学院农业经济与发展研究所，积极响应，于2020年2月12—14日，通过电话访谈、电子问卷调研等应急方式，开展了疫情对农民增收的影响研究。样本覆盖20个省份，98个县，共158户农户。以下分析主要基于该调研问卷。需要特别说明的是，该研究结论的时效性仅限于2月上旬，样本量较小，研究结论具有一定的局限性，仅供参考。

（一）务工收入基本情况

从调查样本分布来看，在158个样本中，有务工收入的样本共129户，占到了总调研样本的81.6%，具体分布如表7-1所示。其中，务工主要地点在本县、省内外县、外省的样本数分别为55%、30%和17%。

表7-1 调研样本分布情况

省份	安徽	山东	山西	河南	贵州	广西	黑龙江	甘肃	湖北	江苏	
样本数（个）	7	29	12	11	3	1	3	2	3	4	
省份	新疆	河北	内蒙古	陕西	广东	四川	吉林	湖南	西藏	江西	合计
样本数（个）	2	25	7	6	2	2	1	8	1	2	129

从家庭收入及务工收入来看，129 个样本 2019 年的平均务工收入为 66 088 元，占到了平均家庭总收入 95 362 元的 71%，其中，共 29 户，超过了 20% 的农户的家庭务工收入达到 10 万元及以上，近 50% 的农户（共 63 户，占比 48.8%）的务工收入在 5 万元及以上（表 7-2）。

表 7-2　调研农户 2019 年家庭务工收入的分组统计

类别	样本数	平均值	方差	最大值	最小值
家庭总收入（元）	129	96 502	100 806	918 600	10 000
务工收入（元）	129	66 088	61 834	360 000	3 000
务工收入占家庭总收入比重（%）	129	71	26	100	6
务工高收入组（务工收入≥10 万元）	29	159 176	64 385	360 000	100 000
务工较高收入组（5≤务工收入<10 万元）	34	65 462	11 419	90 000	50 000
务工中收入组（1≤务工收入<5 万元）	62	26 668	11 183	48 000	10 000
务工低收入组（务工收入<1 万元）	4	7 538	3 115	9 650	3 000

数据来源：根据回收的问卷的数据进行整理计算而来。

从务工收入主要来源来看，高达 69% 的农户的务工收入主要来源于建筑业、加工制造业、居民服务业和其他服务业，样本数分别为 43 户、28 户、18 户。家庭务工收入主要来源于居民服务业和其他服务业、交通运输和仓储业的收入相对较高，平均分别为 9.8 万元/年和 9.7 万元/年；主要务工收入来源于快递、外卖送餐的农户的收入也相对较高，平均为 8.4 万元/年（图 7-2）。

（二）疫情对就业及就业收入的影响

1. 疫情造成近 77% 的务工人员未能返岗

截至调查日（2 月 14 日晚 10 时，仍有 99 户调研农户存在家庭成员未返岗工作，未返岗比例高达 76.7%。其中住宿餐饮、家政服务、旅游业影响最大，调查农户在上述行业就业的 100% 没有返岗。而在快递、外卖送餐就业的返工受影响最小，未返岗率最低，50% 的人员已经返岗（图 7-3）。

从未返岗的主要原因来看，主要包括防疫管控，严禁外出或者正在隔离（47.2%），单位等待复工许可，延期返岗（24.8%），担心疫情蔓延，不敢外出（13.6%），公路交通停滞、无法出行（7.2%），家人担心安全问题，不让出门（4.8%），单位可以复工，但没有业务（1.6%）。从当时的情况来看，疫情处于爆发早期，所以单位破产和与劳动者解除合同的情况基本还没有（图 7-4）。

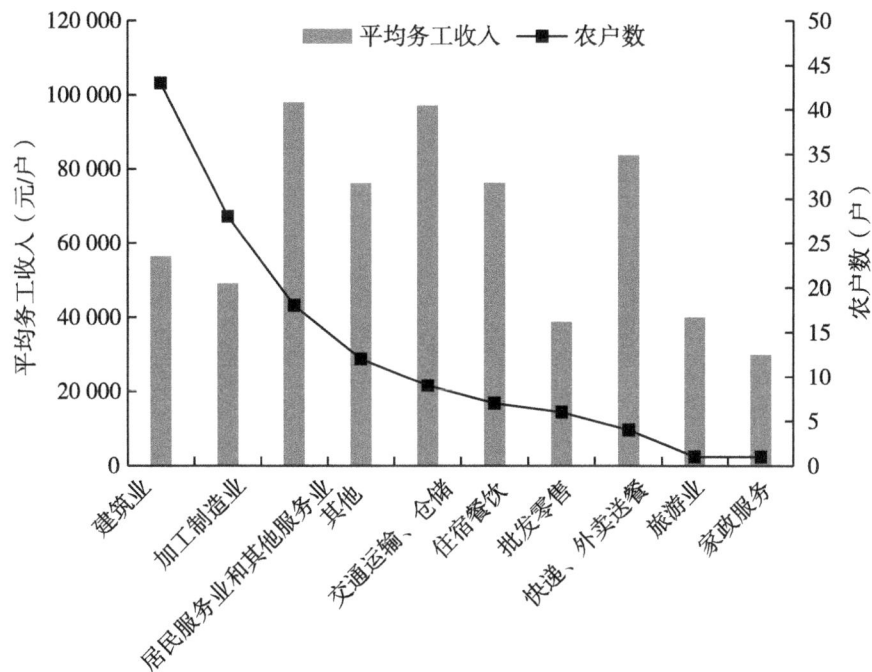

图 7-2 调研农户 2019 年家庭务工收入主要来源的行业及收入

数据来源：根据回收的问卷的数据进行整理计算。

注：调研样本数量，家政服务 1 户、批发零售 6 户、旅游业 1 户、加工制造业 28 户、建筑业 43 户、其他 12 户、住宿餐饮 7 户、快递、外卖送餐 4 户、交通运输、仓储 9 户、居民服务业和其他服务业 18 户。

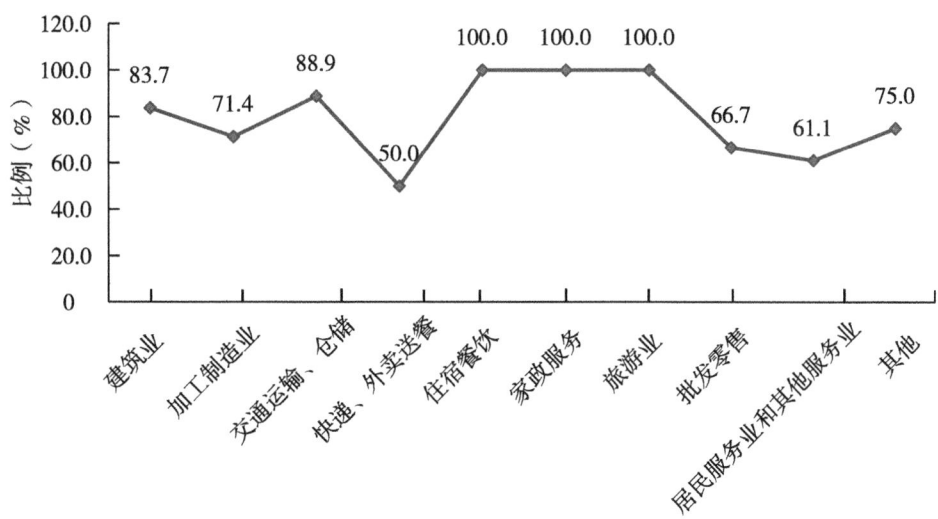

图 7-3 截至 2020 年 2 月 14 日各行业未返岗农户比例

数据来源：根据回收的问卷的数据进行整理计算。

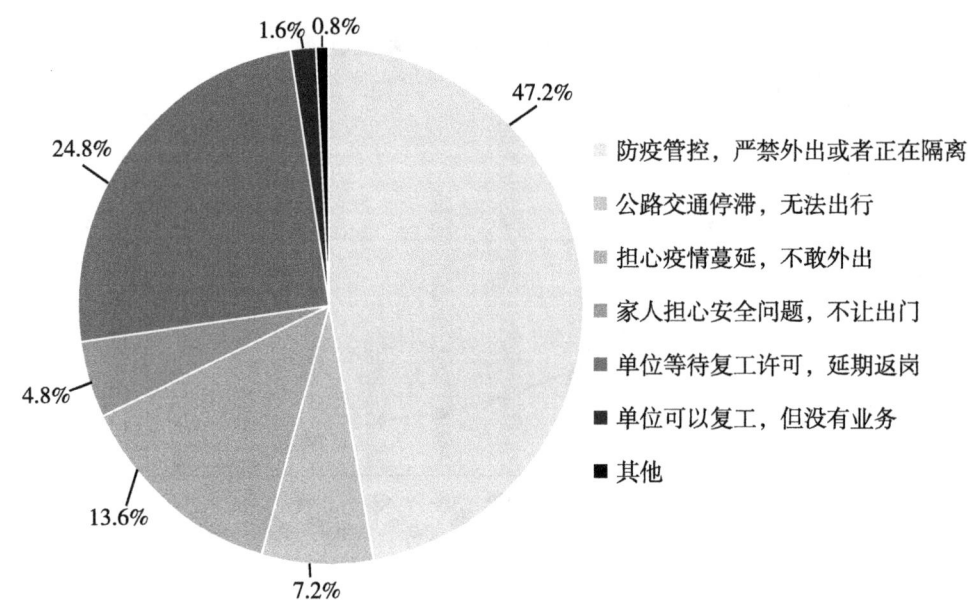

图7-4 疫情对农民工返程务工时间的影响及原因分析

数据来源：根据回收的问卷的数据进行整理。

注：此处有16户农户没有回答原因，同时，有13户农户的选项为2个或3个，因此，按照原因类别统计后，共125项。

2. 高达87.6%的人员预期2020年家庭务工收入会下降

根据受访人员自己了解的情况，绝大部分人员认为疫情会带来2020年家庭务工收入的下降，仅16户，占比12.4%的农户认为疫情不会带来收入的下降，这些农户中的家庭成员主要是在建筑业、制造业、快递、外卖餐饮和居民服务业就业。21.7%的农户预期疫情会使其2020年的家庭务工收入下降10%以下，46.5%的农户预期疫情会使其2020年的家庭务工收入下降10%~30%；4.7%预期务工收入降幅超过50%，其中，1.6%预期下降70%~90%。因此，总体来看，农户对疫情对其务工收入的影响的预期是相对乐观的（表7-3）。

表7-3 预期2020年家庭务工收入变化情况

收入下降区间	总样本数（户）	占比（%）
不会下降	16	12.4
10%以下	28	21.7
10%~30%	60	46.5
30%~50%	19	14.7
50%~70%	4	3.1
70%~90%	2	1.6

从具体行业来看,在住宿餐饮、居民服务业和其他服务业中就业的农户中,分别有28.6%和11.1%的农户认为预期收入会下降50%以上;而住宿餐饮、批发零售中,分别有42.9%和33.3%的农户认为预期收入会下降30%~50%(图7-5)。

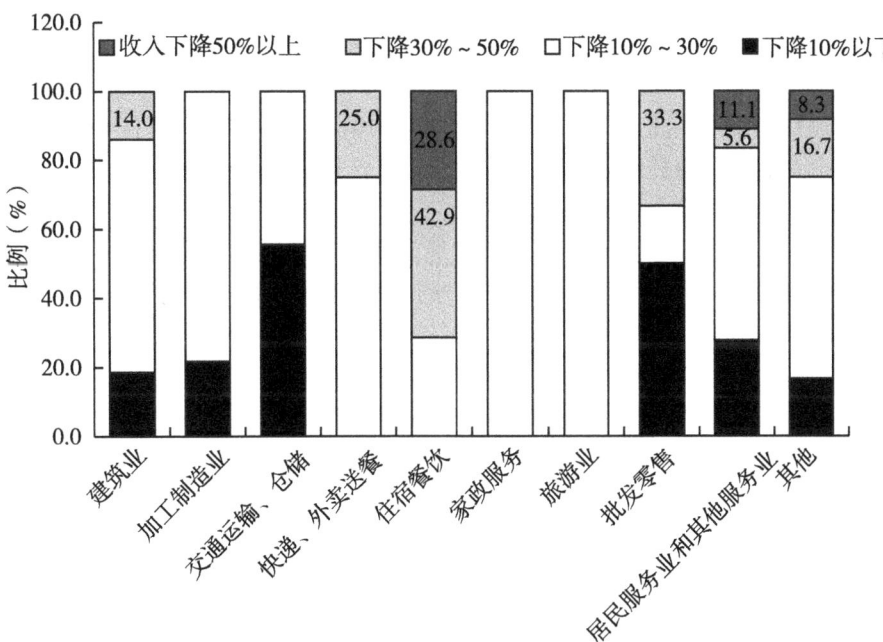

图7-5 各行业就业农户的不同收入预期占比

四、政策建议及研究展望

受疫情蔓延、研究时间仓促和数据素材不足等因素限制,本书主要聚焦疫情对农民工就业的短期冲击。当前,疫情发展态势仍不明朗,包括中国在内主要经济体的财政金融刺激力度尚不确定,全球经济形势、我国整体就业形势、农民工就业重点行业和重点地区发展态势会随之发生深刻变化。本书分别从短期和中长期角度,提出稳住农民工就业的对策建议,同时,对下一步的可能的研究内容进行展望。

(一) 应急对策建议

要稳住农村居民的工资性收入,得先稳住重点行业,稳住重点企业。一是实施与用工挂钩的服务业支持政策。对餐饮住宿、服装纺织、食品加工等重点行业的企业,根据吸纳农民工的数量,分梯次实施企业所得税缓征、企业所得税减免、国有场所租金减免等优惠政策,支持企业度过资金难关,促进企业尽快恢复稳岗增收功能。二是尽快疏通制造业要素链。细化防疫措施,优先推动物流、主要原材料、关键元器件等重点企业复工,要求基层地方政府对劳务人员逐次开展CT和核酸试纸等体检,配合以企业为单位的农民工输出。三是加快解决农产品滞销问题。加大农村电商政策支持力度，鼓励农产品滞销的企业和种养大户转向线上发展，保护贫困户和留守人员的就业载体。

只有企业逐步正常运转了，务工增收问题才能彻底得到解决，因此需要政府和社会要分担成本风险，激励企业尽快复工复产。一是简化复工审批手续，直接改为备案制。缩减不必要的审批环节，只要企业符合条件，盖尽可能少的章，签尽可能少的字，尽快让企业复工。二是加大复工隔离成本的补贴力度。对于交通物流、医护用品和农资等影响经济整体运行成本的企业，提高员工隔离观察的财政补贴水平，降低企业复工负担。三是研发复产企业疫情防控综合保险。针对企业复产后出现病例的风险，尽快组织保险企业开发保险产品，解除企业的后顾之忧。

一年之计在于春，要逐步放松疫情较轻地区的人员管控，稳步推动务工人员返岗。在确保正常防疫的前提下，一是及时纠正过激过偏的防疫措施。地方政府要稳步明确解除封村措施，严禁城乡社区非法阻挠外来人员进入的行为。二是为劳务输出大省调拨配置口罩等防护用品。随着医护用品产能的恢复，要尽快向主要劳务输出地供应口罩等必要物资。三是做好做细体检和证明工作。对于那些确实需要外出重新找工作的人，要充分考虑到他们在城市里隔离14天的成本，输入地和输出地可以尝试通过体检、行踪证明等替代办法，尽量降低外出成本。

（二）中长期对策建议

后疫情时代，要稳定农民工就业，就得依次从行业、企业及个体3个层面制定相应对策，即：促发展，调结构，重点稳住服务业和外贸行业的农民工就业岗位；强政策，畅渠道，最大限度恢复并提升中小微企业的农民工稳岗增收功能；提技能，促匹配，全力提高农民工就业机会和就业质量。

1. 促发展，调结构——重点稳住服务业和外贸行业就业岗位

稳住服务业和外贸行业中的农民工就业群体，也就稳住了农民工就业的基本盘。一是促进服务业产业升级发展与稳定农民工就业的良性互动。要调整优化服务业结构转型升级，强化生活化服务业和生产性服务业融合，创新服务业多样化。要尽快提升服务业生产和配送能力，实现线上与线下无缝对接、及时供应和高效配置，并要引导农民工向服务行业转岗，由线下生产端适当转移到线上物流配送端。加快释放服务业新就业形态的巨大潜力，提高服务业就业的灵活反应、快速反弹和柔性生长能力，加快建立和完善适应平台经济灵活就业的政策体系和社会保障体系，保障农民工零工经济和灵活就业相关权益。二是延续外贸行业对农民工就业的支撑作用。要以国内大循环为主体、国内国际双循环相互促进的新发展理念为指导，优化国际市场布局，扩大开放，深化"一带一路"经贸合作，加快推进国家外贸转型基地、国际营销服务网络和贸易促进平台的建设。要培育外贸新业态新模式，建立跨境电商平台和线上展示对接平台，开展在线营销、在线交易。同时，要促进外贸产品内销，引导外贸企业加大与国内大型电商平台合作，开拓内销渠道，提升内销能力，加速外贸产品进入国内市场。要进一步支持加工贸易发展，优化加工贸易结构，加快鼓励外商投资产业目录。

2. 强政策，畅渠道——最大限度恢复并提升中小微企业稳岗功能

稳住个体工商、民营企业以及中小微出口企业等市场主体是稳住农民工就业的关键。一是继续实施"免减缓返补"政策组合拳，解决企业实际困难。落实已经出台的阶段性减税降费和减免企业社保费，以及延缓清偿到期贷款和降低利息负担等政策。实施与用工挂钩的支持政策，对餐饮住宿、服装纺织、食品加工等重点行业企业，根据吸纳农民工数量，分梯次实施企业所得税缓征、企业所得税减免、国有场所租金减免等优惠政策。进一步放宽失业保险金返还标准、扩大参保企业享受返还失业保险金范围，发放失业保险稳岗返还补贴、就业补助金和创业培训补贴、求职创业补贴、吸纳就业补贴等，支持企业渡过资金难关，激发发展活力，提高盈利空间，促进企业稳岗增收功能的恢复与提升。二是畅通产业链循环，解决出口企业订单荒问题。要落实落细国家新出台的提高出口退税率、逾期可申报退税、允许已放弃退税权企业选择恢复退税权等出口退税政策。要用双循环思路，着力解决出口产品在转内销过程中原材料供应不畅、上下游产销脱节等关键堵点，打通出口产品转内销的产业供需链条。支持出口企业拓宽业务范围，积极推进综合保税区一般纳税人政策试点，为出口企业开拓国内市场提供便利、降低成本，盘活出口企业闲置产能。

3. 提技能，促匹配——全力提高农民工就业机会和就业质量

提升职业技能、提高人岗匹配程度是有效缓解后疫情时代农民工就业结构性矛盾的主要抓手。一是分类实施培训，提高农民工职业技能，适应就业新要求。对因疫返乡并打算在本地创业的农民工，要全部纳入创业培训范围，根据创业意向，结合区域经济特色和产业需求，开展"培训+参观+模拟""三位一体"的创业培训，落实创业培训补贴，提高创业培训积极性、针对性和效果。对因疫返乡但仍有外出打算的农民工，在落实已有农民工培训政策，开展再就业岗前定向就业技能培训的同时，可增设返乡留乡农民工就业培训班，采取财政补助、送培训上门、网络培训等多种方式，引导参加培训并考取职业资格证书，促进转移就业。对已在岗但技能无法满足市场需求升级的农民工，要支持规模以上企业或吸纳农民工较多企业推进在岗技能培训，加大在岗技能培训的扶持政策和资金补贴力度。同时，要促进产教融合、校企合作、工学结合的多元职业教育模式发展，储备高质量农民工后备力量。二是创新体制机制，提供精准化服务，提高农民工就业人岗匹配度。搭建输出地和输入地的劳务对接平台，并通过互联网、手机客户端、微信公众号等途径及时准确发布供求信息，降低就业信息不对称。支持企业联建用工调剂平台，通过临时性、季节性、弹性等形式开展用工对接，吸引农民工在不同企业、不同环节交替上岗。聚焦疫情冲击重点区域、行业、企业与人群，开展精细化调查统计和监测预警，建立常态化就业数据报送机制，摸清企业用工需求、农民工底数和就业意愿。在农民工主要输出地，建立县乡村三级就业信息网络，尤其对"二次返乡"仍未能就业的农民工进行摸底调查并建档立卡，掌握他们的基本情况、就业意愿和技能等信息。

（三）研究展望

1. 新冠肺炎疫情下整体就业形势的跟踪研究

对疫情下的整体就业形势进行跟踪分析，分析全球疫情蔓延背景下我国经济形势和就业形势的深刻变化和风险挑战,是分析疫情对农民工就业影响的前提。具体要关注以下几个方面:研判疫情对我国经济增长的整体影响,分析制造业产业链、服务性产品消费、国际贸易面临的冲击及其对劳动力需求的变化,研究疫情下脱贫攻坚面临的挑战;监测疫情对主要就业指标的影响,跟踪研究城镇新增就业人数、城镇调查失业率等主要就业指标的变化态势;调研农民工、大学生等主要群体的就业状况,跟踪返乡创业工作的开展情况。

2. 疫情对2020年农民工就业的影响程度分析

分部门、分行业、分地区、分群体量化研究疫情对农民工就业的影响程度,动态监测影响的发展变化趋势。在部门层面,要分析疫情对城镇和乡村农民工需求的影响,关注疫情冲击下的外贸出口部门、私营部门的用工需求和决策;在产业层面,要关注服装纺织、电子设备、食品加工、塑料制品等劳动密集型制造业,交通运输、旅游业、住宿餐饮业以及快递、外卖、网约车、家政等新兴服务业,以及规模经营农业对农民工就业的影响;在区域层面,预估湖北、河南、四川、安徽等农民工主要输出地农民工就业状况,分析北京、上海、广州、浙江、江苏等农民工主要输入地的经济发展态势及用工需求变化;在群体层面,跟踪新生代农民工、贫困人口、就业困难群体、以及农村户籍在职院校学生等重点群体的就业情况。

3. 疫情对农民工就业意愿的影响研究

可通过问卷调查获得数据,用计量经济法的Logit模型开展两个方面研究。一是,分析疫情冲击对外出农民工就业的影响。这里的因变量是该农民工是否因疫情冲击暂时或长期失去工作,取值为"1"表示该农民工在疫情期间曾失去工作,反之则为"0"。二是,分析疫情冲击对农民工就业意愿的影响。为了简化研究并直抓关键问题,将农民工就业意愿设置为两个——"0"表示就地就近创业就业;"1"表示对转移就业。这两个分析中的解释变量是可能影响农民工就业及就业意愿的一系列变量,分别设为$x_1 \sim x_n$,主要包括疫情发生之前的农民工就业特征因素、个人特征因素、家庭因素和社会因素四大类,具体包括就业行业、就业地区、农民工年龄、性别、受教育程度、技术经验水平、社会资本、风险意识、家庭经济情况、创业就业经历等。Logit模型的定义如下。

$$\text{Logit}(p) = a_0 + a_1 x_1 + \cdots a_n x_n + u$$

根据Logit变换的定义如下。

$$\text{Logit}(p) = In[p/(1-p)]$$

$p/(1-p)$称为发生比,在这里表示失去工作概率与没有失去工作概率之比(或转移概率与就地就近概率之比)。在回归模型中,偏回归系数$a_i (i=1\cdots n)$表示自变量x_1每改变一个单位。P为因变量取值为1时的概率,在此即为失去工作的概率(或转移就业的概率)。

4. 疫情对城乡用工主体的农民工需求变化研究

基于问卷调查数据,可应用排序逻辑模型分析城乡用工主体疫情冲击后的农民工需求变化情况。针对不同类型用工主体,调查用工主体的运行情况,设置疫情发生后农民工需求变化的关键问题,可将答案分为"减少50%以上、减少20%~50%、减少 20% 以下、有所增加"4 个等级,并将此变量作为反映疫情对农民工需求变化程度影响的被解释变量。由于需求强度不仅仅限于两种,因此 Logit 和 Probit 等二元选择模型无法满足需要,而排序逻辑模型(Ordered Logistic Model)能同时解决离散因变量的取值处理和排序问题。G_i, X_i, J_i, D_i 等变量是虚拟变量,表示用工主体的结构特征,控制变量 Q 反映主要包括企业规模、企业技术水平、建立时间、本地员工数量等。控制变量 Z 反映机构负责人的相关情况,包括受教育程度、年龄、从业时间等。ϵ 是随机误差项。

$$Y_i = \beta_0 + \alpha_1 G_i + \alpha_2 X_i + \alpha_3 J_i + \alpha_4 C_i + \alpha_5 D_i + \sum \beta_m Q_{mi} + \sum \gamma_m Z_{mi} + \epsilon_i$$

第八章

面向 2035 年的农村劳动力就业城乡统筹战略

农村劳动力充分稳定就业,是推进经济高质量发展的基础性动力。面对农村劳动力就业更为复杂的国内外形势,面向 2035 的农村劳动力就业城乡统筹战略要站在百年未有大变局新高度,必须坚持以习近平新时代中国特色社会主义思想为指导,全面贯彻党的十九大和十九届二中、三中、四中全会精神,统筹乡村振兴、城乡融合和就业优先三大战略,立足全球产业链重构、国内数字经济蓬勃发展、就业主导产业向劳动密集型服务业转变、农村劳动力老龄化的新形势,坚持把稳就业放在"六稳"首位,全面强化稳就业举措。聚集稳住出口部门农民工就业渠道,聚焦壮大城镇地区新动能创造新岗位能力,聚焦挖掘农业农村就业潜力,聚焦公益岗位打牢就业"补丁",在落实"保存量、拓增量、畅供需、强兜底"上下功夫,加强对重点行业、重点群体就业支持,完善返乡创业政策和服务,加强高水平农村劳动力队伍建设,构建精准就业公共服务体系,实现就业持续稳定、质量提升、队伍强化与流动顺畅,为开启第二个百年奋斗目标新征程提供强大的人力资本支持。

一、统筹城乡农村劳动力就业总体思路的"3+1"

促进农村劳动力就业的主要任务是"3+1",即延续全球化带来的出口部门就业红利,稳住立足于国内市场的城镇转移就业渠道,挖掘农业农村内部就地就近就业潜力,这是促进农村劳动力就业的核心内容。与此同时,要高度关注农村弱势困难群体,确保它们在结构调整过程中的充分就业。

(一)延续全球化就业红利

用好、用足我国在全球贸易中多年积累起来的比较优势,延续出口部门对农村劳动力就业的支撑作用。一要稳住外贸企业的农民工就业存量。千方百计解决农民工需求大、受疫情影响严重的外贸企业的实际经营困难,保障它们的产业链、供应链畅通运转。二要拓市场、创模式,创造更多外贸新岗位。开拓外贸新市场、新客户,拓宽贸易渠道,确保用工需求。发展跨境电商、线上线下融合等贸易新模式,增加就业新岗位。加大向西、向北、向西南开放力度,扩大服务业对外开放,释放内陆地区开放促就业潜力。

(二)稳住城镇劳动力转移就业渠道

创造制造业转移良好条件,支持新兴服务业高质量发展,稳住城镇部门吸纳农村劳动力就业基本盘。一要延续制造业稳就业作用。留住劳动密集型低端制造业企业在国内继续生产经营,建立招商引资和就业联动的激励机制,加快劳动密集型制造业向中西部转移,保持它们对农村劳动力就业的基础性作用。二要发挥新兴服务业高质量发展促就业能力。培育家政服务业龙头企业,促进养老、托育、保洁等与物业、快递业融合发展。规范互联网平台用工,维护灵活就业群体权益,发挥共享经济、平台经济、数字经济对农村劳动力就业的带动作用。

(三) 挖掘农业农村内部就地就近就业潜力

将发展县域经济、加快三产融合、增强有效投资作为"十四五"释放农村就业潜力的主要抓手。一要增强县域经济活力，扩大转移就业容量。促进民营经济发展，加快推进县域城镇化和农村劳动力转移就业基地建设，创造更多就业机会。引导适宜产业向县域、镇村布局，鼓励产业链下沉，将更多岗位留给农民。二要加快三产融合，促进有效投资，带动就地就近就业。引导农业与旅游、康养、休闲、电商融合发展，充分发挥补齐农业农村短板的有效投资的就业拉动作用，引导资金向新基建方向适当倾斜。同时要提升农业现代化水平，稳固农业就业缓冲作用。

(四) 确保就业困难群体的充分就业

高度重视低收入农民、高龄农民工、因疫返乡失业农民工、低技能劳动力等困难群体的就业工作，缓解就业压力。加强困难群体和特殊群体的兜底保障。开发植树造林、防风治沙、乡村环卫等公益就业岗位，优先满足困难群体就业需求。鼓励各类用工主体优先并且更多招用农村就业困难人员，加大对吸纳就业困难人员规模大的中小微企业、扶贫龙头企业、农民合作社等主体的资金奖励和政策支持。加大对湖北等疫情严重地区农民就业支持，加强对患新冠肺炎农民、因疫情未能返工农民工实施就业帮扶。做好2020年全面脱贫之后，扶贫产业就业的低收入人群的持续跟踪。

二、统筹城乡农村劳动力就业策略选择

(一) 减轻出口企业压力，稳住外贸订单，保住农民工外贸就业渠道

一是多措并举减轻外贸主体经营压力。聚焦纺织品、服装、箱包、鞋类、玩具、家具、塑料制品等劳动密集型出口产品生产企业，通过减税免租、清理和规范出口缓解费用、设立应急专项资金项目、鼓励和引导银行下调贷款利率、加大出口信用保险支持力度、增加就业补贴、共担企业复工风险等举措减轻新冠肺炎疫情对出口企业的冲击。疏通产业链供应链、减轻疫情对外贸主体的经营压力。

二是帮助出口制造业企业开拓新市场。抓住"一带一路"带来的广阔市场，与沿线国家深度合作，调整生产结构，提高出口产品与"一带一路"沿线国家需求契合度，确保用工需求。创新发展贸易新业态、新模式，加快发展跨境电商，加强跨境电子商务企业海外仓建设，促进加工外贸生产管理数字化、网络化、智能化，促进对外出口与线上线下融合，催生就业新模式，稳定外贸订单。

三是释放内陆地区和服务业开放促就业的潜力。加大向西、向北、向西南的开放力度，打造内陆对外开放新高地，建设西部陆海新通道，加快内陆地区的自贸试验区、国

家进口贸易促进创新示范区、综合保税区等平台建设，创造新增就业。构建更加有效的产业梯次转移的激励政策体系，增加国外产业转移承接，促进产业发展带就业。扩大内陆地区服务业对外开放，释放服务业和服务贸易对扩大新增就业的潜力。

四是加强出口企业转内销能力建设。5年后，中国要进入高收入水平国家，具有庞大的中等收入阶层，而且各地推进新型基础设施、新型城镇化建设，将带来国内市场需求的加快释放。出口企业要拓宽适销对路出口产品的内销渠道，鼓励外贸对接电商平台。引导外贸企业精准对接国内市场消费升级需求，研发适销对路的内销产品。鼓励外贸企业充分利用网上销售、直播带货、场景体验等新业态新模式，促进线上线下融合发展。

（二）加强技能培训和教育，提升农村劳动力适应就业新要求的能力

一是完善农民工职业技能培训体系。激发农民工培训主体积极性，有效增加培训供给。发挥企业培训主体作用，使企业对农民工职业技能培训常态化。支持职业院校开展补贴性培训，扩大农民工人的培训规模。创新农民工培训内容，提高培训有效性。加强农民工职业技能、通用职业素质和求职能力等综合性培训。坚持需求导向，围绕市场急需紧缺职业开展家政、养老服务、托幼、保安、电商、汽修、电工、妇女手工等就业技能培训。围绕经济社会发展开展先进制造业、战略性新兴产业、现代服务业以及循环农业、智慧农业、智能建筑、智慧城市建设等新产业培训。加强农民工职业技能培训基础能力建设，提升保障能力。有条件的地区可对企业、院校、培训机构的实训设施设备升级改造予以支持。支持建设产教融合实训基地和公共实训基地，积极推进职业技能培训资源共建共享。大力推广"工学一体化""职业培训包""互联网+"等先进培训方式。

二是加强高技能人才培养。对接部属院校、职业院校和重点企业，通过学徒制、校企合作等模式，培养熟练技能工人队伍。建立中青年人才跟踪培养机制，夯实人才基础，发现、培养管理、技术、技能等实用型人才。结合重点产业、重点工程、重大项目和新经济业态领域分类开展高技能人才培养，加快提升产业行业、职业工种中技能人才占比，高技能人才在技能人才中的占比。健全完善高技能人才奖励政策，不断提高产业工人提升技能技术的积极性和主动性，加强与世界性职业技术学校（院校）的合作。深入实施农民工学历与能力提升行动计划。提升学历教育层次，提高专业技能，立足岗位技能和职业发展需要，为有意愿、有能力接受学历教育的农民工，提供相应的学历继续教育。提升岗位胜任能力，促进产业转型，重点面向在建筑、制造、能源、物流、餐饮、物业、家政、养老等行业签订固定劳动合同的农民工开展岗位技能培训；面向需节能减排、产能落后、产能过剩的企业工作的农民工，开展转岗培训、技能提升培训或技能储备培训。

三是"内育""外引"补足乡村人才短板。以村组干部、农民专业合作负责人、大学生村官、返乡创业者、农业产业化龙头企业经营者等人群为重点，加快培养乡村振兴亟须的农村实用人才带头人、生产型人才、经营型人才和技能服务型人才。抓好招才引智，实施乡村创业人才引进计划，建立本地外出人员联络机制，充分发挥亲情、优惠政策和优质服务的激励作用，吸引企业家、专家学者、技术技能人才等回乡创业创新。

（三）优化新兴服务业发展环境和制度保障，促进农民工在城镇新兴服务业就业

壮大数字经济下的新兴服务业发展新动能。一是，充分发挥家政服务业吸纳农村劳力就业的潜力。建立家政服务城市与农村地区稳定对接机制，把家政服务作为劳动力输出地区各类职业技能实训基地重要培训内容，在中西部人口大省重点打造一批家政服务人才培训基地，建立健全特殊人群家政培养培训机制，提高农村家政从业人员素质。二是，营造有利于数字经济加快发展的政策环境，引导和支持农村劳动力参与数字共享经济下的就业创业活动。建立"共享用工平台""就业保障平台"，支持并解决企业在数字化转型中的"不会转""不能转""不敢转"问题。

完善新就业形态群体的社会保障机制。一方面，要建立适合灵活就业者的参保和缴费机制。将依托互联网平台实现灵活就业人员纳入社会保障覆盖范围，如按工作小时数缴纳社保等等。并在缴费事宜上为灵活就业者提供充分帮助，如推进"网上社保"，促进保障灵活就业人员的合法权益，为其免除"后顾之忧"，促进数字经济对就业拉动作用的不断增强。另一方面需要加强雇佣模式管理，为用人企业灵活用工创造宽松的政策环境，发展弹性工作制度，从法律上保障数字经济从业者工作地点弹性化、工作时间弹性化与工作内容弹性化，为发展灵活就业营造良好氛围。

（四）推动乡村产业提质增效，增加就业机会

一是加快农村新产业、新业态发展。加快现代农业发展，引导农业与旅游、康养、休闲产业融合发展，积极推广农业内部融合、产业延伸融合、功能拓展融合、新技术渗透融合、产城融合和复合型融合等多种融合模式；支持发展循环型、终端型、体验型、智慧型等农业新业态，推进智能生产、经营平台、物流终端、产业联盟和资源共享等农业新模式；大力引导农业与乡村工艺、制造、文化、教育、科技、康养、旅游、生态、信息等产业深度融合，指导各类园区重点建设融合产业、集群发展和利益联结机制等内容，培育一批农村一二三产业融合发展示范园和先导区，为乡村就业创业提供更多选择和机会。强化农产品电子商务基础支撑，打通农产品上行通道。组织开展电商产销对接行动，支持电商企业积极参与贫困地区农产品产销对接行动。给予政策优惠、鼓励并扶持农产品直播直销新业态。加大电商平台财政资金投入，吸引专业服务机构制定规范的农产品生产标准、制作流程、包装形式，打造高水准自有电商平台，带动农村劳动力就地就近就业。

二是推动农村传统产业升级，稳固农村劳动力就业缓冲区。支持生猪、肉牛、肉羊、家禽等市场需求旺盛的畜禽产品开展规模化养殖，引导中小养殖户补栏增养，增强养殖业带动农村劳动力就业增收能力。因地制宜发展蔬菜、水果、中药材、茶叶、食用菌等特色种植，集成推广标准化绿色种植模式。以农业生产托管为依托，推动农业生产性服务业的发展，支持农民合作社、家庭农场等新型经营主体发展病虫害防治、代耕代种等生产性服务业，增加农民就业机会。支持发展农产品初加工、精深加工、综合利用

加工、主食加工、休闲旅游、电子商务等优势产业,鼓励发展特色农业、传统民俗民族工艺、手工编织、乡村特色制造、乡土产业、养生养老、科普教育和生产性服务业等乡村特色产业。加强农产品分拣包装、冷藏保鲜、仓储运输、初加工等基础设施建设,实施农产品加工业质量品牌提升工程,延长农业产业链,把更多的就业岗位留在农村留给农民。加大农业重点产业补贴力度,提升产业带动就业能力。

(五) 大力支持返乡创业,带动就业

一是改善返乡下乡人群创业环境。加大返乡创业政策支持力度,给予返乡入乡创业人员与当地劳动者同等的创业扶持政策,出台市场准入、财政扶持、用地用电、税收优惠、子女教育的优惠政策。优化农村创业融资渠道,极大资金支持力度,拓宽返乡创业信贷渠道,鼓励商业银行与地方微金融机构合作提供贷款,落实赋予大型银行县支行信贷业务权限的政策,支持地方性法人银行在基层区域增设小微支行、村镇支行。实施乡村创业人才引进计划,鼓励各级人才选拔活动涵盖返乡创业人员,引导县级政府将返乡创业纳入绩效考核范围,简化返乡创业人才评价考核。加大返乡入乡创业园、农村创新创业孵化实训基地等各类返乡创业载体的建设力度,为返乡人员打造高质量的创业平台。强化创业服务和指导,推动县乡政务服务中心设立农村创业服务专门窗口、"一站式"综合服务平台,建立返乡创业"一对一"辅导机制。同时,还需要加强农村网络和物流基础设施建设,加强信息服务和宣传体系建设,提高农村就业创业成功率。

二是提升返乡创业培训质量。其一要扩大创业培训规模,提高创业培训的适用性和针对性。扩大培训规模,将有培训需求的返乡入乡创业人员全部纳入创业培训范围,依托普通高校、职业院校、教育培训机构抡开展培训。明确创业培训需求,农民创业培训必须是在实地调研的基础上,根据创业意向、区域经济特色和重点产业需求,开展有针对性的返乡入乡创业培训。其二要创新创业培训模式。积极探索创业培训+技能培训,创业培训与区域产业相结合的培训模式,实施培训下乡,推动优质培训资源城乡共享。可以建立以农业职业技术学院为"教学培训基地",以农业科技园为"参观/示范基地",以创业模拟中心为"创业实训基地"的一体化的培训模式,"培训+参观+模拟""三位一体"的培训模式有利于农民加深对科技及创业知识的理解和掌握,能够切实提高农民创业培训的效果。同时,要落实对参加返乡入乡创业培训的农民工、建档立卡贫困人口、大学生和退役士兵等人员的培训补贴。

三、制度创新继续释放就业红利

(一) 完善城乡一体化就业制度

一是建立规范、精准的就业公共服务体系。加强农村劳动力就业管理,建立富余劳动力就业登记制度和外出劳动力持卡务工制度。建立农村劳动力就业信息采集制度,多

维度对农村劳动力就业的重点区域、重点行业、重点企业等加强就业形势的动态监测和预警。搭建农村劳动力就业信息服务大数据平台，开发农村劳动力就业手机终端。加大农民工工资支付监管平台推广应用力度，实现农民工工资支付网上动态监管，确保农民工工资按时足额发放。

二是完善农村劳动力就业支持政策。加强对农村劳动力的就业援助，精准识别就业援助对象。取消农民就业不合理限制，实行农民工在就业地平等享受就业服务政策，将农村富余劳动力、农转非人员纳入城镇失业人员的就业优惠政策范围内。设立农民创业基金，农民兴办企业纳入中小企业担保资金支持，享受城镇下岗失业人员创办企业优惠政策。

三是畅通农村劳动力流动渠道。优化农村劳动力转移机制，加强输出地与输入地有效对接，开展线上技能培训、就业指导和招聘活动，组织开展定向劳务协作等举措有序推动农民工转移就业。消除对农村劳动力的就业歧视，保护就业权益，形成平等城乡就业制度。加快推动城乡融合，把城市和乡村两头都建设好，让新生代农民工进退有据，更好发挥农村劳动力弹性供给对经济社会发展的作用（乔金亮，2019）。

（二）创新农民工市民化制度

一是以户籍制度创新加速农民市民化。户籍制度是推进以人为核心的城镇化的关键。要处理好户籍制度与流动人口的关系，除大城市和特大城市外，要放宽举家迁徙农业转移人口、城镇稳定就业新生代农民工、农村学生升学等重点人群落户限制，尤其要全面放宽农民落户县城和小城镇的落户限制。要处理好户籍和公共服务的关系，剥离户籍的社会分配功能，推动未落户常住人口逐步在养老保险、基本医疗、社会保险等基本公共服务方面享有与户籍人口同等权利。针对户籍城镇化会剥夺农民保留土地承包权等利益，造成农民对中小城镇落户或就近落户的意愿不高的问题，更要处理好户籍和农民权益的关系。应该预留一定的过渡期，在过渡期内，农民可以同时享有城镇利益和农村利益，在这之后，鼓励进城落户人口有偿转让土地承包经营权、宅基地使用权、集体收益分配权，为进城安居获得必要的资产性收益，也为农业现代化腾出空间。

二是改革和完善农村土地制度。深化农村土地制度改革，让有意愿、有能力进城的农民有偿放弃宅基地和土地承包权，永久落户城市。要落实好农村第二轮土地承包到期后再延长30年的政策，完善农村承包地"三权分置"制度。加快探索宅基地所有权、资格权、使用权"三权分置"，探索对增量宅基地实行集约有奖、对存量宅基地实行退出有偿。完善集体经营性建设用地入市制度，允许村集体在农民自愿前提下，依法把有偿收回的闲置宅基地、废弃的集体公益性建设用地转变为集体经营性建设用地入市。通过完善土地制度，使农民在农村占有和支配的各种资源，转变为可交易、能抵押的资本，让农民带着资本进城。同时，探索建立城镇建设用地增加与吸纳进入城镇落户人数挂钩的土地利用机制，加大"人地钱"挂钩配套政策的激励力度，提高城市政府吸纳农业转移人口落户积极性。

(三) 深化农业现代化关键领域改革

一是深化农业科技创新领域改革，激发创新主体活力，提高农业生产效率，进一步解放农业劳动力。农业技术进步是农业现代化的最主要标志。目前，我国农业技术进步类型正向节约劳动型转变，对于释放农业劳动力的作用还有较大潜力。以机械替代劳动这个技术进步的主要表现形式为例，2017年，我国每千公顷耕地使用农用拖拉机和使用联合收割机分别为49.7台、14.7台，低于大多数发达国家，即便和2008年的日本相比，两者分别也只是日本的11.4%和6.6%。而我国小麦、玉米、粳稻、大豆、棉花和油菜籽等主要农产品的机械劳动力替代弹性均大于1（闵师等，2018）。这说明我国依靠技术进步，释放农业劳动力还有很大的空间。但是，农业技术进步有赖于一系列科技创新制度的完善与支持。其一是深化农业科技评价机制和薪酬激励机制改革。全面破除"唯帽子""唯论文"导向，加快建立以创新质量和实际贡献为导向的绩效评价体系，制定职务发明人奖励和报酬制度，提高科研人员基本薪酬待遇。其二是建立科研成果转化收益的合理分配机制，促进科企协同合作。建立科研成果的市场定价机制，建立健全高校科技成果转化风险防控机制。完善科技中介服务体系，加快推进科技中介机构与挂靠政府部门脱钩进程，鼓励和支持一些独立的公益类科研院所转制为非营利的综合性或专业性科技中介机构，促进科技成果与市场需求无缝对接。建立以问题为导向的科企一体化的农业科技创新体系。

二是继续完善农业三大体系改革。完善三大体系建设，推进农业现代化建设，提升农业效益，增强农业对劳动力的吸引力。其一是农业生产体系改革。强化先进生产手段和生产技术的有机结合，强化农业设施装备建设，推动农业科技创新，推动农业标准化生产，使农业发展从拼资源、拼消耗转到依靠科技创新和提高劳动者素质上来，提高农业资源利用率、土地产出率和劳动生产率，增强农业综合生产能力和抗风险能力，从而提高现代农业生产对新一代中青年农村劳动力的吸引力。其二是农业经营体系改革。推动现代农业经营主体、组织方式和服务模式的有机组合，提高农业经营的集约化、规模化、组织化、社会化和产业化水平。重点加大体制机制创新力度，培育壮大专业大户、家庭农产、农民合作社、农业企业等规模化经营主体和服务主体，加快构建职业农民队伍，形成一支高素质农业生产经营者队伍，促进不同主体之间的联合与合作，发展多种形式的适度规模经营。加强农业生产社会化服务，加快培育现代农业服务组织，通过服务规模化带动生产规模化。其三是现代农业产业体系改革。加快发展以新技术、新产业、新业态、新模式为支撑的农业"新六产"，延伸农业产业链、提升价值链、畅通供应链、完善利益链，大力发展农产品精深加工，加速农村一二三产业融合发展，走产出高效、产品安全、资源节约、环境友好的农业现代化道路。

三是构建资金投入多元格局，充分发挥投资带动作用。其一是全面统筹加大农业投资。拓宽政府投入农业农村渠道，打通金融资本和社会资本进入农业农村通道，构建农业农村投入优先安排制度和稳定增长机制。统筹财政专项、地方投入、社会资本渠道资金，整合实施重大工程项目。其二是鼓励地方政府投资新基建项目。推动地方政府在一般债支出中安排一定规模支持乡村振兴项目建设，加强绿色及高标准农田水利基础设施、田间道路、水坝水窖等建设。稳定推进农村新基建,引导资金向交通、仓储、物流、农产品加工、冷链以及农村大数据、互联网、物联网等新基建投入方向倾斜。其三是,引导社会资本成为农业农村投资主力军。引导社会资本采取设立产业基金、政府与社会资本合作、全产业链投入开发、产村整体投入开发等模式投入农业农村。落实对中小微企业金融支持政策,提升他们对农村就业的带动能力。

附　　录
研究期间重要评论文章及内参报告

附录1　新时期农民工就业难点及对策

谢玲红

新常态下的经济下行压力加大,农民收入增长和农民工市民化都面临不小的困难,使得农民工就业问题的重要性和紧迫性进一步凸显。城镇新增就业超过1 000万是经济增长底线的重要衡量标准,农民工与高校毕业生、城镇劳动力净增长构成了城镇新增劳动力的三大组成部分,农民工能否充分就业是新常态下必需考量的关键问题。虽然农村居民的各项收入都在快速增长,但农民工的务工收入依然是重中之重的收入源,2014年和2015年初的统计数据表明,经济增速放缓确实已经给农民工收入和就业带来了较大压力,就业和招工"双难"的结构性问题会持续存在一段时期。国家新型城镇化战略提出"三个一亿人"的城镇化也是解决"三农问题"的重要途径,但城镇化依然绕不开两亿多农民工的就业问题。新常态下的农民工就业问题开始呈现出一些新特点,理性客观地判断农民工就业形势是准确把握经济新常态特征的重要内容。

（一）农民工供给明显减弱,用工荒现象持续存在

2014年农民工总量和外出人数的增幅均出现了明显下滑,农民工"无限供给"的态势一去不返,农民工就业的整体形势已经发生了根本性转变。2014年全国农民工总量达到历史新高的2.74亿人,但新增农民工人数以年均200万人的速度,从2010年的1 245万人锐减到2014年的501万人。同2013年相比,农民工总量和外出农民工的增幅分别回落了0.5个和0.4个百分点。在新进城农民工人数快速减少的同时,去外地城市的农民工比例也在下降,2013年仅有43%的新进城农民工愿意去外地找工作,外出务工的成本增加、农村劳动力老化、输出地的就业机会增加等因素是这些转变的主因。2015年春节过后的用工需求旺季,沿海和内陆城市都出现了熟悉的"用工荒"现象,珠三角各地的普工紧缺,兰州餐饮行业也出现了用工荒,地处东北的辽宁省服务行业同样面临招工难题。

（二）部分行业用工需求小,农民工收入增速放缓

在产业转型和经济结构调整的大环境下,部分行业的用工需求减弱,农民工收入增速也不断放缓。农民工收入自2010年起都是以两位数的速度增长,但增速从2010年的21.2%降至2013年的13.9%,到2014年更是首次跌破10%（同比增长9.8%）,新常态下农民工收入增长压力较大。短期内收入增速的下滑虽然不影响农民工收入增长的整体态势,但绝不能忽视该现象背后的岗位需求减弱问题。2014年中国经济增速下滑至新低的7.4%,受外需疲软等多元复杂因素的影响,2015年春节过后部分制造业企业的订单明显减少,经营困难甚至破产使得企业面临的问题从"招工难"变成"不愿招",房地产、道路建设和煤炭等下行压力较大行业的企业用工需求缩减,这一方面加大了农民

工就业难度，另一方面则使农民工收入上涨势头受挫。

（三）新生代农民工个性诉求多，短工化问题突出

同老一代农民工形成鲜明对比的是，绝大部分新生代农民工即使在城市里生活艰难也不愿意返回农村，同时也不具备传统的务农能力，农村已无法疏解新生代民工在城市的就业压力。目前全国大约有 200 万农民工返乡创业，但创业的农民工人数及其对就业的带动作用都非常有限，因为返乡创业者仅限于那些有技术资金积累且进城年份较多的少数农民工，其中相当一部分人还是因为无法在城市落户而被迫返乡。在河南和重庆等劳动密集型产业发展较快的中西部地区，出现了返乡务工人人数快速增长的趋势，但返乡农民工还是需要在城镇寻找岗位。以 20 世纪 80—90 年代出生者为主体的新生代农民工，一方面普遍出身于农村困难家庭且从事低端、重复性高的枯燥工作，另一方面又具有独立的思想且只愿意在城市工作生活，他们的抗压能力普遍较低，就业风险极易使该群体成为城市的不稳定因素。

"短工化"正逐渐演变成新生代农民工就业的突出问题。新近一份全国范围的人力资源发展报告指出，65.9% 的农民工更换过工作，25% 的人在近 7 个月内换了工作，50% 的人在近 1.75 年内换了工作，普工和服务一线的岗位员工"短工化"现象尤为突出。"短工化"导致用工成本加快上升，进而减弱企业对普通农民工的需求，促使企业对生产设备和制造流程进行升级优化，减少用工数量并向智能化道路发展。"短工化"折射出了新生代农民工的多重诉求，仅靠企业改善工作环境和提高薪酬待遇，是难以遏制"短工化"趋势的。

（四）目前无群体性失业，就业风险仍需高度重视

尽管农民工总量、外出人数和工资的增速都放缓了，但目前尚未出现农民工大规模失业返乡的艰难局面，然而新常态下的农民工就业风险依然需要引起足够的重视。前事不忘，后事之师，一大批中小企业在 2008 年全球金融危机中破产倒闭，农民工首当其冲承受了失业冲击，农业部估计 2 000 万农民工失去了工作或者无法找到工作，教育培训程度低的大龄农民工则遇到了更突出的就业难题，这给务工者及其家庭带来了极大的心理压力和经济压力，部分农民工流出地的社会稳定甚至一度受到了影响。经济下行压力加大、基础设施和房地产投资下滑、产业转型升级等因素会增加部分企业的经营难度，职业转换灵活度较差的农民工的就业难度和失业风险将加大，特定行业和地区甚至有可能出现小规模的群体性失业问题，新常态下的重大改革都需要时刻关注农民工就业动态。

（五）改善城乡就业环境，探索农民工就业新渠道

农民工的就业形势在新常态下已明显改变。产业结构调整和经济下行压力会给特定行业和地区的农民工带来较大的就业和增收压力，不愿在回到农村的新生代农民工对就业有着个性化的多元诉求，日趋严重的短工化问题制约了劳动力市场的健康稳定发展。

虽然目前并未出现大规模的群体性失业，但新常态下的农民工就业风险需要引起各界的高度重视，农民工的就业保障和促进政策也需要更深层次的调整。

第一，通过移动互联网搭建多维度的就业信息平台，及时准确传递劳动力市场的变化趋势。快速变化的劳动力供需形势是经济新常态的重要特征，用工企业到农村现场招人、县乡劳动部门在服务大厅发布用工信息等传统方式已无法适应新形势。随着智能手机在农村的快速普及，基于移动互联网的就业信息平台能够高效传递就业供需信息，并缓解"民工荒"和"就业难"并存的结构性难题。

第二，加速推进大城市的基本公共服务供给改革，提高新生代农民工的就业稳定性。在当前的区域发展格局下，无论从就业机会还是从生活质量来看，绝大部分新生代农民工更愿意在大城市发展，但他们在城市的公共服务需求尚不能得到有效满足，提高公共服务水平既能满足新生代农民工多元化的利益诉求，同时又能避免"短工化"现象的进一步加剧。

第三，发展规模化经营和特色农业，增强农村的就业吸引力。规模化经营和特色农业是提高农业效益的关键途径，这一方面需要突破传统的种植养殖结构和扩展农业的新功能，另一方面需要政府提高农田基础设施的建设水平和农业专业技术人员的培养水平。农业效益水平和农业现代化水平的提升，能够增强农村的就业吸引力，并缓解农民工在城市的就业压力。

作者单位：中国农业科学院农业经济与发展研究所
文章来源：《农民日报》，2015年8月8日

附录2 高龄农民工面临的困境与对策

谢玲红

2016年以来，经济增速放缓引发的就业问题和人口老龄化带来的社会问题是全社会关注的焦点。然而在讨论这些问题的时候，有一个规模庞大的弱势群体并未得到应有的重视，这个群体就是5 000万年过半百的高龄农民工，他们年老体衰，从业行业普遍不景气，养家压力有增无减，养老问题迫在眉睫。无论从保持社会稳定，还是从2020年实现全面建成小康社会看，高龄农民工问题都需要尽早关注，需要社会协力提出应对之策。

（一）高龄农民工接近5 000万，面临困境

随着时间的推移，这些年来农民工总量和年龄结构已经发生了根本性改变，农民工增速逐年放缓，年龄结构不断老化。国家统计局《农民工监测调查报告》显示，农民工总量从2011年的2.53亿人增至2015年的2.77亿人，增速却从4.4%逐年锐减到1.3%，农民工平均年龄从36岁增加到38.6岁，50岁以上高龄农民工从3 614万增至4 966万（其占比从14.5%升至17.9%），年均增速高达8.27%。

体力衰减使得高龄农民工的就业竞争力直线下降。高龄农民工是改革开放后的第一代农民工，他们普遍文化水平低且缺乏技能，只能长期在建筑、采矿等行业从事重体力劳动。许多高龄农民工因为高强度劳动面临严重的健康问题，他们的体力随着年龄的增长而加速衰减，遭遇工伤的风险增大，这使得用人单位大多不愿招收高龄农民工。

传统行业下行压力巨大，新兴行业的就业门槛相对较高，高龄农民工就业进退两难。作为农民工就业的重点行业，制造业和建筑业依然不景气，农民工的整体就业环境不容乐观。虽然新经济创造了许多岗位，但技能偏低使得高龄农民工难以从新经济中获得职位。统计资料显示，50岁以上高龄农民工是农民工中接受技能培训比重最低的群体，2012年和2013年他们接受培训的比例分别只有25.5%和25.9%，这也进一步放大高龄农民工的技能劣势。

难享职工养老，高龄农民工老无所养的问题迫在眉睫。大部分高龄农民工在2008年劳动合同法实施之前未被纳入社会保障网，他们目前的参保比率依然很低。年近或超过退休年龄高龄农民工的养老问题更加棘手，许多年近退休者养老保险难以缴满15年，超过退休年龄继续就业是否存在劳动关系在司法实践中争议不断。

（二）老年农民工问题亟须各方协力解决

50岁以上的高龄农民工很快就会突破5 000万人大关，这个规模庞大的群体面临的问题应引起社会高度关注。高龄农民工中的大多数不仅难以在下行的传统行业继续就业，也无法从新兴行业中获得岗位。他们往往还需要肩负整个家庭的经济负担。长期非

正式就业的高龄农民工将来很难享受到城镇职工养老保险待遇。对贫困的高龄农民工而言，现在能够继续工作并获得收入比未来的养老问题更加迫切，但养老问题也已经近在眼前，这两个问题需要统筹考虑。

高龄农民工依然有强烈的就业需求，加强技能培训和增加岗位供给是解决他们就业难题的突破口。首先，劳动培训部门需要根据高龄农民工特点制定具有针对性的劳动技能培训方案，并通过必要的移动互联网应用培训降低他们融入新经济的门槛。其次，多渠道推动农业规模化经营和农业产业化，建立高效实用的农业技术培训体系，促进高龄农民工返乡就业创收。最后，提高扶贫政策的精准性，保证确实有困难的失业高龄农民工能得到及时救助。

高龄农民工的养老问题应尽早从制度层面着手解决。首先，建议国家划拨专项资金协助解决高龄农民工缴费年限不足的难题。其次，尽快建立农民工养老保险个人账户累加、结算、转移支付平台，激活分散于多地的个人养老账户资金。最后，切实保护高龄农民工从宅基地和承包地获得收益的权利，让土地能够成为高龄农民工养老的最后一道屏障。

作者单位：中国农业科学院农业经济与发展研究所
文章来源：《农民日报》，2016 年 12 月 10 日

附录3 "十四五"农村劳动力就业的新形势与应对思路

谢玲红

面对百年未有之大变局,"十四五"时期农村劳动力的就业形势更加复杂多变。准确把握新形势,积极应对新挑战,统筹推进农村劳动力外出就业和就地就近创业就业,是关乎社会稳定、乡村振兴和城乡融合的全局性问题。"十四五"时期,全球贸易格局和供应链将深刻调整,信息化和智能化技术快速渗透到传统产业,我国产业结构和城乡关系加速优化,城乡部门对农村劳动力的需求随之发生巨变。与此同时,人口加速老龄化,灵活就业日趋流行,农村劳动力的年龄结构、就业意愿显著改变。在供需新形势下,既有的结构性矛盾将更加突出,稳住城镇部门的就业岗位,释放农业农村创造就业的潜能,加强农村劳动力的技能培训和兜底保障,是"十四五"农村劳动力就业工作的主线。

(一)城镇就业新旧动能转换

"十四五"将继续实施以人为核心的新型城镇化战略,城镇部门仍然是解决农村劳动力就业的主力,稳住城镇部门的就业岗位,就是稳住了农村劳动力就业的基本盘。我国制造业在全球范围的成本优势不断削弱,智能化技术替代重复劳动的力度更大,吸纳农村劳动力的"旧动能"快速减弱,而家政服务、共享经济等"新动能"需要加快承接吸纳重任,这是"十四五"农村劳动力转移就业的主要形势。

1. 外向型制造业用工需求萎缩

"十四五"时期,全球经济增长乏力,贸易保护主义、单边主义、民粹主义暗流涌动,我国外向型制造业发展前景不容乐观,出口部门对农村劳动力的吸纳能力减弱。一是出口部门岗位向发展中国家流。近年来我国劳动力成本不断上升,东南亚等国的外向型劳动密集型制造业快速发展,我国农村劳动力岗位流失压力较大。据国务院发展研究中心测算,中国加工贸易额从2013年的8 600亿美元降至2017年的7 588亿美元,就业人数随之下降250万左右。二是跨国公司岗位向发达国家回流。美国"回流倡议"组织统计显示,2010—2017年间,721家美国制造业企业从中国回流,带动美国2.8万人就业,但对我国上下游产业的岗位削减却是乘数级的。

2. 投资下滑和新技术冲击传统岗位

作为承接农村劳动力的主要部门,基建、建筑业、制造业等行业"十四五"投资压力较大,传统部门岗位供给能力下降。与此同时,智能技术开始加快替代重复劳动。一是投资下滑导致劳动密集型岗位减少。地方政府债务水平偏高,基础设施投资增长空间有限,难以继续为农村劳动力创造大量就业岗位。房地产投资增长乏力,建筑、建材、装修等传统行业用工需求下降。制造业成本上升、利润收缩、投资不足,稳岗压力较大。二是"机器换人"进程加快。为了应对逐年抬升的劳动力成本,经过多年的研发和测试,智能技术加速替代重复劳动成为世界趋势,我国亟须促进"技术红利"取代"人口红利",但这必然带来重复劳动岗位消失的阵痛,农村劳动力受到的影响最大。珠三角和长三角部分地区已启动"机器换人"计划,有关研究指出,浙江最近两年减少用工200万人,东莞最近三年减少20万人的用工,消失的岗位主要是搬运、码垛、装配、焊接、喷漆等,这对大龄农村劳动力就业带来挑战。

3. 新兴行业用工潜力稳步释放

高质量是"十四五"发展主线,家政服务和共享经济等新兴服务业迎来新机遇,将逐步接替传统部门,成为农村劳动力就业的新引擎。一是家政服务业将产生千万级的用工需求。人口老龄化程度加深,城市生活节奏加快,居民收入水平稳步增长,城市居民对养老、托育、康复、护理、烹饪、保洁等服务的需求快速增长,家政服务有望成为农村劳力就业的主力行业。58同城数据显示,2018年家政服务业88.6%的从业者来自农村,整个行业还缺1 000万~3 000万劳动力,据此粗略估算,还能带动900万~2 700万农村劳动力就业。二是"互联网+生活服务业"承接从制造业转移的青年劳动力。生活服务互联网平台近三年快速扩张,在外卖、快递、网约车等行业产生了大量的就业岗位。中工网报道,外卖从业人员已经超过700万。《2018快递员群体洞察报告》显示,我国快递员人数已经超过300万,平均月薪约6 200元。这些形式灵活、收入较高的岗位,能够有效承接离开制造业流水线的农村青年劳动力。

(二) 农村就地就近就业空间调整

"十四五"是实施乡村振兴战略的关键期,农村不仅要留住技能水平较高的青壮年劳动力,而且需要吸引大学生、务工人员、企业家等群体返乡创业,农村就业承载力会得到较大幅度提升。但也要认清农村就业空间不足的整体形势,农业生产岗位依然严重缺乏吸引力,县域范围非农产业的就业创造能力提升缓慢,农村新产业、新业态、新企业的就业带动力需进一步提高,"十四五"农村劳动力就近创业就业的空间需要稳步拓展。

1. 农村传统就业岗位扩张乏力

农业现代化水平不高,县域经济发展滞后,农村就业岗位提质增量的空间严重受限,大量剩余劳动力需要竞争有限的较高质量的岗位。一是农业生产部门生产效率偏低,依然是就业吸引力最弱的行业。我国农业生产效率与发达国家的差距依然很大,世界银行数据显示,2018年我国农业从业人数占比高达27%,这一比例是美国的19倍,日本的8倍,以色列的27倍。按照2018年主要粮食作物的总产量,如果我国农村劳动力就业充分度能达到全年250天的水平,那么就只需要1.3亿农业劳动者,也就是说还要向非农部门转移1.7亿剩余劳动力。低效率意味着就业不充分和收入水平不高,也就很难吸引到优质劳动力。二是县域非农部门岗位增长缓慢。县域经济活力不足,农村基础设施建设投资减少,仓储、物流、技术等农业产业链短板突出,一二三产业融合不深,农村经营主体实力不强,难以就地就近创造充裕的就业岗位。

2. 新经济持续创造新岗位

信息技术快速向农业农村渗透,农业与二三产业加速融合,创业带动就业的作用不断显现，新产业、新业态、新企业成为农村劳动力高质量就业的新动能。一是新产业新业态创造大量非农岗位，农村电商就业带动能力强劲，三产融合有效扩展了农村就业空间。农业农村部最新数据显示，2018年1 200万家农村网店带动3 500万人就业，岗位广泛分布在生产制造、快递物流、销售等行业，2017年休闲农业和乡村旅游业从业人数达到900万人，比2015年增加110万人。二是创业带动就业效应持续显现，据国家发展改革委统计，截至2019年6月，开展返乡创业的341个县市区，返乡创业人数超过200万人，带动700多万人就地就近就业，估计全国返乡创业人员已超过800万，带动3 000万人就业，返乡创业就业带动作用依然有提升空间。

（三）劳动力结构和就业意愿变化

除了城乡需求结构外，农村劳动力的年龄和技能结构在"十四五"时期也会发生深刻调整。受城镇部门岗位缩减和子女返乡高考等问题影响，部分大龄农民工需要返乡就业，和留守人员共同构成了大龄农业劳动力队伍，加速老龄化的劳动力难以支撑乡村振兴战略。城乡新经济都产生了大量的用工需求，但是新岗位对技能水平和综合素质的要求明显提高，技能型劳动力比重偏低的结构性问题格外突出。农村青年劳动力普遍排斥"朝九晚五"的正规就业，灵活就业逐渐成为主流就业意愿，短工化趋势不利于就业稳定。

1. 年龄、技能结构不适应新形势

无论乡村振兴，还是城镇产业转型，都需要高素质的人力资源，农村劳动力年龄老化、技能不高的结构性矛盾"十四五"时期将更加突出。一是农村劳动力老龄化程度加深，难以满足乡村振兴的需求。目前绝大部分30岁以下的年轻人不愿务农，留守的老人和妇女，以及部分返乡的大量农民工，是农业生产的主力军，难以满足现代农业对新型职业农民的迫切需求。二是高技能劳动力比重依然较低，无法适应产业升级新形势。《2018年农民工监测调查报告》显示，全国仅有31%的农民工接受过非农职业技能培训，而且普遍存在培训效率偏低的问题，导致农村难以为转型的制造业和服务业供给高技能劳动力。随着产教融合、职业院校扩招、职业教育改革等重大任务在"十四五"时期实施，农村劳动力技能结构有望得到优化。

2. 灵活就业已成年轻人主流意愿

共享经济快速发展，新生代农村青年进入劳动力市场，灵活就业逐步成为社会思潮，新的就业意愿在"十四五"产生新的就业形态——慢就业、短工化、高流动。一是越来越多农村青年选择灵活就业。农民工代际转换已经完成，《2018年农民工监测调查报告》显示，80后、90后、00后农民工的占比已达52%。与前几代农民工相比，农村青年不会迫于生计，到薪资一般、重复性高、自由度低的正规部门工作，而会更加青睐灵活就业。二是就业新形态和劳动制度的冲突加剧。在社会保障、劳动关系、权益保障、就业服务等重要方面，劳动和社会保障制度优化调整的节奏，滞后于农村青年灵活就业的服务需求。

(四)"十四五"农村劳动力就业思路

1. 稳住城镇就业大盘

创造制造业转移的良好条件,支持新兴服务业高质量发展,稳住城镇部门吸纳农村劳动力就业的基本盘。一是通过转移延续制造业的就业功能。加快劳动密集型制造业向中西部转移,完善中西部产业配套基础设施,建立招商引资和就业联动的激励机制。二是加快新兴服务业高质量发展。培育家政服务业龙头企业,促进养老、托育、保洁等与物业、快递业的融合发展。规范互联网平台用工,维护灵活就业群体权益,发挥共享经济、平台经济、数字经济对农村劳动力就业的带动作用。

2. 释放农村就业潜力

将三产融合和返乡创业作为"十四五"释放农村就业潜力的主要抓手。一是加快农村三产融合。加快现代农业发展,引导农业与旅游、康养、休闲产业融合发展。加大电商平台的财政资金投入,吸引专业服务机构制定规范的农产品生产标准、制作流程、包装形式,共同打造高水准的自有电商平台,带动农村劳动力就地就近就业。二是大力支持返乡创业。实施乡村创业人才引进计划,鼓励各级人才选拔活动涵盖返乡创业人员,引导县级政府将返乡创业纳入绩效考核范围,出台市场准入、财政扶持、用地用电、税收优惠、规费减免、子女教育的优惠政策,简化返乡创业人才评价考核、落实优惠的流程。搭建返乡创业平台,加大农业创业园区、农民创业示范基地的建设力度,增强"星创天地"、农业科技园区的集聚能力,为返乡人员打造高质量的创业平台。拓宽返乡创业信贷渠道,落实赋予大型银行县支行信贷业务权限的政策,支持地方性法人银行在基层区域增设小微支行、村镇支行,建立县级银行内部科学合理的容错机制。加大区域性物流、冷链、电商节点的建设力度,提高农村创业主体进入全国市场的能力。

3. 加强培训和兜底保障

提高职业技能和创业培训效能,加强困难群体就业兜底保障,提高农村劳动力"十四五"就业质量。一是优化职业技能培训模式。高标准打造地市级职业技能培训中心,建立以农村劳动力为服务对象的技能培训标准和课程体系,推进产教融合、校企合作、工学结合的多元职业教育发展模式,布置家政、养老、托育的从业人员品牌建设工程。二是提高创业培训质量。建立区域性创业培训中心,支持地方政府从专业机构购买创业技能培训服务。推广培训服务外包模式,委托培训机构进行专业、实用的技能培训。鼓励各地根据实际情况开展返乡创业人员网络教育,促进优质创业培训资源聚集与开放共享。探索异地打工者创业实践委培新模式,推动返乡创业与招商引资联动。三是健全完善农村就业困难群体的兜底保障机制,实施农村困难群体就业保底工程,增加植树造林、防风治沙、乡村环卫等公益就业岗位,提高产业扶贫项目运营能力,增强农村经营主体就业带动力,解决贫困户、高龄农民工、低技能劳动力的实际就业困难。

作者单位:中国农业科学院农业经济与发展研究所
文章来源:《经济要参》,2020年1月15日

附录4 灵活就业保障要跟上

欧阳俊　谢玲红

◇灵活就业的优势在此次疫情期间受人瞩目。在经济结构转型加快推进之时，工业企业用工减少趋势难以逆转，发展灵活就业更是未来稳就业的重要渠道

◇需要关注大量低水平灵活就业群体，增强社会保障制度对灵活就业人员的包容性，解除灵活就业人员后顾之忧

疫情正在对就业产生前所未有的深远影响。应对疫情长期化，发展灵活就业成为稳就业的重要渠道。灵活就业在此次新冠肺炎疫情应对中的表现令人瞩目。在疫情最严重的2月、3月份，就业市场一度出现严重的结构错配。娱乐、旅游等行业全面停业，员工大规模闲置，许多企业陷入困境，但同时电商、快递等行业订单大幅攀升，短期用工极度短缺。在此情况下，市场展现出惊人的自我调节能力。一些企业特别是快递、电商等新业态企业及时引入"共享员工""跨界员工"模式，通过灵活就业方式实现了"抗疫复工"两不误。

客观来讲，灵活就业并非疫情暴发后才出现的现象，疫情暴发前就已是重要的就业新渠道。西南财经大学中国家庭金融调查中心调查结果显示，灵活就业人口从规模来看，已超过1.8亿人，约占城镇就业总人口的40%。其中，互联网平台灵活就业2058万人。从涉及领域来看，既包括自营劳动者、家庭帮工、自由职业者等传统群体，还包括网约车司机、网络主播、自媒体人等互联网平台非标准就业人员。

灵活就业的发展，是就业观念和需求结构变化的必然结果。灵活就业不受办公场所、用人单位、工作时段等方面限制，受到新一代劳动者的热捧。与此同时，经济结构转型升级对灵活就业发展也提供了支撑。一方面，传统就业岗位减少趋势已不可逆转。第四次全国经济普查数据显示，2018年年末，我国工业从业人数1.15亿人，比2013年末下降了17.9%。另一方面，新产业、新业态不断涌现，提供了新型就业岗位，吸引大量的灵活就业从业人员。

在经济结构转型加快推进之时，工业企业用工减少趋势难以逆转，发展灵活就业更是未来稳就业的重要渠道。但发展灵活就业在制度和政策层面面临两大难题。一是灵活就业人员的社会保障水平偏低。灵活就业人员当中有部分人收入高、自由度高等光鲜一面，但大量的低水平灵活就业者存在收入不稳定、"手停即口停"的风险。灵活就业人员收入安全性低，理论上应给予更高水平的社会保障。但现行制度下，他们往往连正常的社会保障都得不到。大量灵活就业人员由于户籍地和就业地分离不能享受职工基本养老、基本医疗保障，没有长期用工合同无法加入企业年金、补充医疗等多层次保障体系。二是现行法律法规不支持企业弹性用工。如，《劳动合同法》第66条规定劳务派遣只能在临时性、辅助性或者替代性的工作岗位上实施，且被派遣劳动者数量不得超过用工总量的10%；第68条规定非全日制用工每日工作时间不得超过4小时，每周累计

不得超过 24 小时。

在当前形势下，就业不稳定是最大的风险，必须从稳就业和提高群众获得感的全局出发，高度重视发展灵活就业。增强社会保障制度对灵活就业人员的包容性，解除灵活就业人员后顾之忧。一方面，提高灵活就业人员权益保护和社会保障水平。理顺劳资双方的劳动关系，出台灵活就业人员劳动用工、就业服务、权益保障管理办法，完善人户分离人员社保缴纳和转移办法，探讨建立专门的灵活就业人员补充养老和补充医疗保障制度。另一方面，清理对企业扩大弹性用工不合理限制。支持企业创新用工模式，规范劳务派遣市场，适当放松劳务派遣政策要求，逐步提高直至取消企业临时用工比例上限。

作者单位：欧阳俊，西南财经大学；谢玲红，中国农业科学农业经济与发展研究所

文章来源：《瞭望》，2020 年 4 月 16 日

参考文献

蔡昉, 2007. 破解农村剩余劳动力之谜 [J]. 中国人口科学 (2): 2-7, 95.
蔡昉, 2017. 十八大以来就业优先战略的丰富发展 [J]. 中国就业, 238 (4): 36-38.
蔡昉, 2018. 农业劳动力转移潜力耗尽了吗？[J]. 中国农村经济 (9): 2-13.
蔡秀玲, 高文群, 2017. 中国智能制造对农业转移劳动力就业的影响 [J]. 福建师范大学学报 (哲学社会科学版) (1): 68-86, 168.
陈锡文, 2009. 需为新生代农民工融入城镇提供条件 [J]. 农村工作通讯 (15): 44.
崔艳 (2020-03-09). 新冠肺炎疫情对我国就业的影响和思考 [EB/OL]. [2020-08-15]. https://politics.gmw.cn/2020-03/09/content_33631943.htm.
邓义, 陈哲, 祁华清, 等, 2017. 农村劳动力结构变化对粮食供给贡献的研究 [J]. 价格理论与实践 (12): 66-69.
滴滴政策研究院, 中国人民大学劳动人事学院, 首都经济贸易大学中国新就业形态研究中心 (2017-10-24). 新经济, 新就业, 2017年滴滴出行平台就业研究报告 [R/OL]. [2020-08-20]. https://www.sohu.com/a/199915625_483389.
中国社科院人口研究所 (2020-02-06). 疫情影响就业仅限于一季度, 重点救助小微企业 [R/OL]. [2020-08-20]. http://news.stcn.com/2020/0206/15628307.shtml.
冯宗宪 (2020-3-12). 新冠肺炎疫情冲击下的脱贫攻坚对策与减贫机制展望 [EB/OL]. [2020-12-3]. http://news.xjtu.edu.cn/info/1014/116472.htm.
郭远智, 周扬, 韩越, 2019. 中国农村人口老龄化的时空演化及乡村振兴对策 [J]. 地理研究, 38 (3): 667-683.
国际机器人联合会 (IFR), 2019. 全球机器人报告 [R].
国家发展和改革委员会, 2016. 2015年中国大众创业万众创新发展报告 [M]. 北京: 人民出版社.
国家发展和改革委员会, 2017. 2016年中国大众创业万众创新发展报告 [M]. 北京: 人民出版社.
国家统计局, 2019. 2018年农民工监测调查报告 [R].
国家统计局, 2019. 中国人口和就业统计年鉴 (2018) [M]. 北京: 中国统计出版社.
国家统计局人口和就业统计司, 2017. 中国人口和就业统计年鉴 [M]. 北京: 中国统计出版社.
国家卫生健康委员会, 2018. 中国流动人口发展报告2018 [M]. 北京: 中国人口出版社.
国家信息中心分享经济研究中心, 2018. 中国共享经济发展年度报告 [R].
国家信息中心分享经济研究中心, 2019. 中国共享经济发展年度报告 [R].
国务院第三次全国农业普查领导小组办公室, 中华人民共和国国家统计局, 2017. 第三次全国农业普查主要数据公报 (第五号) [R].

国务院发展研究中心课题组，2011. 农民工市民化进程的总体态势与战略取向 [J]. 改革（5）：5-29.

国务院发展研究中心推进社会主义新农村建设研究课题组（2008-01-23）. 新农村调查走进全国2 749个村庄 [EB/OL]. [2020-08-15]. http://m.wyzxwk.com/content.php?classid=14&id=27265.

国务院发展研究中心中国农民工战略问题研究课题组，2009. 中国农民工现状及其发展趋势总报告 [J]. 改革（2）：5-27.

韩俊，崔传义，何宇鹏，等（2010-09-26）."十二五"时期解决农民工问题的总体思路研究 [EB/OL]. [2020-08-15]. http：//www.drcnet，com.cn.

韩俊（2019-03-01）. 防止大量农民既无法转移就业又无地可种 [EB/OL]. [2020-12-15]. http：//news.cctv.com/2019/03/01/ARTIib5RoLlrST6OktlD1Ppx-190301.shtml.

韩俊，2017. 农村新产业新业态 一次新的"异军突起" [J]. 农村工作通讯（20）：44.

韩俊，2019. 坚持农业农村优先发展，促进乡村全面振兴 [J]. 农民致富之友（2）：1.

韩杨（2020-02-06）. 疫情对"三农"的影响及应对 [R/OL]. [2020-08-30]. https：//acfic.org.cn/zt-home/gs/zxd2020-d/202002/t20200207-154781.html.

何平（2020-04-28）. 新冠肺炎疫情对中国经济的影响——中国经济与全球经济的再平衡 [EB/OL]. [2020-08-20]. https：//net.blogchina.com/blog/article/679176339.

洪涛，洪勇，2016. 中国农产品电商发展报告 [M]. 北京：中国财富出版社.

侯亚杰，2017. 户口迁移与户籍人口城镇化 [J]. 人口研究，41（4）：82-96.

胡鞍钢，吴群刚，2001. 农业企业化：中国农村现代化的重要途径 [J]. 农业经济问题（1）：9-21.

黄剑辉，王静文，应习文，等，2020. 新冠肺炎疫情对我国经济金融的影响分析及政策建议 [J]. 华北金融（2）：1-9.

黄祖辉，胡伟斌，2019. 中国农民工的演变轨迹与发展前瞻 [J]. 学术月刊，51（3）：48-55.

冀名峰，李琳，2019. 关于加快发展农业生产性服务业的四个问题 [J]. 农村工作通讯（8）：39-44.

江胜蓝，2014. 农民工回流行为的代际差异研究——基于安徽省回流农民工的调查数据 [J]. 农业部管理干部学院学报（4）：45-52.

蒋和平，王克军，杨东群，2019. 我国乡村振兴面临的农村劳动力断代危机与解决的出路 [J]. 江苏大学学报（社会科学版），21（1）：28-34.

金三林（2015-03-11）. 我国加工贸易就业人数延续稳中有降 [EB/OL]. [2020-8-30]. http：//www.chinairn.com/news/20150311/164950767.shtml.

李建伟，赵峥，2015. 我国县域经济发展的主要挑战与路径选择 [J]. 山东经济战略研究（6）：42-46.

李靖，徐雪高，陈兰，等，2010. 农村劳动力就业对"十二五"时期农业与农村经济发展的影响研究［J］. 经济研究参考（45）：2-13.

李善同，何建武，胡枫，等（2013-03-26）. 外贸对我国经济社会发展作用的定量分析［EB/OL］.［2020-8-15］. https：//www. drc. gov. cn/old/xscg/20130326/182-473-34234. htm.

林采宜（2017-10-16）. 野蛮生长的印度和越南［EB/OL］.［2020-8-15］. http：//finance. sina. com. cn/zl/money/2017-10-16/zl-ifymviyp1471416. shtml.

刘德学，苏桂富，卜国勤，2006. 中国加工贸易升级对策研究——基于全球生产网络视角［J］. 国际经贸探索（4）：4-8.

刘建进，1997. 一个农户劳动力模型及有关农业剩余劳动力的实证研究［J］. 中国农村经济（6）：15-22.

刘守英（2020-02-05）. 应重点关注疫情对农民工和农民群体影响［EB/OL］.［2020-8-30］. http：//opinion. caixin. com/2020-02-05/101511664. html.

刘涛（2020-02-18）. 面对疫情大考，服务业如何化危为机［EB/OL］.［2020-08-15］. https://baijiahao. baidu. com/s? id = 1658835801684268566&wfr = spider&for = pc.

刘溢海，王琳，2017. 农民工返乡创业金融支持模式研究［J］. 河南科技大学学报（社会科学版），35（2）：82-86.

陆杰华，韩承明，2013. 论小城镇与我国的城镇化发展道路［J］. 中国特色社会主义研究（1）：98-104.

陆铭，2010. 农民工进城与城市化［J］. 经济研究导刊（32）：1-3.

马化腾，2017. 数字经济：中国创新增长新动能［M］. 北京：中信出版集团股份有限公司.

马晓河，马建蕾，2007. 中国农村劳动力到底剩余多少？［J］. 中国农村经济（12）：4-9，34.

麦肯锡全球研究院（2014-10-27）. 中国的数字化转型：互联网对生产力与增长的影响［EB/OL］.［2021-08-20］. https://download. csdn. net/download/u012895283/8085247.

美团研究院，2019. 城市新青年：2018外卖骑手就业研究报告［R］.

闵师，项诚，赵启然，等，2018. 中国主要农产品生产的机械劳动力替代弹性分析——基于不同弹性估计方法的比较研究［J］. 农业技术经济（4）：4-14.

农业部农村经济体制和经营管理司，中国社会科学院农村发展研究所，2017. 中国家庭农场发展报告（2016）［M］. 北京：中国社会科学出版社.

农业部农村经济体制和经营管理司，中国社会科学院农村发展研究所，2018. 中国家庭农场发展报告（2017）［M］. 北京：中国社会科学出版社.

农业农村部（2017-09-17）. 全国返乡下乡创业人员达700万［EB/OL］.［2020-8-20］. http：//www. xinhuanet. com//fortune/2017/09/17/c_1121675445. htm.

农业农村部（2018-06-15）. 农业农村部发力打造休闲农业和乡村旅游精品［EB/

OL］．［2020-8-20］．http：//www.xinhuanet.com/politics/2018-06/15/c_12989-5041.htm.

欧阳慧，2010.改革开放三十年我国农村劳动力转移政策演变路径［J］．经济研究参考（23）：14-17.

乔金亮（2020-03-31）．助力返乡留乡农民工就地就近就业［EB/OL］．［2020-08-20］．https://baijiahao.baidu.com/s?id=1662644161464458812&wfr=spider&for=pc.

清华大学社会学系，工众网（2020-02-22）．农民工"短工化"就业趋势研究报告［R/OL］．［2020-08-15］．https://wenku.baidu.com/view/617e2c34b90d6c85ec3ac670.html.

人社部，2020-03-08.返岗复工农民工达7 800万人［N］．人民日报（2）．

任敬华，2019.培育新型农业经营主体的困境与对策［J］．农业知识（5）：24-27.

任涛（2019-03-31）．地方政府债务专题研究——附31省市和382个地区的债务负担数据［EB/OL］.［2020-10-10］．https：//3g.163.com/money/article/EBJCJRH-200258152.html.

任泽平，罗志恒，贺晨，等（2020-02-08）．疫情对中国经济的影响分析和政策建议［EB/OL］．［2020-10-10］．https：//baijiahao.baidu.com/s?id=1657924640-457151574&wfr=spider&for=pc.

阮荣平，曹冰雪，周佩，等，2017.新型农业经营主体辐射带动能力及影响因素分析——基于全国2615家新型农业经营主体的调查数据［J］．中国农村经济（11）：17-32.

商务部（2018-01-25）．截至2017年底农村网店达985.6万家 带动就业超2800万［EB/OL］．［2020-08-15］．http：//finance.people.com.cn/n1/2018/0125/c1004-29787048.html.

商务部电子商务和信息化司，2018.中国电子商务报告2017［M］．北京：中国商务出版社．

商务部电子商务和信息化司，2020.中国电子商务报告2019［M］．北京：中国商务出版社．

商务部国际贸易经济合作研究院课题组（2020-01-09）．2019中国电商兴农发展报告［R/OL］．［2020-08-15］．http://www.anhuiec.com/content/2/3156.

邵敏，武鹏，2019.出口贸易、人力资本与农民工的就业稳定性——兼议我国产业和贸易的升级［J］．管理世界，35（3）：99-113.

盛来运，郑鑫，2013.我国农业剩余劳动力知多少？［J］．"三农"决策要参（41）：1-8.

孙灵，2016.农村劳动力转移就业政策取向研究［J］．农业经济（1）：59-60.

孙中伟，刘林平，2018.中国农民工问题与研究四十年：从"剩余劳动力"到"城市新移民"［J］．学术月刊，50（11）：54-67.

王德文，蔡昉，高文书，2005.全球化与中国国内劳动力流动：新趋势与政策含义

[J]. 开放导报 (4): 6-12.

王海荣, 2020. 农民工存量就业如何维持 [J]. 财新周刊 (12): 21-22.

王晓兵, 许迪, 侯玲玲, 等, 2016. 玉米生产的机械化及机械劳动力替代效应研究——基于省级面板数据的分析 [J]. 农业技术经济 (6): 4-12.

王醒 (2020-03-36). 线上线下齐发力 中央企业帮扶贫困农民工就业 [EB/OL]. [2020-08-20]. baijiahao. baidu. com/s? td = 166218889579762/280&wft = spider&for = pc.

王阳, 邬琦, 2015. 农民工及农村劳动力就业面临的难点、问题及建议 [J]. 工会信息 (23): 4-7.

吴浩, 欧阳, 梦云 (2020-03-21). 积极应对新冠肺炎疫情影响, 旅游业发展面临的挑战与机遇 [EB/OL]. [2020-08-15]. https://baijiahao. baidu. com/s? id = 1661725068029180213&wfr = spider&for = pc.

吴清军, 杨伟国, 2018. 共享经济与平台人力资本管理体系——对劳动力资源与平台工作的再认识 [J]. 中国人力资源开发, 35 (6): 101-108.

夏炎, 王会娟, 张凤, 等, 2018. 数字经济对中国经济增长和非农就业影响研究——基于投入占用产出模型 [J]. 中国科学院院刊, 33 (7): 707-716.

向晶, 钟甫宁, 2018. 农村人口转移、工业化和城镇化 [J]. 农业经济问题 (12): 51-56.

谢玲红, 2020. 克服"新冠"肺炎疫情影响, 促进农民务工增收的对策 [J]. 经济要参 (11): 26-29.

谢培秀, 2004. 关于中国农村剩余劳动力数量的估计 [J]. 中国人口·资源与环境 (1): 52-55.

歆远 (2019-06-04). 推动制造业高质量发展, 农民工不可或缺 [EB/OL]. [2020-08-15]. https://www. yicai. com/news/100212775. html.

徐飞彪, 2020. 世界疫情影响中国经济几何? [J]. 半月谈 (8): 5-6.

徐晓华, 朱振, 苏伟峰, 2018. 2014—2030 年我国农业剩余劳动力转移趋势预测与管理 [J]. 管理评论, 30 (1): 221-229.

许怡, 许辉 (2019-06-15). 中国式 "机器换人": 新红利, 还是潘多拉铁盒? [EB/OL]. [2020-08-15]. http://www. szhgh. com/Article/opinion/zatan/2019-06-14/202542. html.

杨云彦, 2003. 中国人口迁移的规模测算与强度分析 [J]. 中国社会科学 (6): 97-107, 207.

杨志明, 陈玉杰, 李晓曼 (2020-03-12). 疫情冲击下, 中小微企业如何渡过难关? [EB/OL]. [2020-08-20]. http: //finace. people. com. cn/n//2020/0312/c/004-31629646. html.

尹诗, 尹清杰, 2013. 长三角地区劳动密集型产业向内地转移的趋势探究 [J]. 改革与战略, 29 (10): 79-82.

游钧, 2020-03-26. 国新办举行国务院政策例行吹风会——各地要加大对灵活就业支持力度［N］. 经济日报（6）.

于立，姜春海，2003. 中国乡镇企业吸纳劳动就业的实证分析［J］. 管理世界（3）：76-82，106.

元林君，2018. 我国就业扶贫的实践成效、存在问题及对策探析［J］. 现代管理科学（9）：109-111.

张广胜，田洲宇，2018. 改革开放四十年中国农村劳动力流动：变迁、贡献与展望［J］. 农业经济问题（7）：23-35.

张红宇，胡凌啸，胡振通，等，2020. 新冠疫情对农业农村经济影响几何？［J］. 农家致富顾问（7）：4-9.

张茜（2020-2-28）. 疫情来袭，农民工就业增收的影响及对策建议［R］. 北京：中国农业大学农业规划科学研究所.

张燕生（2020-04-11）. 疫情沉重打击了全球贸易，但新型贸易在加快发展［EB/OL］.［2020-8-10］. http：//m. caijing. com. cn/api/show？contentid=4655499.

张玉梅，黄圣男，韩昕儒，2020. 新冠肺炎疫情对我国农业—食物系统、劳动力就业和居民收入的影响［R］. 中国农业科学院应对新冠肺炎疫情影响系列咨询报告汇编.

章铮，2006. 进城定居还是回乡发展？——民工迁移决策的生命周期分析［J］. 中国农村经济（7）：21-29.

郑晓明，2019. "一带一路"建设中的劳务合作与就业效应［J］. 中国发展观察（8）：24-26.

中国劳动和社会保障科学研究院，2019. 中国网约车新就业形态发展报告［R］.

中国信息通信研究院，2018. 中国数字经济发展和就业白皮书（2017年）［R］.

中国信息通信研究院，2019. 中国数字经济发展和就业白皮书（2018年）［R］.

中国信息通信研究院，2020. 中国数字经济发展和就业白皮书（2019年）［R］.

钟宁桦，2011. 农村工业化还能走多远？［J］. 经济研究，46（1）：18-27，56.

周振，马庆超，孔祥智，2016. 农业机械化对农村劳动力转移贡献的量化研究［J］. 农业技术经济（2）：52-62.

卓贤，黄金（2019-05-06）. 制造业岗位都去哪了：中国就业结构的变与辨［EB/OL］.［2020-08-20］. https：//www.chinathinktanks.org.cn/content/detail/id/oxa-ism14.

宗锦耀，陈建光（2018-07-31）. 历史不会忘记乡镇企业的重要贡献——为纪念我国改革开放四十周年而作［EB/OL］.［2020-08-10］. http：//www.moa.gov.cn/xw/bmdt/201807/t20180731_6154959.htm.

MAI Y H, PENG X J, 2012. Estimating the size of rural labour surplus in China-a dynamic general equilibrium analysis, Chinese economy［J］. Taylor and Francis Journals, 45（6）：38-59.